本书是安徽省重大教学改革研究项目——"互联网+"背景下教师教育课程混合式教学研究（2015zdjy203），阜阳师范大学基础教育研究重点项目——中小学写作课程资源的开发和利用（2018JCJY01）的阶段性成果之一。

徽派语文的教学智慧

张治勇　牛　莉　武宏钧◎著

安徽师范大学出版社
·芜湖·

图书在版编目(CIP)数据

徽派语文的教学智慧 / 张治勇, 牛莉, 武宏钧著 .— 芜湖 : 安徽师范大学出版社, 2019.12
ISBN 978-7-5676-4463-2

Ⅰ.①徽… Ⅱ.①张… ②牛… ③武… Ⅲ.①小学语文课－教学研究 Ⅳ.①G623.202

中国版本图书馆CIP数据核字(2019)第277642号

徽派语文的教学智慧　　　　　张治勇　牛莉　武宏钧◎著

策划编辑:王一澜

责任编辑:盛　夏　　责任校对:舒贵波

装帧设计:张　玲　　责任印制:桑国磊

出版发行:安徽师范大学出版社

　　　　芜湖市九华南路189号安徽师范大学花津校区

网　　　址:http://www.ahnupress.com/

发 行 部:0553-3883578　5910327　5910310(传真)

印　　刷:江苏凤凰数码印务有限公司

版　　次:2019年12月第1版

印　　次:2019年12月第1次印刷

规　　格:700 mm×1000 mm　1/16

印　　张:14.75

字　　数:230千字

书　　号:ISBN 978-7-5676-4463-2

定　　价:37.80元

如发现印装质量问题,影响阅读,请与发行部联系调换。

徽派语文的创新智慧

　　徽派语文，筑梦引航；醉美皖江，语味芬芳；江淮儒乡，儒韵悠长；和谐起航，扬帆远望；徽派语文，在水一方。解构建构同课异构，构出徽语新天地；真情浓情无限深情，情满教育大世界。论道汝阴，传承中华传统文化，含山含水含徽韵；创新发展，聚焦语文核心素养，学语学文学做人。

一、道法自然，徽派语文源远流长

　　黄山莽莽，淮河汤汤；文明交汇，黄淮源畅；语体万殊，赓续文畅；三千里淮河，风气兼南北；百万年积淀，语言杂鲁豫；寻根溯源，"道法自然"。泱泱华夏数千年，汉语发展日臻精。老子《道德经》独步天下，庄子《逍遥游》神游八方；管鲍之交千古佳话，太公传说千年流淌；胡适之思想自成一家，陶行知智慧百花齐放……

　　徽派语文，江淮源远流长；斯是寻根溯源，赓续自然文畅。商"西"方国，东周"沈子"；秦如鸿蒙，汉至曙光。淮河文化先师，春秋管仲拓荒。不甘落后，天远地荒拜叔仲以成儒；热爱故土，归去来兮建草堂以为庠。至若管谷谪居，成均和庠；胡子王国，夔典箫韶；夏后序校，黉学之巷，老庄管颜，百花齐放。鲍叔、庄周，倡言传之身教，功在千载；老聃、甘茂，顺弟子自然之性情，利在万代。尔后尊前贤，励后学，徽派文化继起；施礼乐，从教化，辉煌业绩踵来。

　　徽派语文凝聚百年积淀，师道自然孕育桃李满园。风景独好，桃李竞芳正滋时；硕果最丰，栋梁争茂唯此间。"经国之大业，不朽之盛事"，显徽派语文之大用；"思接千载，视通万里"，展徽派语文之浩瀚；"赏心乐事谁家院"，见徽派语文之风流；"豪华落尽见真淳"，明徽派语文之蕴藉。

二、百花齐放，徽派语文姹紫嫣红

徽派语文，百年弦歌不辍，薪火相传，谱写华章；徽派语文，几代栉风沐雨，春华秋实，铸就灿烂。

徽派语文，美在见证中升华历史；徽派语文，美在源于生活高于生活。

徽派语文，超越"我注六经"，发展"六经注我"；追求内心恬淡和宁静，研究思想自由与致远，寻觅万物和谐之体验。

徽派语文，倡自然阅读，崇尚母语本源；兴自由习作，践行儿童本位；重自主体验，追求实效本真；引自能探究，注重学科本色。

善哉！徽派语文，"道法自然"：语可语，非常语；文可文，非常文；教可教，非常教；课可课，非常课；师可师，非常师；学可学，非常学……

徽派语文，本曰生态，教法自然；妙在点燃，技法自然；巧以唤醒，学法自然；伟在成长，师法自然。"课虚无以责有，叩寂寞而求音。函绵邈于尺素，吐滂沛乎寸心。言恢之而弥广，思按之而逾深。播芳蕤之馥馥，发青条之森森。粲风飞而猋竖，郁云起乎翰林。"[①]

美哉！徽派语文，处处皆美。篇章华美为高贵之美，上口诗词为飘逸之美，方正楷书为刚毅之美，流泻行草为灵动之美，巧妙辩答为机智之美，激昂号召为正义之美，委婉劝诫为深沉之美，心灵沟通为实用之美。

徽派语文，四季花开，万物生息，之美永恒！登堂入室，诗意栖居。播种和谐，收获文明；播种爱心，收获喜悦；播种智慧，收获成功。

徽派语文顺应自然之道，引领稚子感受自然之美，融于自然之美；让人生充满自然之美，个性之美，和谐之美。

妙哉！徽派语文，为人师者，重在德贤。天下之乐在后，天下之忧在先。

徽派语文名师，学问远争上游，播载物之理，学为人师；师德永居高

---

① 谭国清.中华藏典·传世文选:昭明文选[M].北京:西苑出版社,2003:85.

处，传厚德之道，行为世范。教书育人，仁者展其怀，智者达其理，贤者抒其志，勇者伸其气，才俊满人间。

为传道者，励志当先。为师无凌云之志，岂可作鸿鹄高飞；为师无远大理想，何能登教坛高峰。师志如石，可破不摧其坚；师志如丹，可磨不夺其赤。

慧哉！立志为师，当以圣贤为范：见贤思齐，闻过则喜；有教无类，不偏不倚；诲人不倦，苦心孤诣；安贫乐道，毕生奉献教坛。为授业者，教法为要。

徽派语文名师，教若登山，教法乃绳，无绳则见山徒呼；教若渡河，教法乃舟，无舟则望洋兴叹。欲得教法，贵在辗转思索，由表及里，由浅入深，去粗取精，去伪存真，升华为理，循循善诱，发蒙启蔽。科学教法，贵在勇立潮头；独辟蹊径，智慧创新奉献；格物致知，教学相长；因材施教，人本为先。

伟哉！徽派语文名师，为解惑者，理念至上，学而不厌，诲人不倦。

徽派语文名师，教书育人，传道授业乐担当。五育并重，德育崇尚；自然智慧，教学相长。处穷乡而精进，结硕果于自强。璞石尽雕，师长潜心教席；纤尘不染，学子沉醉书香。诵读感悟，沐春风于大雅；经纶细绎，飞神思于华章。体验探究，展办学之特色；智慧高效，奏育人之笙簧。提升语文素养，丰富人生智慧，拓展人生境界。

徽派语文名师，和谐育人，道法自然，人因文化而雅；科学发展，行于至善，自然和谐校园，文化因人而和；和谐自然育人，志在华夏一流。厚德笃行，目标全国知名；通江达海，自然美好梦想；扬帆远航，打造理想课堂。

乐哉斯境！徽派语文，文化课堂；自然育人，校兴国昌。

徽派语文智慧，发酵旨在纳天之"精"，万物并育而不相害；徽派语文教学，细节意在吸地之"灵"，千法并行而不相悖。通和煦之清风兮，采八面之晴光；著异域之霓裳兮，品四时之芳香。

雅室花开，浓馨飘逸景苑；高楼泉鸣，妙曲净化胸膛。修学以折月桂兮，升级可至星罡；经商以赏梅兰兮，通财可达三江！妙哉斯境！徽派语文，让人向往；高山仰止，景行行止；虽不能至，心向往之。

妙哉！草木一秋，人生几载？每登高临远，观云望海，徽派语文者必曰：徽派语文者，泂为一泓清泉也，可逸致遣怀，天宽地广；呼为一缕清风也，可黼黻文章，襟怀坦荡。

徽派语文名师联盟，铸造徽派名校，绿色理念推动徽语文化重建；构建名师团队，打造幸福团队促进共同成长。徽派语文名师联盟，共教共读，树立语用品牌，构建徽派语文；共思共写，引领语文教学，服务全省教师。

徽派语文，筑梦引航；醉美江淮，语味芬芳；千年颍东儒乡，儒韵悠长；和谐起航，扬帆远望。聚焦核心素养，用创新的理念推动教学方式变革；振兴徽派语文，用协调的理念推动办学方式转型；传播教学智慧，用开放的理念推动教研活动升级；创新教育理念，用共享的理念推动学生差异发展；提升教育智慧，用绿色的理念孕育语文教育辉煌。

三、绿色发展，徽派语文共筑梦想

平原与秋色，仪态两相美。徽派语文创新起步的5年，其创新精神和实践能力受到高度关注。徽派语文以"学生的发展为本"作为贯穿始终的一条思想主线，深刻地改变着学校教育的内涵。徽派语文的教育立场，从关心分数，到关心人的全面发展；从关心统一要求，到关心差异发展；从关心强化训练，到关心人的创造精神和实践能力的培养……

沧海横流显本色，人间正道是沧桑。徽派语文努力把课堂优势转化为发展优势，把课堂资源转化为发展资源，把课堂成果转化为发展成果。徽派语文以改革创新的精神推进薄弱地区基础教育的建设，以奋发有为的精神推动教育事业发展。徽派语文同心同德、共促发展的强大合力在神州大地蔚然升腾。

大师精诚：精技近乎艺，素心践于行。有一种骄傲，叫我是徽派语文人；有一种幸运，叫我是徽派语文人；有一种幸福感，叫我是徽派语文人！一个集体只有团结才有战斗力，懂团结是大智慧，会团结是大本事，真团结是大境界。徽派语文名师团队要把团结作为树立好形象的重要信条，不利于团结的话不说，不利于团结的事不做，相互之间多补台、不拆台，多配合、不计较，多沟通、不挑剔。要有气度、有风范、有亮节，多用宽厚包容之心对待同事，多用换位思考之法对待分歧，真正做到心往一处想，劲往一处使，合心、合力、合拍干事。

智慧的徽派语文教师团队应该是用我的智慧发现你的智慧，用你的智慧启迪我们的智慧，从而创生智慧的互生与共享。从独享变为共享，才能出现真正的智慧碰撞。唯其如此，徽派语文才能写字、写好字，写下徽派语文山清水秀；徽派语文才能读书、读懂书，读出核心素养海阔天空。

徽派语文教师，教书育人，三尺讲台记录着他们最平凡的生活；寒来暑往，桃李天下印证了他们不平凡的奉献……徽派语文教师，种下善良，收获幸福。不管遇到什么，一定要把善良植根于内心，坚守于言行。徽派语文教师活在当下，做最好的自己，做最从容、最自在的自己。

徽派语文倡导构建生命乐园——学坛教坛论坛坛坛有味健美和谐，底色彩色亮色色色生辉养正博学；徽派语文追求宁静致远——解构建构同课异构构出徽语新天地，真情浓情无限深情情满教育大世界；徽派语文践行教学共生——真教理教活教有效课堂悄然抵达，预学互学评学综合素养全面发展。

实践没有终点，改革未有穷期。徽派语文必须在日益深入的实践基础上不断探索创新，加强顶层设计，鼓励基层实践，运用系统思维、战略思维、辩证方法，更加注重改革的系统性、整体性、协同性，加强督察，狠抓落实，以开放胸襟拥抱语文世界，用与时俱进的改革思想认识论和改革实践方法论，为新时代深化改革、扩大开放提供思想引领、理论指导和实践指南。徽派语文人要发扬敢闯敢试、敢为人先、埋头苦干的徽商精神，坚定改革不停顿、开放不止步的决心信心，在教育改革的道路上行稳致远。

徽派语文是一场没有终点的改革，它将与中国社会的现代化进程紧密地交织在一起。徽派语文的创新与发展，贵在不停步，贵在能反省，贵在用智慧。我们相信，任何一点小的努力，都可能使作为"基础"的教育对整个社会的进步产生重大影响。

总有一种力量催人奋进；总有一种情怀令人感动；总有一些事让人不忍放弃，相携坚持；总有一群人胸怀理想，心忧天下。

徽派语文，旭日来光讲台展千秋画卷；将传统文化与现代信息化高度融合。

论道江淮，春风送暖校园绽万树蓓蕾，群策群力聚焦语文核心素养创新发展。

徽派语文盛会，论道江淮，诵读感悟，沐春风于大雅；徽派语文名师，相聚颍东，经纶细绎，飞神思于华章。振兴徽派语文，让我们精诚合作，互助共进；振兴徽派语文，让我们报效祖国，服务人民。

徽派语文的创新实践，未来更任重道远！

徽派语文的科学发展，一定能成就辉煌！

振兴徽派语文，你我责任，感恩有您，情怀永存！

武宏钧

安徽好人、江淮好学科名师、

国务院政府特殊津贴语文教育专家

目　录

第一章 徽派语文的教学智慧

第一节 徽派语文的生命立场

徽派语文的"智慧课堂"认为,教育催生智慧,教育发展智慧,教育创造智慧!教育是为未来培养人的活动。教育的重要任务是帮助受教育者成长,教育的使命就是培养人格完善、身心愉悦、个性充盈、智慧和谐的"人"。简而言之,教育要为学生的智慧人生奠基。所谓"智慧课堂",就是老师和学生在课堂上"教智慧、学智慧"和"智慧地教、智慧地学",只有把这两个方面结合起来,在智慧的感受中进行智慧内容、智慧观的教育,徽派语文的课堂才能取得完整的意义。在徽派语文教学中只要做到"三为本",即具有"以促进学生全面发展为本"的教育理念,"以提高学生语文素养为本"的课程理念,"以指导学生练习运用为本"的操作理念,就能够简简单单地教语文。

一、徽派语文教学应以促进学生全面发展为本

从以人为本的角度来理解,在"以促进学生全面发展为本"的理念中,"全面发展"应该有三个要点:一是发展人的智慧能力,二是发展人的个性,三是发展人对社会生活的适应性。

长期以来,小学语文教学存在着"三多三少"的现象:一是研究教法多,研究学法少;二是研究语文教学现象(形式)多,研究语文教学本质

（理念）少；三是研究浅层次问题多，研究深层次问题少。语文教学倡导"以促进学生全面发展为本"的理念，是因为语文教学是直面生命并以提高生命价值为目的的活动。小学语文是学生精神生活的一部分，是学生精神的家园。教师在语文教学中创造并表达自己的理想、观点，在语文教学中不断审视自己，不断完善和提高自我。需要说明的是，小学生的语文能力不单单是老师教出来的，还是学生"练"出来的，"悟"出来的。小学语文"以促进学生全面发展为本"的教育理念，就是提升人的思想境界，塑造人的人格品质，积淀人的文化修养，抒发人的真情实感。比如习作教学，就是要通过有效的教学引导，使学生走进生活、体验生活、描绘生活、创新生活；指导学生用感官去感受，用大脑去综合，用心去体验，用笔去描绘；帮助学生获得"感情真，体验真，我手写我心"的新体验；启迪学生"创新思维，自由表达"的新思维；教师通过有效而科学的新指导，引发学生的语文兴趣，激发想象，体现个性，充满灵趣，从而为今后的人生成长打好基础。

"以促进学生全面发展为本"的语文教学是演绎教学的艺术与科学的精彩世界。语文教学的艺术在于营造气氛，创造心灵的共振，拨动心灵的琴弦，做好空间的文章；语文教学的科学在于发展学生的思维，追求思维的创新，提高语文的效率，做好时间的文章。我们倡导"以促进学生全面发展为本"的教育理念，是为了在语文教学中更多地关注学生的生存状态和精神自由，体现语文课程工具性与人文性统一的基本特点。对于学生来说，每一次语文学习和练习都是独特的生命体验，可以利用这些机会，反映自己的观察与思考，展现自己的想象与创造，表达自己的追求与寄托。语文教学是师生情感共振的生命发展的活动。在语文教学中，只有把教学目标与师生的活动完全统一起来，语文才有可能成为师生共同发展、创新的精神活动，语文课堂才能展现生命的优美境界。

"以促进学生全面发展为本"的理念体现在习作教学的评价过程中，应开放习作的评价理念、评价方式、评价过程、评价标准。要发挥评价的导向功能，让学生全面发展，鼓励冒尖，张扬个性，尽显青少年蓬勃的个性之美。"文章不是无情物"，习作是一个人心灵的产物，其心灵空间的大小决定了语言驰骋空间的大小。心灵原野越广阔，语言施展的舞台才会越大。习作是一个人生活的表达，映射着作者生活的充实或干涩；习作是一个人认识的反映，映射着作者对事物、事情的理解与见识水平；习作是一个人阅读的展现，是阅读经验积累的沉淀与倾吐；习作是一个人思维的显露，映射着作者思维的广阔性、灵活性、敏捷性、深刻性和批判性；习作是一个人情意的投射，映射着作者的喜怒哀乐，对假、恶、丑的憎恨或真、善、美的热爱；习作是一个人思想的映照，映射着作者发现与创造的能力……在智慧大语文的教学中丰富和发展学生的情感，可从以下几个方面入手：生活体验，挖掘情感之源；感悟感动，引领情感滋生；移情体验，诱发激情迸射；激发兴趣，点拨情感交流；指导梳理，善于加工感情；自由表达，鼓励自然抒情；充溢人文，巧妙提升感情；拥抱生命，力戒假情矫情。

"以促进学生全面发展为本"的教育理念，就是指徽派语文教学是发展生命，发展智慧，发展个性的练习过程。学生好比种子，需要教师提供土壤、水分、肥料、空气和阳光。习作教学应该通过语文的成功体验，引导学生明白：文章是人生智慧的火花，是人的生活创新的体验，是人的心灵个性的张扬。给文章注入生命，文章因此而鲜活；给生命注入知识，生命因此而厚重。我们应该指导学生为做人而习作，在内容上求真；以习作促做人，在章法上求善；以习作述做人，在语言上求美。在教学中，注重激发情趣，引导学生体验乐趣，形成语文兴趣链，即智慧习作七步循环圈：情趣促写—写而生乐—乐而需学—学而生悟—悟而生知—知而乐写—写生情趣—情趣促写……

"以促进学生全面发展为本"必须倡导自由习作。因为写作是"自鸣天籁"，是个人情感、灵性的外化；应当引导学生关注生活，关注身边的人和事，关注自我心灵世界；应当树立开放的习作大课程观，改变教师中心观，"以人为本"，"育人为本"；应当树立师生互动、交往的平等观，强调"知识与技能""过程与方法"以及"情感、态度与价值观"三方面的整合，体现素质教育要求的课堂教学目标；应当树立学生自主发展的活动观和终身学习观，树立以发展导评价和以评价促发展的发展观，才能使习作变得富有"诗意",饱含"情意",体现"创意",带有"写意"。习作教学将走向生活化、实践化、综合化、智慧化的康庄大道,其教学活动将永远是生动的、活泼的、自主的、合作的、充满生命力的。

二、徽派语文教学应以提高学生语文素养为本

"语文素养"是"语文教学"的家,应当名正言顺地焕发它的光彩。在语文教学中"以提高学生语文素养为本",基本内涵应有五点:一是培育语言素养。在语文教学的过程中,必须引导学生拥有一定的词汇量,并能在准确掌握的情况下灵活运用;指导学生具有遣词造句的能力,能用准确、生动、丰富而有表现力的语言传达自己的思想和感情;在阅读和鉴赏时,能体会和感受到别人语言的精妙之处,并能领悟其中的言外之意、弦外之音;在自己写作时,随心所欲地调动语言储备,并尽可能让自己的语言具有韵味;在生活中不断地积累,不断地分析、比较,不断地借鉴、吸收,不断地加以实践运用。二是提升文化素养。教师在语文教学的过程中既要全面,又要突出重点;既要细致、具体,又要大胆取舍,一切视学生的实际需要而定。该详则详,该略则略,但必须完整、准确,不能只言片语,不能断章取义,更不能妄下断语。三是拓展心智素养。在语文的指导和评价的过程中,必须启迪学生的思维,让学生对感知的过程充满兴趣和热情;必须满足学生的求知欲望,让他们在不断探索中获得更深的感悟;必须培养学生的认知方法,让他们以一种理性而科学的态度面对未知的领域;必须引导他们培养积极而健康的人生态度,让他们在不断深入的阅读、鉴赏、审美过程中,能形成对社会、人生的正确看法;必须让他们具备一种认知能力,在不断分析、归纳、比较、综合中,形成一种敏锐的洞察力和准确的判断力。四是丰富情感素养。在语文教学的过程中,主要体现为使学生对社会、人生形成积极、健康的态度;体现为使学生感知、领悟文本对象时,形成情感的正确导向。因此,在语文教学中,我们应该结合具体的课文,积极引导,努力使学生形成健康而丰富的情感,引导学生正确地看待生活,看待人生,正确地把握和处理成长过程中所面对的问

题，正确地处理好个人与集体、个人与国家的关系，正确地处理在社会中遇到的各种问题。要让学生思辨，要让学生借鉴，要让学生取舍，要告诉学生获得健康情感的途径。具有了健康而丰富情感的人，才有可能是对社会有用的人，才有可能是对时代有所贡献的人，才有可能是具有强烈的责任感与使命感的人。五是升华审美素养。古今中外的大量的文学作品，集中而鲜明地汇聚着人类的审美理想和审美追求，昭示着人类丰富而细腻的审美经验。在语文指导的过程中，我们必须引导学生在读中学写，艺术地去感知，艺术地去发掘，艺术地去审美。老师必须做具体而精当的分析，学生才能掌握艺术审美的个性；老师必须引导学生开展充满个性色彩的阅读，学生才能领略其中的独特之美；师生在对形象的解构中，完成审美的超越与升华，必须不断地进行归纳与总结，才能掌握其中的共性。学生具备了一定的分析、评判、鉴赏能力，艺术阅读才会变得富有趣味，语文学习和语文练习才会充满愉悦。

徽派语文教学"以提高学生语文素养为本"，应提倡：自然说真话（文字需自然，不生硬，不拖拉，不生涩；感情要真实，不说假话、大话、空话，所谓"我手写我心"就是这个意思；内容要真实），流畅去表达（文笔要流畅、连贯，不东一榔头西一棒，要清清楚楚地表达，即所谓"文从意顺"），准确用词句（用词造句要准确，不要求语言华丽，但求准确，这是语文能力的一个基本功），大胆去想象（想象要大胆、合理、有序、完整，教师切勿限制和禁锢学生的想象力，唯有放飞想象的翅膀，方有灵感出现）；应有效地调动学生习作的积极性，不能写千篇一律的习作，要让孩子的语文体验千变万化。在习作教学中，教师一定要做好九个结合：学生生活与习作内容结合，学生情感与习作内容结合，观察生活与习作内容结合，评价体系与习作过程结合，口语交际与书面表达结合，阅读与习作结合，展示平台与习作成果结合，个性发展与技巧指导结合，识字写字与习作结合。"以提高学生语文素养为本"实施的关键就是从根本上改变学生的语文练习的过程和方式，重心是加强学生的自主、合作、探究性学习。

三、徽派语文教学应以指导学生练习运用为本

徽派语文教学就是指导学生学会学习的过程。我们认为，小学生的语文能力不单单是靠老师"教"出来的，还是小学生在学习语文的过程中"练"出来的，"悟"出来的。语文教学应以指导学生练习运用为本。概括地说，有三个要点：

第一，有效指导，科学调控。在语文教学中，"以指导学生练习运用为本"的理念应体现在有效的科学指导上。科学有效的语文指导课，应该是扎实的课，而不是图热闹的课；是丰实的课，内容丰富，多方活跃，给人以启迪；是常态下的平实的课。不管谁在听课，老师都要做到心中只有学生，促进学生情智发展。"以指导学生练习运用为本"的基本要求是强调多元，崇尚差异，主张开放，重视平等，推崇创造，关注边缘群体，实现和谐课堂，使每一个学生都得到发展。有效指导、科学调控的语文课堂应有其具体的特征——"两大两小、四句话、四个求"。两大两小：天地大课堂，课堂小天地；生活大文章，文章小生活。四句话：情趣促文思，章法导文路，写法点文技，评点激情趣。四个求：入格求借鉴，定格求规范，变格求创新，评价求发展。

第二，有效课堂，全面丰收。徽派语文教学应讲究效率。提倡面向全体学生，倡导学生人人能读会写，人人会读快写，人人乐读乐写。其课堂应是有效课堂，其语文应是全面丰收的语文，是教师人人会教的语文，是学生人人会学的语文。

第三，以练为本，开启心窍。徽派语文以指导学生练习运用为本，通过举一反三地创新练习开启心窍，培养语言的"建筑师"，而不是"泥水匠"。其练习过程中应该做到"六导六有"：教师导源，学生言之有物；教师导路，学生言之有序；教师导悟，学生开卷有益；教师导改，学生心中有数；教师导评，学生言之有理；教师导练，学生借鉴有法。"以指导学生练习运用为本"的语文评价的教学活动，是一种发展性的语文教学策略，其特点是：学生在教师的引导下，通过对语文情境（教学、生活）的

充分体验，调动情绪情感，以达到在认识和情感等方面的发展目标。语文教学的评价，要多关注学生的心理历程、情感交流与理解沟通，而不是知识的增减；多关注教学的互动过程，而不是教学的知识授受结果；多关注师生在情境中参与的程度，而不是结果的正误；多关注师生的自我评价，而不是他人评价。因此，"以指导学生练习运用为本"的语文教学的评价是多维度的、整体性的，应该改革语文评价的理念和方式，实施全员评价、全程评价、多维评价、多向评价、多层评价、发展评价、开放评价，从而做到以评价促开窍，以评价导开窍，人人皆开窍，次次能开窍。语文教学应该"跳"出僵化的模式和狭小的天地，投入"大语文"的广阔天地中；"跳"出教材练语文，"跳"出课堂练语文，"跳"出语文练语文；开放教学练语文，以人为本练习作，让学生愉快地观察生活、体验生活、感受生活，从而让学生尽情地享受生活、享受语文、享受生命的成长，获得其未来生活所必需的语文素养。

在徽派语文教学中，我们应以促进学生的生命发展为核心，通过卓有成效的教学活动为学生的全面发展服务，通过快乐而有效的练习为学生的智慧成长奠基。

第二节　徽派语文的人本理念

语文是一门时代性很强的课程，它既要面对现代社会的语文生活，又要面对现代语文生活中最活跃的、成长中的青少年。从20世纪90年代起，世界发生了巨大的变化，信息时代的到来，改变了人类的生活，信息技术和信息工具成了一切活动的积极参与者，甚至参与了人类的认识活动，改变了人类获取知识的方式，改变了人类的学习方式。全世界都在寻求新的教育模式，来应对这个"知识爆炸"的互联网时代。几乎每个国家都在寻求培养人的新途径。人才的竞争成为国家软实力竞争的前沿问题。语文课不能不面对这个新的时代特征，过去我们已经想明白的问题，现在又有了新的困惑；过去我们没想明白的问题，面对这个时代，更要寻求答案。在这一点上，我们和全世界站在同一条起跑线上。

徽派语文的教育观认为，语文核心素养是学生在积极主动的语言实践活动中构建起来，并在真实的语言运用情境中表现出来的个体言语经验和言语品质；是学生在语文学习中获得的语言知识与语言能力、思维方法和思维品质，是基于正确的情感、态度和价值观的审美情趣和文化感受能力的综合体现。因此，在语文教学过程中，我们要认真践行《义务教育语文课程标准（2011年版）》（以下简称《课标》）精神，关注学生语文核心素养的提升。

一、重视熏陶感染，提升语文核心素养

《课标》指出：在阅读教学过程中"应该重视语文课程对学生思想情感所起的熏陶感染作用，注意课程内容的价值取向"。语文课程具有丰富的人文内涵，因为语文是生命之声，是文化之根，是人的精神家园。从课程广度看，上至天文，下至地理，古今中外，无所不包；从课程深度看，或赏心悦目，或回味无穷，或动人心魄，或刻骨铭心；从课程效度看，可提升道德境界，可培养审美情趣，可启迪人生智慧，可丰富文化底蕴。例如《我的战友邱少云》读来感人肺腑、催人泪下。如何发挥课文的熏陶、感染作用呢？我们来看看特级教师王崧舟的课堂教学。

（一）比读——未成曲调先有情

1.教师引导学生回忆，课文中称邱少云是一位怎样的战士。（年轻、伟大）

2.教师提问："一个年轻的战士，为什么会被他的战友、被祖国和人民称为伟大的战士？"

（二）精读——设身处地感真情

1.范读感染。教师动情地范读第7段课文，使学生受到感染和震撼。听完教师范读，学生交流心情。（有说难受的，有说焦急万分的，有说痛

苦的，有说满腔怒火的……）

2.教师引导学生带着感受自由朗读这段课文，体会文中打动自己的地方。

3.组织学生交流感受，教师随机点拨："是什么像刀子一样在绞'我'的心？"（有学生说，是"我"的担心像刀子一样在绞"我"的心；有学生说，是看到与自己朝夕相处、情同手足的战友被烈火灼烧着、煎熬着，这种感觉像刀子一样在绞"我"的心；有学生说，是自己明明能救却不能去救战友的那种矛盾、那种痛苦，像刀子一样在绞"我"的心……）

4.教师通过语言感染学生："此时此刻，战友的紧张就是我们的紧张，战友的担心就是我们的担心，战友的矛盾就是我们的矛盾，战友的痛苦就是我们的痛苦。邱少云的生死抉择，牵动着我们每一个同学的心呀！"（组织学生诵读此段课文。）

（三）研读——字字句句悟深情

1.教师和学生共同研读课文第8段，说说烈火中的邱少云与千斤巨石有哪些相同的地方。（有学生说，他们在火堆里都一动也不动；有学生说，他们在火堆里都不发出一声呻吟……）

2.教师设疑感染："是呀！邱少云和千斤巨石一样，他们都不怕烈火焚烧，都不会挪动一寸地方，都不会发出一声呻吟。但是，同学们，千斤巨石是一块石头，是没有感觉、没有生命的石头啊！而我们的邱少云，他是一个人啊！一个活生生的、有血有肉的人啊！一个人怎么能够忍受烈火烧身的巨大的痛苦啊！"（请学生交流被火烧时的反应和感受。）

3.教师利用情境感染学生。播放电影《烈火中的邱少云》片段，随着电影画面的呈现，教师动情地说："同学们，这就是被烈火烧身的邱少云！这就是忍受着巨大痛苦的邱少云！这就是像千斤巨石一般的邱少云！这就是直到最后也没挪动一寸地方、没发出一声呻吟的邱少云！面对这样一位惊天地、泣鬼神的英雄，你有什么话想说吗？"（请学生谈观后感，有学生说着说着就掉下了眼泪。）

4.教师通过诵读感染学生："是一种什么力量在支撑着他？是一种什么

精神在鼓舞着他？让我们一起，怀着对英雄的无限深情、无限崇敬，齐读这段课文。"（学生读得非常动情。）

（四）妙笔直抒心中情

1.教师通过移情感染学生。教师沉默片刻，然后深情地说："战斗结束了，邱少云的战友们怀着无比崇敬的心情，用邱少云生前挖坑道时用过的铁锤和钢钎，在陡峭的'391高地'的石壁上，刻写了一句纪念他的碑文。同学们，此时此刻，假如你也是潜伏部队中的一员，你也目睹了这惊天动地、气壮山河的一幕，你会写一句怎样的碑文来纪念、来歌颂这位年轻而伟大的战士呢？"（深沉而饱含思念之情的音乐轻轻响起，学生写出自己心中的碑文。）

2.教师请学生朗读自己撰写的碑文：①邱少云万岁！②邱少云，你永远活在中朝人民的心中。③邱少云同志永垂不朽！④让我们永远记住邱少云的精神——为胜利而献身。⑤啊！邱少云，我们为你骄傲。啊！邱少云，祖国为你自豪。⑥人生自古谁无死，留取丹心照汗青！

徽派语文重视语文的熏陶、感染作用，就是要通过优秀作品的耳濡目染、潜移默化，对学生的精神领域产生影响。这种影响往往是隐性的、长效的、综合的，而且常常是"有意栽花花不开，无心插柳柳成荫"。因而，不能指望语文的熏陶感染作用立竿见影、一蹴而就。

徽派语文重视语文的熏陶、感染作用，就是要清楚地意识到教学内容的价值取向，把时代和民族倡导、尊崇的主流价值观贯穿于语文教学的全过程。学生学习语文的过程，既是接触大量感性的语文材料的过程，又是自主地、能动地建构文化意义的过程。这种接触和建构，对学生精神上的影响往往是终身的。因此，语文课程应该从对人的终身发展、对民族未来负责的高度来选择教学内容。

徽派语文重视语文的熏陶、感染作用，就是要发挥语文课程以情感人、以美育人的独特功能，使学生在感受语文材料、感悟人文内涵的过程中，受到心灵的感动、人格的感化。语文课程与科学课程迥然不同：科学课程以理性著称，语文课程则以感性见长。语文课程包括大量的形象鲜活、感情强烈的教学内容，这样的教学内容，必须十分注意形象的感悟、情境的感染、审美的感化、心灵的感动。

徽派语文重视语文的熏陶、感染作用，就是要发挥语文教师独特的人格魅力，用教师自身的人文精神去滋养、提升学生的人文素养和品位。语文课程要使学生有感悟，教师首先要有感悟；要使学生能体验，教师首先要能体验；要使学生受感动，教师首先要受感动。只有当教师热情投入、真情流露、激情四射的时候，才能以情悟情、以心契心、以神会神，学生才能受到真正的熏陶、感染。从这个意义上说，语文教师本身就是一种重要的课程资源。

二、注重阅读体验，聚焦语文核心素养

"注重体验"是《课标》重要的教育理念之一："注意课程内容的价值取向……同时也要尊重学生在语文学习过程中的独特体验"，"具有独立阅读的能力……注重情感体验"，"要珍视学生独特的感受、体验和理解"。可见，"注重体验"不仅是语文教学的"特点"和"目标"，而且是语文教学的实施方法。

徽派语文的教育观认为，所谓体验，就是人们在实践中亲身经历的一种内在活动，体验更多是指情感活动，是对情感的种种体会和感受。为什么今天的语文教学特别关注体验？因为作为学习主体的学生在语文教学过程中那种内在的知、情、意、行的亲历和验证，对于学生语文素养的形成和发展，对于学生的全面发展与终身发展，都具有重要意义。比如，李吉林老师在教学古诗《宿新市徐公店》时，用诗意的方法把情感体验发挥得淋漓尽致，使语文教学真正成了美的教学。

师：如果根据诗意作画，该画些什么？
生：要画篱笆。
师：篱笆要画得密一点，还是松一点？要说出理由。

生：要画得松一点。因为诗中说"篱落疏疏"，"疏疏"就是不密的意思。

生：还要画小路。

师：为什么？是什么样的小路？

生：要画一条狭长的小路，因为是"一径深"。

…………

学生个个跃跃欲试。有学生说，树上只画些小叶，树下要画些落花，因为"树头花落未成阴"。讨论到要不要画蝴蝶时，学生们争论得更激烈了。有的说："要画蝴蝶，不画蝴蝶怎么体现'儿童急走追黄蝶'呢？"有的说："不要画蝴蝶，诗上已经说了'飞入菜花无处寻'。"为了让学生更深入地体验诗的意境，李老师提示了一句："注意是'追黄蝶'，而不是'追蝴蝶'。"学生从中得到启发，说："飞入菜花无处寻，是因为菜花是黄的，黄蝴蝶也是黄的，分辨不清哪是黄蝴蝶哪是菜花，所以还是要画黄蝴蝶的，不过要画在菜花丛中。"又有一位学生补充："蝴蝶最好被菜花遮住一部分，露出一点翅膀，就更有意思，也才能把'飞入菜花'的'入'表现出来。"

这真是诗中有画，画中有诗，浓浓的诗情画意让学生尽情体验，让想象展翅飞翔，让生命的活力尽情释放，这种状态是自由的、宽松的，因而也最容易激发创新意识。

这一案例生动地告诉我们：正因为"体验"侧重于对情感的体会和验证，因而语文教学比其他学科更需要体验的参与。体验的这种特性，可以有效地提高人的审美能力和语文综合素养，使人不仅成为技术主体和科学主体，而且成为精神主体和审美主体。

徽派语文的教育观认为，"体验"是过程，它从亲历的实践开始，进而获得认识，形成情感，最后产生感悟，并且逐渐积累成最宝贵的精神财富，并以此作为今后生命之旅的底蕴。体验的这种特性，全面关联着语文课程改革的新理念、新精神。具体来说，表现在以下五个方面：

第一，操作的实践性。体验的"亲历"，就意味着要在生活中亲身参与并且动手操作，这就离不开语文的实践运用。

第二，形象的直观性。让学生亲身经历，便不可能完全是理性的、抽象的认识，应当是形象的、直观的，这才会有体验的产生。显然，这符合语文教学的基本特点。

第三，情感的共生性。学生的亲历总是与情感同生共存。因为"亲历"最容易激发情感。"体验"更多的是指在亲历中获得情绪的感染和情感的体味。由"体"生"验"，这与语文教学注重熏陶、感染是一致的。

第四，选择的自主性。体验是极具个性化的行为，可以最充分地享受自主选择权。语文教学也只有尊重了学生的主体地位，才谈得上效率和效益。

第五，自由的创造性。体验具有鲜明的个体特点，尊重个性的张扬。在体验活动中，学生享有很大的自由空间，所有这些都会有助于强化学生的创新意识，培养创新精神。

语文教学是学生、文本、教师多边互动、融合、提升的复杂过程，而学生主体的体验，正是这一过程进入最佳状态的重要保证之一。这也就是《课标》如此强调"体验"的价值所在。

三、注重语言运用，培育语文核心素养

近年来，为了培育学生的语文核心素养，为了让孩子们在实践中锻炼能力，我们创建了班级文学兴趣小组，不定期举办阅读大赛；学校成立文学社，不定期举办作文大赛和手抄报比赛；孩子们办起了自己的报纸、杂志，甚至成立了各种"出版社"。同学们分工合作，担任"记者"的积极到校内外采访、撰写稿件，担任"编辑"的加工"记者"的来稿，"主编"则负责整体策划。在这一过程中，孩子们主动学习写作的意识大大增强，对各种体裁文章的驾驭能力、编辑能力都得到了很好的锻炼。尤为重要的是，孩子们在实际的采编过程中，对语文素养的重要性有了切身体会，语文学习的积极性大大提高。现在，一大批"名记者""名编辑"在我校成长起来，他们的语文素质全面提高，许多孩子在正式的报刊上发表了自己的习作。

徽派语文的教育观认为，目前中小学语文教学过分倚重知识的现象亟须纠正。重视知识教学，是现代语文教学的进步，但受应试教育和科学主义思潮的影响，大家把知识当作语文学习的法宝，认为教好了知识，语文教学就万事大吉，学生的语文素养就能自然而然地提高。正因为这样，语文课堂便成了"复制车间"，学生整天处在机械训练、死记硬背、简单重复中，他们被动地接受知识，一知半解、似懂非懂。联合国教科文组织国际教育发展委员会编著的教育丛书《学会生存——教育世界的今天和明天》对此予以批评："教育灌输着属于古旧范畴的传统知识。这种见解至今仍然十分流行。然而，那种想在早年时期一劳永逸地获得一套终身有用的知识或技术的想法已经过时了。传统教育的这个根本准则正在崩溃。"①就语文学习规律而言，语文素养的提高与知识有关，但主要依靠实践活动。无论向学生传授多少关于阅读的知识，如果学生不开展大量的阅读实践，他们的阅读理解能力永远无法提高；无论向学生传授多少关于写作的知识，如果学生不开展大量的写作实践，那么他们永远也不可能拥有写作的基本能力。由此可见，学生的理解和表达能力主要是在语言实践中形成和发展起来的。语文知识的学习，也只有和读写实践结合起来，才有现实意义。

需要指出的是，不宜刻意追求语文知识的系统性和完整性，并非意味着不要知识，无论什么时候，扎实的知识功底、开阔的知识视野、合理的知识结构和良好的知识素养，都是不可忽视的。对语文知识的教学，关键是要本着精当、有用的原则，不必系统、完整地教给学生语法知识、修辞知识，择其精要传授即可。

四、加强语感训练，关注语文核心素养

《课标》指出："在教学中尤其要重视培养良好的语感和整体把握的能力。"汉语言文字特别有灵性，其以形表义、形神兼备。以汉字为载体的汉语重意会，没有分词连写，少有性、数、格的区别，语言凝练但意蕴丰

---

① 联合国教科文组织国际教育发展委员会.学会生存——教育世界的今天和明天[M].华东师范大学比较教育研究所,译.北京:职工教育出版社,1989:98.

厚，读来抑扬顿挫、铿锵悦耳。由于汉语言文字的形象性、隐喻性、意会性和模糊性，学生学习语文，不仅要进行理性分析，而且要重视整体感悟。

徽派语文的教育观认为，学生学习母语主要靠语感。学生学习母语，因为有早已具备的口语语感做基础，有熟悉本国、本民族的文化背景为条件，身处母语环境、心受母语濡染，大量的、成套的母语图式早已内化为学生的心理结构。因此，学习母语不必从系统的语言知识和语法规则入手，而应重视对语文材料的积累、感悟，培养良好的语感。阅读教学的重要任务是引导学生学习语言、发展语感。因此，阅读教学的整体构架必须以培养学生的语感为核心，以指导读书活动为"经"，以字、词、句的训练为"纬"；阅读教学的基本策略必须坚持"重感悟、重积累、重运用"。《荷花》一课的教学设计，力图从以下三个方面落实和体现上述教学理念。

首先，要充分诵读，触发语感。培养语感，必须让学生反复接触语言、感受语言，诵读则是学生接触和感受课文语言的最常用、最重要的方式。《荷花》一课的教学设计，一是将诵读贯穿于课堂教学的始终。初读，让学生自由地读课文，边读边体会，课文中的"我"是怎样看荷花的。细读，让学生轻声地读课文，边读边体会，你是从哪些地方体会到"我"是在仔仔细细地看荷花、津津有味地看荷花、如痴如醉地看荷花的。品读，让学生默读课文，体会文中的哪些句子写得特别美。回读，让学生背读课文，反复朗读其中的优美语段，达到熟读成诵。二是采用灵活多样的诵读方式。例如，以自己喜欢的方式诵读，个体自由诵读，同桌之间互相诵读，选点诵读，根据自己的领悟诵读，等等。

其次，要潜心品读，领悟语感。培养语感，必须引导学生紧扣课文中某些语感因素很强的地方，反复咀嚼，深入品味。《荷花》一课的教学设计，要在精选语感点上下功夫。如写荷花的"冒"，内涵丰富，又不易为学生所觉察，紧扣这个语感点，集中精力，重锤敲打，能够很好地培养学生的语感，在品读语感点上做文章。（1）"冒"还可以换成别的什么字？（长、钻、探、伸、露、冲）（2）读读这段课文，体会体会，怎样"长"出来才叫"冒"出来？（使劲、拼命、用力、急切、笔直、一个劲儿、痛痛快快、争先恐后、生机勃勃、兴高采烈、精神抖擞、喜气洋洋）在"冒"前加上这些词再读这个句子。（3）播放荷花录像，引导学生想象"冒"出来的白荷花想干些什么。有的说，白荷花在这些大圆盘之间冒出来，仿佛要看看外面的精彩世界。有的说，白荷花在这些大圆盘之间冒出来，仿佛在寻找自己的妈妈。有的说，白荷花在这些大圆盘之间冒出来，仿佛在向小朋友展示她自己的美丽。有的说，白荷花在这些大圆盘之间冒出来，仿佛想尽情地呼吸一下新鲜的空气。有的说，白荷花在这些大圆盘之间冒出来，仿佛想在风中翩翩起舞。对于"冒"字，通过换词比较领悟作者运用的分寸感，通过丰富表象领悟其形象感，通过激活体验领悟其情味感，通过扩词诵读领悟其意蕴感。

最后，要积累运用，积淀语感。培养语感，应高度重视积累和运用。所谓"文章读之极熟，则与我为化，不知是人之文，我之文也"。积累就在于"使其言皆若出于吾之口，继以精思，使其意皆若出于吾之心"。熟读成诵的过程，不仅是积累大量的感性语言材料的过程，而且是内化成套的语感图式的过程。例如，《荷花》一课的教学设计，在最后一个环节上，我们让学生边欣赏多姿多彩的荷花图片，边用学到的课文语言说说自己看到了什么。有的说，我看到白荷花在拥挤的荷叶之间冒出来。有的说，我看到有的荷花才展开两三片花瓣儿。有的说，我看到有的荷花全都展开了，露出了嫩黄色的小莲蓬。有的说，我看到有的荷花还是花骨朵，看起来饱胀得马上要破裂似的。有的说，我看到雪白雪白的荷花正低头欣赏着自己在水中的倒影。

徽派语文关注语文核心素养，加强语感训练。我们在教学过程中要注重培养形象感，要注意激活学生头脑中储存的与文字相关的表象，引导学生展开联想和想象，将语言转化为形象鲜明的内心视像，使语言和生动的表象建立心理联系。培养情味感，一要想方设法帮助学生增加对课文背景及相关内容的了解；二要努力挖掘和体验教材的情感因素，发挥教师自身的情感传导作用；三要引导学生在对课文的分析和朗读中体验作者的情感。培养意蕴感，就是要引导学生体会和揣摩言外之意、弦外之音。

徽派语文的教育观认为，从语感生成的角度看，语感教学策略主要包括：反复诵读、比较品评、潜心涵泳、切己体察、展开想象等。反复诵读是培养语感的最佳策略，要求眼到、耳到、口到、心到，强调对语言文字的直接的、整体的领悟，这与语感的直觉感悟是完全一致的。比较品评是课堂语感教学的有效策略。俗话说，有比较才有鉴别，学生只有在不同语言、不同句式、不同语序的比较当中，才能发现课文中语言运用的妙处，品评语言的意蕴和情味，从而培养语感。潜心涵泳是一种在熟读基础上潜心专注的研读策略，对语言文字揣摩、推敲、咀嚼，"字字未宜忽，语语悟其神"，鉴赏玩味、掂量比较，获得审美感、情味感、意蕴感等。切己体察是把眼前所读的语言文字与自己的生活经验、阅读积淀相联系，通过文字的桥梁走进作者的内心。展开想象是指语言文字符号本身没有直接可感性，必须借助联想和想象，化干瘪、枯燥的符号为形象鲜活的画面或通过重组表象，创造出新的情境和意境，这样获得的语感才是丰富、深切的。

第三节　徽派语文的发展课堂

随着部编本语文教材的使用，小学语文课堂应该具有"三观"：课堂的目标观、课程的语用观、学科的素养观。上好语文课，我们应该遵循顺学而导、从学而教和"启发式教学"的原则，从学生学习的实际情况出发，在调动学生学习积极性的前提下，运用"设疑—导疑—释疑""启发—引导—明确"的教学方法，指导学生"自主—合作—探究""品读—悟读—理读""思考—表达—交流"，从而达到融会贯通、触类旁通，使教师和学生在一个自由和谐、富有个性、独立自主、有利于人整体生命投入的学习生态环境中，调动起自身的一切，去不断地创造自我，取得课堂教学效益与生命质量的整体提升，形成一种崇尚自主、整体和谐、持续发展的课堂。

一、教育观念：接受向创新转化

徽派语文的教育观认为，传统和现代的碰撞，东方和西方的交融，往往产生新思想、形成新思路，语文教学也就有了新发展。从历史看，中国的教育基本是"接受"教育，传统的教师定位是"传道、授业、解惑"——传播思想道德，教授功课学业，解答疑难困惑。在这样的"接受"教育下，学生只"学"了怎样"答"，而没有"学会"怎样"问"，只是继承而没有发展，造成了思维单一、观念正统、意识守旧、习惯被动等问题。部编本语文教材在选文时强调四个标准：经典性、文质兼美、适宜教学、时代性。教材重视语文核心素养的培养，意在重建语文知识体系；阅读教学实施"三位一体"，区分不同的课型；改"精读"为"教读"，改"略读"为"自读"；"教读""自读""课文阅读"组成"三位一体"的教学结构。部编本语文教材提倡语文教学采取"1+X"的办法来拓展阅读。比如，教一篇古文，连带让学生读四五篇古文。增加的"X"部分，不一定读那么精，泛读也可以。教材更加重视多种阅读方法的教学，比如默读、浏览、跳读、猜读、比较阅读、读整本书等。过去所有课都是精读，细嚼慢咽，现在允许一部分读得快一点、粗一点，往课外阅读延伸，课堂上精读精讲的分量少一些，有一些让学生自主阅读，以此培养学生的阅读兴趣。要让学生对读书、上语文课有兴趣，前提就是语文教师是"读书种子"。语文老师要当"读书种子"，要有属于自己的自由而个性化的阅读空间。所以，语文教师必须以全新的视野和姿态来更新自己的观念，必须向创新转化，要根据社会的发展，从学生的实际出发，培养学生的自我意识、参与意识和探索精神。就具体教学而言，应该营造创新环境，少限制、多宽容，激活学生的创新意识，开发学生的创新智能。

二、教学内容：知识向生活贴近

就语文教学的现状而言，知识的传授也存在误区，即把"知识"与

"生活"剥离，让"知识"摆出一副严肃的面孔。部编本语文教材的内容使知识向生活贴近，更加重视学生的交际意识和交际习惯的培养，转变评价的视角，强化日常生活中的口语交际意识；加强朗读指导，关注语言的积累与运用，重视阅读方法策略的引导等，要求我们教师的教学不但要有意义，而且要有意思。要做到有意义、有意思两者兼顾，就应该做到语文教学生活化。生活是"生"的，学习新知识不该只由抽象的旧知识引入，而应多以学生身边的生活为例，让学生发现新知识产生的规律。课文揭题与体验，说话训练的导入与演讲，作文取材与教学，都应避免程式化、学术气。如中央人民广播电台的《今日天气》播报就令人耳目一新，原来是枯燥的气象术语，现在常用"杨柳依依、雨雪霏霏""春风拂面、春雨绵绵""天寒别忘加衣、户外活动注意避免日光暴晒"等人性化的语言。生活是"活"的，让学生"动"起来，让课堂教学"活"起来，即使教师不说一句话，学生也能掌握知识。生活是有"情"的，语文无疑是饱含情感的学科。有学生对语文呼喊道："我渴望在唐诗宋词中品味诗人的喜、怒、哀、乐，而不是背公式似的将他们尘封在心底；我渴望在作文本上写自己的话，抒自己的情，而不是硬凑出一篇《开卷有益》；更不想心头树起的一个至纯至美的意象被左一个选择右一个判断切割得支离破碎……干巴巴的说教，孤零零的分析，只能把语文逼进学生'厌恶学科'的黑名单。"

三、教学组织：规矩向民主开放

部编本语文教材的编写是按儿童的生活路径，以儿童的成长与发展的生活逻辑为核心设计的。教材的主体是儿童，教材的内容是儿童的生活。教材关注学生的整体成长，整本教材洋溢着对自然和生活的热爱，力图体现多元、开放、平等、包容的价值观。同时，部编本语文教材形成生活内容和教学相统一的叙事逻辑，力图体现和谐与温暖的情怀，体现人与人、人与自然、人与社会之间和谐与温暖的关系。学生从课本中能学会守法，树立规则和公民意识，学会做事、主动思考、积极参与学习，让自己努力从适应制度走向自理、自律、自觉、自主。

古人云："无规矩不成方圆"，但"成方圆"非得需要规矩吗？"起立后"，何必千篇一律"老师好"？上课时，老师可坐学生位，必要时有"指点"，而学生则可上讲台当"老师"，不解时才"求援"；学生回答问题时，举手发言该提倡，也可走上讲台与老师辩论；朗读，不一定非得双手捧书，腾出手来表演，更易入境动情；讨论，放手让学生自由组合，前后左右结对可以，"东北""西南"联合也行；坐久了，可"送"一两分钟埋头闭眼，动口多了，就动手写一写，动脑多了，就听一听配乐——换一种方式就是休息。师生关系平等、和谐，民主的教学氛围才能培养出创新型的学生。新课程促进了新型师生关系的建立，教师要抛弃"师道尊严"，平等地对待每一个学生，师生之间共同学习、平等交流。

四、教学手段：丰富向简洁回归

部编本语文教材中没有了说教性的内容，设计了相对集中的教育主题，呈现方式以绘本图画为主，体现了儿童的审美需求，以恰当的问题引导教学活动，突出趣味性，激发了学生们的想象和思考，力求从生活中的小事渗透教育。教师不仅要向学生传授好的道德实例和现实需求的法治知识，而且应和学生一起解读、分析，更要带学生们走出教室，走进社会，观察、思考、感悟、实践。学科是丰富多彩的，潜心挖掘，都成"世界"。但个别老师的"叠床架屋"繁杂、琐碎的课堂教学也在大行其道。"天""地"何等直观，可许多老师非得让举手向上看来表演"天"，低头向下看来表演"地"；"教室"何其浅显的词语，可有的老师非得这样说："教室是学校里老师上课的房间。"过度讲究"丰富"，讲究"科学语言"，就成了烦琐。我们的教学手段应该由丰富向简洁回归，在教学内容、理性知识、教学语言、训练设计上多一点"减法思维"。如低年级语文，应着重要求学生把音读准，把字写好，穿插自然的说话训练；高年级阅读教学，重在把语言文字化为自己头脑中的情境。一篇课文，精妙之处比比皆是，教学只能忍痛割爱，突破一点，力求"牵一发而动全身"。

五、教学评价：分散向表现倾斜

部编本语文教材在内容体系、活动方式、组织形式和考核评价等方面留给教师较大的空间，教师在新的课堂教学模式下，更需要深入地研究教材，只有进行个性化的整合与重组，才能使教材的使用得心应手。在设计教学过程时，我们要认真落实"知识与技能、过程与方法、情感态度与价值观"三维学习目标，根据培养学生自主学习能力、科学探究能力、继续学习能力的要求进行教学设计；注意知识的内在联系、学习环节的完整性，注意联系紧密，衔接自然。课堂教学要能将知识的发生发展过程完整地呈现出来，让学生明确"学什么，怎么学，解决什么问题"，注意加强对学生的训练，数量要合理，梯度要恰当，要注意学生之间的差异性。不能培养徒有识字之"知"，而无立世之能的人。身体好、心理好、学习好，会动手、会欣赏、会创新，才是培养的目标。除了"学习好"可以以考试的分数来衡量外，其他的都只能通过"表现"来培养。部编本语文教材更加重视多种阅读方法的教学，同时要求学生读得深一点。由此，我们的教学评价应该由分散向表现倾斜，多关注学生的阅读状态，多关注学生的阅读习惯，多关注学生学习语文的过程和方法。

六、教学资源：单一向开放迈进

教师要想给学生上一节好课，最好的策略就是"开放"：课的形式开放，讲、练、观、议、研形式多样，长、短、聚、散、活各具精彩；课的内容开放，知识技能做实，态度价值并重，跨学科、跨领域多维同构；课的资源开放，校内校外、线上线下、古今中外跨界融合；课的评价开放，不能只看考试还要重过程，不能只看教师还要看学生，不能只看外显还要关注内心……

部编本语文教材充分利用现实生活中的语文教学资源，优化语文学习环境，努力构建课内外联系、校内外沟通，学科间融合的语文教育体系。

我们认为，这就是语文开放式的学习，它是针对当前语文教学以教师为中心，以知识为重点提出的。开放式的语文学习，力图转变传统教学中封闭的观念，改变学生学习远离社会生活实际的窘迫境地；有利于学生学会学习与生活，培养学生的创新精神和实践能力；缩短学生成为"社会人"的时间，加快人才成长的步伐，有利于培养创新型人才。它是加强语文实践，提高学生语文素养的重要途径。开放式语文学习遵循兴趣性、创造性、活动性、综合性等原则，其方式如下：

第一，共同学习。传统的教学活动以教师为中心，即使是学生学习也多是独立学习，这是封闭的表现。共同学习是个体在学习上的开放，保持个体之间信息交流，由主体的单数变为复数。在教学活动中，既自主又合作，既主动又互动，使小学语文课堂教学进入一个新的境界。其表现形式为：一是读书汇报式。语文课遵循"以读为本"的原则，课堂上要适时激发学生读书兴趣，组织读书活动，指导读书方法，检测读书效果，让学生交流读书心得，品尝读书喜悦。如部编本语文教材的拼音部分充分体现了让学生主动学、在玩中学的编排意图，让学生在喜闻乐见的情景中学习拼音；在连、涂、画、拼、摆等游戏中，巩固知识，启迪心智，培养学生的动手能力；在复习中采用"我会读""我会写""我会连""我会画"等形式，激发学生的兴趣，培养学生的自信。这些都有助于学生在游戏中、在自主实践中兴趣盎然地学习。这样的教材，有利于学生学得主动、学得有效，不仅可以获得丰富的知识，而且可以开阔视野，学会获取知识的方法。二是小组讨论式。在课堂教学过程中，教师把教学目标转化为学生的学习目标，设计问题情境，指导学习方法，确保学生有足够的学习时间和空间，组织指导学生通过个体自主学习、合作学习，动眼、动口、动手、用耳、用脑进行学习。其基本程序为：导向目标—指导方法—自主学习—小组讨论—全班交流。通过师生合作，在交流、讨论的交际活动中，在老师的指导、点拨下，学生能扎扎实实地学习。

第二，学科渗透。教师劳动形式的个体性质形成了一种根深蒂固的职业取向，只了解和教授本门学科的知识内容，这样会形成学生学习上的学科封闭。如在开放的教育观念下进行学科渗透，教学过程中会使学生受到爱国主义教育、社会主义思想品德教育和科学思考方法启蒙教育，培养学生的创造力，培养高尚的情趣，发展健康的个性，养成良好的品格。在教学过程中，不妨让学生做一做科学小实验，不妨让学生演一演童话故事，不妨让学生唱一唱诗歌，这样，学生不仅兴趣盎然，而且有利于激发他们的想象力，培养他们的审美情趣。

第三，课外实践。语文与生活是紧密联系在一起的。生活多么广阔，语文学习的天地就有多么广阔。因此，语文学习要延伸到课外，让学生在语文的广阔天地获得知识。一是开展丰富多彩的读书活动，可以丰富学生的语言积累，扩大学生的知识面，培养学生的阅读兴趣，指导学生的读书方法。二是制作读书卡片。指导学生制作读书卡片，帮助学生掌握读书方法，培养良好的读书习惯。三是组织比赛等活动。学生在阅读的过程中，既渴求读有所得，又期望得到老师、家长和同学的认可与赞许。教师可针对学生的这一心理特征，组织"阅读大王知识竞赛""读书笔记展览会""故事大王演讲赛""读书经验交流会"等活动，给学生提供施展才能的机会，激发学生读书的兴趣。四是开展游戏和表演活动。具体形式有相声、小品、猜谜打擂、童话表演、填写对联等。如学生课外阅读《不动脑筋的小白兔》一文，可进行排演，通过情境再现，以演促读，调动学生自读文章的兴趣。在实施寓教于乐的过程中，学生的阅读兴趣得到了培养，对阅读课产生了强烈的期盼，为开展课外阅读打下了坚实的基础。五是组织课外兴趣小组。根据学生的兴趣和爱好，成立书法、绘画、小主持人、文学欣赏、故事大王等各种兴趣小组。六是开展丰富多彩的社会实践活动。此类活动让学生走向社会，利用语文为社会服务。在社会的大课堂里学习语文、运用语文，丰富阅历、增长才干。它包括：①组织参观游览活动；②访问名人；③社会调查；④当语言文字"小医生"；⑤设计广告词；⑥写、贴春联等。七是利用现代媒体，拓展学习渠道。利用广播、电视、网络等媒体，拓展语文学习渠道，为我们的语文学习拓展新天地。学生听广播、看电视获取信息，就国内国际新闻、时事热点、科技知识等在班级的"新闻发布会""小小辩论台"或"小灵通广播台"交流，有条件的学校可建立校园广播台、校园电视台、校园网，让学生积极参与，并查询资料，在班上交流，资源共享。

总之，开放式的语文学习，能随时、随地、快速、便捷地充分利用文化资源，构建课内外联系、校内外沟通、学科间融合的教育体系，使我们的语文学习更贴近社会生活，也使语文教学内容增强了时代气息，课本知识与语文实践相融合，汲取古今中外多元文化的精华。这是提高学生语文素养的必由之路，也是造就跨世纪人才的必由之路。

第四节　徽派语文的教学境界

徽派文化是中华文明的源头之一。徽派语文教师秉持"捧着一颗心来，不带半根草去"的赤子之忱，为中国教育探寻新路。徽派语文自成架构，自出境界，以"儒雅、自然、真诚、务实、智慧"为自己的不懈追求，汇百家之长，成一家之范。

时下，语文教学派别林林总总，层现迭出：美丽语文、人文语文、诗意语文、绿色语文、生活语文、智慧语文、生命语文、感悟语文、生态语文等，不一而足，令人目不暇接。倘若本着客观、冷静的态度从观察与思考的角度去探求语文的本源，那没有什么大惊小怪的，但是如果人们按照自己的主观臆想去替语文"开门立户"，那必然是语文教育界的尴尬之事。

一、徽派语文的专业观

徽派语文是专业语文。专业语文是由语文课程自身内在各要素的有机联系而建构起来的具有生命体征的渐进、有序、完整体系的语文。语文教学是一个由教师引领学生起始于初级生命形态，历经中级生命形态，最后抵达高级生命形态——文学作品的完整的触摸和感悟的过程。它的教学发轫于明确的课程起点，教学过程呈现明晰的走势，教学目标指向明了的学科归属。靠语文教师的个人才华和人格魅力赢取学生的学习兴趣和骄人的教学效果的语文未必是真语文，按自身客观的运行规律沿学科的专业道路而发展的语文教育教学必定是真语文。如果把语文教学目标比作农历十五之夜天边那轮清辉四射、美丽动人的月亮，那么真语文就是致力于打造一架"登天梯"，让教育教学工作者引导伫立于地平线上凝视月亮的学生一步步登临云端，跨越心灵的距离去接近月亮的高度。

徽派语文以培养学生个体的基础语文素养为教学前提。一个人的语言修养高不高，主要看他掌握词汇多少。因为词汇不丰富，就无法表达思想感情。语言教学，首先是汉字的掌握和词汇的积累。徽派语文把汉字的掌握和词汇的积累作为语文学科教育的起点，这种着眼语言运用能力，着手词语积累的眼光既专业又睿智。汉字、词和短语展现出来的面貌正是语文学科的初级生命形态。事实上，汉字的掌握和词汇的积累这个教学起点绝不仅仅是停留在教学原点上，它需要自始至终地沉入并贯穿到源起于初级生命形态的整个语文学科生命中。从这个角度说，学生在整个语文基础阶段接受教育的过程，就是与汉字、词汇的掌握和积累共进退、相始终的过程。在学生初步掌握一些常用汉字的基础上，教师就要把词汇的积累提上日程并摆在极其重要的语文教学战略位置上。积累从紧随汉字的掌握或者与它齐头并进到重于汉字的掌握，积累对象集中在常用词和短语尤其是古代汉语的活化石——成语身上。教师通过注音辨形、解词释义等咬文嚼字的方式反复引导学生积累和掌握汉字和词汇，以形成学生的基础语文素养。

在整个小学阶段，词语积累处于起始阶段的学生由于词汇量少，对大多数词语感觉陌生，故将积累置身于阅读的环境中。在阅读时重心落到集中积累，以集中积累为中心，阅读服从于集中积累；初中阶段，集中积累向分散积累过渡，继续丰富学生的词汇量，积累和阅读并重；高中阶段，随着学生词汇量的进一步丰富，重心落到阅读，以阅读为中心，分散积累服从于阅读。徽派语文今天蓄"千日一里"的积累词语之功，他日呈"一日千里"的阅读文本之势，是词语积累最美好的愿景。

二、徽派语文的素养观

徽派语文以培养学生个体的综合语文素养为教学关键。语句、片段和篇章这些交际过程中的不同语言单位，构成了语文学科的中级生命形态。掌握和积累汉字、词汇，充分培育语文丰厚和饱满的初级生命形态，实质就是为"孕育"渐进、有序延续的包括中级、高级生命形态在内的整个语文学科造出足够的"血液"。教师借助简约有效的语法、简明易懂的逻辑，引导学生连词说句，写句说段，让口语和书面语紧密结合起来；在源源不断的词语累积的前提下，教师运用必要的修辞、相关的知识指导学生接触文本，大胆让他们尝试模仿范文写作，让阅读与写作紧密联系起来；从现今仍有强大生命力的成语身上，我们可以窥见古代汉语和现代汉语在语音、词汇和语法方面千丝万缕以至密不可分的源流关系。比如，"不翼而飞"中的"翼"字隐藏着名词活用为动词的知识，"时不我待"中包含着宾语前置的知识，等等。教师运用成语积累引导学生感悟渗透于其中的古代汉语知识，借助品读白话文传授成语中的古代汉语知识，然后按照由易到难、由简到繁的顺序有计划、有条理地过渡到教材中的文言文阅读教学，借文言文教学水到渠成地加深学生对古汉语知识的印象。在培养学生综合语文素养过程中，教师充分利用听、说、读、写等语言训练方式，引导学生走口语和书面语一体化，阅读和写作一体化，文言和白话一体化的教学专业化道路。语文教学在感悟、培育语文中级生命形态——语句、片段、篇章的过程中，学生自然而然、有序、渐进达到语文学科的高级生命形态阶段。

徽派语文以培养学生个体的文学素养为教学精髓。如果说培养基础语文素养是求实求广的"画龙"过程，培养综合语文素养是求通求活的"点睛"过程，那么，培养文学素养则是求巧求奇的"创新"过程。语文教师把让每个学生都具备基础语文素养和综合语文素养当成教育教学的根本目标，并积极培养文学爱好者，使其具备一定的文学素养。如果语文综合素养为语文生命的高级形态即篇章中的"佼佼者"——文学作品的诞生奠定了基石，那么，文学创作就可能从语文学科中级生命形态中积淀下来、超拔出来，融入学生成长体验中的真正的语文学科的高级生命形态里。中学阶段的教学任务不是培养作家，作家也不是中学课堂就能培养出来的。但是，语文教师对于那些在语文学习道路上孜孜以求、学有余力，对文学情有独钟的学生，如果用发现、前瞻的眼光激发他们爱好文学的热情，培育他们写作的兴趣，那么他们的文学创作灵感完全可能被点燃起来。

三、徽派语文的工具观

徽派语文是工具性语文，但不只是工具；徽派语文不是人文性语文，但离不开人文。徽派语文的人文性是融在工具性里面的，如果没有了工具性，何谈人文性？把语文的工具性运用好了，人文性自然就蕴含在里头了。徽派语文的人文借助语言文字宣示对民族生命的塑造和民族精神的培育，徽派语文则借助语言文字宣示对生命个体语文素养的奠基和培养。

徽派语文是真语言。"徽派语文"的说法不是新鲜、时髦的东西，无非是把语文还原为本色的一种强调，仅此而已。显示强大生命力的真语文不是一门随心所欲的课程，更不是一门不可捉摸的课程，它在自身的课程体系中按规律客观、有序地运行。

徽派语文运用写作表达生活，运用阅读理解生活，源于语文具备工具性这个本质属性。语文不回避利用生活，因为徽派语文需要借助直观、鲜活、即时的生活形象，诠释印证自身的学科知识以及特点。比如，为了让学生弄清侧面描写知识，教师可举生活中商贩推销笛子的例子：商贩不直接吆喝叫卖，却对着过往行人吹奏笛子，其实就是运用侧面推销技巧，其思维路径与特征同语文学科中的侧面描写技巧是同样的。徽派语文调动生活元素，让生活参与课堂，绝不是让生活捣蛋添乱。徽派语文具备稳定的不以人的意志为转移的生命体系，它不被广阔、驳杂，时刻处于运动、变化中的生活左右。

四、徽派语文的智慧观

徽派语文的教育要面向未来、面向世界、面向现代化，办出具有中国特色、中国风格、中国气派的现代化教育。这正成为教育工作者努力奋斗的目标。徽派语文教师认为，"中国特色、中国风格、中国气派的现代化教育"的语境是一种内涵特色深刻、理念定位明确、思想意境宏阔、价值取向深邃、目标导向鲜活的文化策略。其"襟怀纳百川，志越万仞山。目极千年事，心地一平原"的精神境界和思想体系，使教育的目标、价值得以完美呈现，其文化兴校、文化育人的人文取向，使教育的理念、思想得以完整实现。

徽派语文的"中国特色"就是实事求是育人，把握规律办教育。徽派语文教师作用于徽派语文的学校的发展，既是对特色内涵提升学生情趣和理念适用于社会文化发展的客观探索，又是对办学的价值取向表达本质规定的新约。

徽派语文认为，特色的本质规定，追求时移世易的与时俱进，反映客观事物发展的规律；特色的作用意义，不只是注重形式上的差异，更关注徽派语文的学校核心价值取向提升生命质量的目标价值。

徽派语文的"中国风格"就是体现文化育人，弘扬中国精神。所谓"中国风格"的教育，它表达了深邃求真的育人格调，既展示徽派语文的学校的风采，又服务社会的发展；它体现的文化兴校、文化育人的人文气象，既体现徽派语文的学校的个性，又弘扬中国精神的美德人性。

徽派语文的"中国风格"的目标导向，是在当下素质教育思想不断推进，在徽派语文的学校"育人为本、以德为先"的价值取向和人才培养模式下，从"文化引领时代风气之先"以文化人涵育品德德行、以文养心铸就远行能力的愿景出发，为保障教育精神的完整性和教育理念的高尚性而展开的精神追求。

徽派语文的"中国气派"就是体现以人为本的价值规律。徽派语文教师认为，"教育必须利用环境的力量"浸润灵魂。环境可以是大楼的典雅，可以是小桥流水的悠长，可以是文化墙的育人技巧，也可以是雕塑释放灵性、触动心灵的力量。"气派"的能量释放是一种"情"的延伸，人和人之间需要情感的维护，徽派语文的学校和学生之间也需要以人为本的情来规范。幸福课堂更为重要的还在于"内涵发展"的指导方针和"办出特色"的规则，以及"育人为本""四育并举""注重家庭教育"等层面的文化之情。

五、徽派语文的现代观

徽派语文的"现代化教育"是指教育的目标价值、文化兴校的迸发方向。徽派语文教师认为，正确理解"现代化教育"的主张，领会其内涵深意和内在逻辑思想体系的文化张力，需要把它放到广阔的"文化大发展大繁荣"的历史进程中去认识。"三个面向"中提到"现代化教育"，是改革开放初期，面对改革开放拨乱反正，中国教育融入世界发展潮流的精神宣言。把"中国特色、中国风格、中国气派"的理念与"现代化教育"结为一体，则是对教育目标价值回归人文精神的呼唤。

徽派语文认为，"现代化教育"不是教育的现代化，而是教育发展到了一个文化兴校的新阶段，需要教育体现更多的人文精神，适应社会的发展而确立的目标方向。"现代化教育"的逻辑推理，意在破除不合时宜的功利浮躁。"现代化教育"的精神指向所表达的人本化育人思想、民主化人文精神、个性化兴趣挖掘、终身化学习意识、国际化发展态势、信息化技术支持，已成为教育的目标价值和文化兴校的迸发方向。

徽派语文"现代化教育"的目标价值在教育机制的设计中，要体现人本思想的发展活力，并从理念思想层面谋定发展方向；它在教育体制的变革中，要解决管理层面职责和权力的高效、廉洁运转的问题。因此，其发展的模式、运作的方法，要在科学规划、办出特色、内涵发展、以德为先、五育并举的平台上进行。它既要在规划上因地制宜地体现"中国特色"实事求是的规则，在文化兴校中体现"中国风格"文化育人的人性美德，在能量释放中体现"中国气派"的精神意境，又要在责任使命中表达

"现代化教育"民主、自由、人文化、国际化等要素的情怀。

徽派语文的"现代化教育"精神，呼唤徽派语文教师用职业境界和职业素养，反思当下的价值取向是否符合"文化强国""科教兴国"的精神策略。"现代化教育"的理念，呼唤徽派语文教师对徽派语文的学校的组织结构和理念思想进行文化兴校的精神引领，并建构以人为本、德育为先的价值取向。"现代化教育"的思想，呼唤徽派语文教师推动经验性的固化模式向文化育人方向变革，并在"文化大发展大繁荣"态势下，创设文化发展的策略格局。

六、徽派语文的人文观

语文课程的人文性，是指语文学习过程是人实现自我成长的过程，是激发人的创造力与生命力的过程。这就要求语文课程要尊重人，尊重具体人的生命价值，尊重具体人的文化及其多样性。因此，徽派语文想方设法在语文课上让学生享受到真正的尊重。徽派语文通过语文教学消除心灵之间的隔阂、戒备，创生完美的合作心境，重视情感态度与价值观的正确导向的需要，孕育高尚的人文情感的最佳天地。在语文教学中确立学生主体地位，满足弹性感悟、独立创造、自由表达的积极心理生态的需要，创造一个宽松的心理生态环境以激发学生的潜能，叩开学生的心扉，使语文课程拥有一个绿色的课堂、温情的课堂，努力使学生的语文学习成为生命可持续发展的需要。这是语文教学的终极目标。

在智慧的徽派语文教学中，必须关怀学生的语文生命，关注学生的语文生活，关心学生的语文学习方法，让儿童的语文生命自由成长。努力建设对话文化，尊重学生的人格，步入他们的情感世界，用关心、真爱去营造语文课程的人文家园。给孩子一个空间，共同创造和谐的语文生活，让学生在贴近生活的语文课程中找到一条适合自己发展的路。

第一，徽派语文以"情"为纽带，让课堂洋溢着浓郁的人文色彩。在教学中，凭借情感来渲染特定的情境，让学生从中受到情的感悟、理的启迪。如一位老师在教学《麻雀》前，布置学生搜集有关母爱的文章、名言、诗歌、歌曲等，激起学生对母爱的无限崇敬之情，为学习课文定下了情感基调。教学伊始，伴着舒缓的钢琴曲，教师深情地向学生们讲述了"藏羚羊跪拜"的故事，当藏羚羊为了保护肚子里的孩子给老猎人下跪的时候，学生们的眼里闪动着晶莹的泪花，他们懂得了天下所有慈母的跪拜都是神圣的。接着，教师适时导出课题："今天，我们学习的课文同样讲述了一个母爱的故事，让我们再一次感受麻雀母子那至真至纯的爱吧！"情境的创设，在学生的心中激起情感的涟漪，他们很快进入了课文情境，用充满激情的朗读赞美了麻雀伟大的母爱。随后，学生们纷纷朗诵赞颂动物和人类关于母爱的感人故事、诗歌，情感再一次得到升华。当响起《烛光里的妈妈》的歌曲时，学生们眼含热泪用一句话表达了自己对妈妈的感恩之情。课堂上洋溢着"母爱是人世间最伟大的力量"的人文魅力，显现出了浓郁的人文主义色彩。

第二，徽派语文活化教学环节，在多样化的学习中渗透人文精神。"头脑不是一个要被填满的容器，而是一把需被点燃的火把。"在课堂上，注意活化语文教学的各个环节，挖掘文本的人文精神内涵，点燃学生头脑的火把，放飞他们的思维，使他们感受人文精神的魅力，体验创造的快乐和幸福。

一是以读为本。《课标》指出："各个学段的阅读教学都要重视朗读和默读"。各学段关于朗读的目标中都要求"有感情地朗读"，这是指，要让学生在朗读中通过品味语言，体会作者及作品中的情感态度，学习用恰当的语气语调朗读，表现自己对作者及其作品情感态度的理解。言为心声，语言学科培育情感，充分利用文章中的精彩片段，让学生充分地感受，全身心地诵读，激活语言，让感情溢出纸面，从而引起学生心灵的震撼和情感共鸣。酣畅淋漓地读，能让学生充分感受语言的魅力。如一位老师在教学《山沟里的孩子》时，自始至终贯穿以读为本的原则。在导入课文后，引导学生带着问题逐段朗读：从哪些地方可以看出山沟里的孩子起早贪黑地去上学？为什么起早贪黑去上学？从哪些精彩词句中能看出来？这是让学生注意文章中哪些词句精彩，哪些地方能体现山沟里的孩子不怕困难、刻苦学习的精神。接下去，紧扣精彩词句，指导学生读课文，读懂意思，读出形象，读出感情，读出韵味来。读的方式也有变化，或教师引读，或学生自读。学生的读，有集体读、分组读、男女分读、个别读、比赛读。学生通过对这些片段的诵读、揣摩、品味，体验其所描绘的情境，如闻其声，如临其境，使自己仿佛置身于那偏僻的山区感受着那里的孩子披星戴月、翻山越岭去上学的辛苦历程，对他们为了山区早日脱贫，祖国更加富强而刻苦学习的精神有了认识。学生的心灵被强烈地震撼了。

二是角色体验。学生很愿意模仿课文中的角色，通过表演课本剧，学生不仅可以加深对课文的理解和记忆，而且能在课文的情节空白、浓缩处发挥想象，在富有创造性的表演过程中培养想象力，增强自信和勇气。如一位教师在教学《蜀僧》时，引导学生排演课本剧，启发学生在课文原有内容的基础上，进一步想象和尚在去南海的路上会可能遇到哪些困难，他是怎样克服的。学生在表演的过程中，内在的人文积淀不断被激发，他们不仅牢固地掌握了课文语言，而且领悟出其中的道理。那不畏艰难、坚持不懈的人文精神在自由的想象中潜移默化地感染着所有的人。

三是即兴练笔。有的课文要求学生根据一段文字材料，运用想象力，加以引申和补充，使之成为形象丰满的立体图像和绚丽多彩的画面。例如，《李时珍》一文中，有一段描写李时珍不怕严寒酷暑，翻山越岭采集药材的描述，虽寥寥几笔，但十分感人。老师可以以"采药"为题，引导学生想象当时采药的环境，李时珍遇到的困难，他又是如何想、说、做的，表现李时珍为编写《本草纲目》不畏艰难困苦的精神。通过续篇，学生的个性再一次得到充分的张扬，字里行间映射出一颗颗面对困难毫不畏惧的美好心灵。

第三，徽派语文课外拓展，积极召唤人文精神内蕴。著名教育家陶行知先生说过：在生活里找教育，为生活而教育。他强调的是学生必须与生活、社会相融，才能成为一个真正的高素质的人。如一位教师在教学《语言的魅力》一文后，请学生搜集生活中勉励性的语言，寻找社会这个课堂中的真、善、美，进一步感受"语言不是蜜，却能粘住一切"的内涵。再进一步引导学生观察生活中有哪些不美的行为，用有魅力的语言写提示牌告诉他们。学生们通过社会调查写出了富有魅力的语言："我在流泪，帮我把眼泪擦干好吗？"（节约用水）；"你丢下的不是粮食，而是自己的一颗良心"（爱惜粮食）；"我在睡觉，别碰我好吗？"（爱护花草）；"除了你的脚印，什么也别留下"（不乱丢废弃物）；等等。再如一位教师在教学《雨铃铛》一课时，让学生仔细倾听雨声，观察雨景，然后让他们打开想象的翅膀形容听到的雨声和看到的雨景，有的学生说下雨就像妈妈用竹筛在筛麦子一样，有的学生说雨滴从房檐上落下来像钟表在动，他们还给雨起了好听的名字：豆子雨、星星雨、牛毛细雨等。熟读课文、理解课文后，教师又引导学生看课文最后一句："它在招呼小燕子，快快回来盖新房。"它指谁？学生立即反应过来是春雨。再引导学生想一想，把后面的内容变一变："它在招呼谁干什么？"学生们一下子又活跃起来了，说了很多。其中几句说得大家直叫好："它在招呼麦苗快快长大"；"它在呼唤种子快快发芽"；"它在叫着青蛙快快醒来"……优美的句子一句接一句说了出来。这样的教学环节，使学生的想象力得到了充分发挥，理解课文更到位。孩子是天真的，想象是无拘无束的，教师只要引导到位，挖掘想象的潜力，就会对开发学生智力、培养学生人文精神起到很好的促进作用。

语文反映生活，并服务于生活。徽派语文引导学生发现和体会实践中那些散发着魅力的人文素材，用心感悟那些高尚、高雅的情感，从平常事中体验到不平常的人文精神，从而使他们的性格得到陶冶，形成健全的人格。

第四，徽派语文开放空间，引导学生体验自然的美。语文课程的空间形态应该是开放式的，可以在宽敞明亮的教室里，可以在绿草如茵的操场上，可以在碧波荡漾的湖面上，可以在繁花似锦的花园里，还可以在热闹非凡的社区一角，甚至是温情脉脉的家里。课程空间的敞亮将带来心灵的敞亮。比如北师大版小学语文一年级下册的第三单元"春天"篇，第一篇主题课文是《春天的手》，通篇以拟人的手法描写春天里大地新绿、小河解冻、小鸟欢歌、小朋友户外活动丰富多彩的景象，处处表现了春风、春光、春色、春声的无穷美妙和勃勃生机。一位老师在教学中，首先让学生形象地感知春天的美丽，帮助学生树立从小热爱生活、珍惜时光的观念，然后组织学生到校园、到郊外去"找春天"，看一看春天还有哪些景象，有哪些是书上没有讲到的，并请同学们一一记在小本子上。老师带着同学们回到教室后，让同学们说一说春天有哪些特点。有的说，春天果树开花了，有红的、粉的、白的；有的说，花丛中有许多小蜜蜂，在辛勤地采蜜；有的说，小燕子跟着妈妈从很远很远的南方飞回来了；还有的说，农民在田里辛勤地劳动呢！老师随后请同学们读一读课前搜集到的有关春天的诗歌、散文、故事、对联等内容，画一画或者写一写自己心中的春天。通过这样的教学活动，同学们感受到春天是美的，大自然是美的；人在自然中是美的，人的劳动是美的。设计这样的教学活动，开放了语文教学的空间，把课堂引向大自然，既增强了学生的探究能力和创新意识，增进了生与师、生与生之间的感情交流，又发展了学生的个性，调动了学生的积极性。语文课程的内容指向应该是现实化的。强化对语文课程的生活化开发，使我们的语文课程更加贴近学生的生活，让学生感到学习语文是他们生命的渴望、生活的需要。我们在课程实施过程中还要让语文课程生活和学生的社会生活完全接轨，让学生深切体验到语文课程是一种真正的生活，是他们生命的一部分，从而在语文教学活动中巧妙地实施人文教育。

第五，徽派语文活化课堂，组织张弛有序的教学实践活动。语文课堂的活动形式应该是游乐式的，语文课程是实践性极强的课程，学生的语文素养是在丰富多彩的语文实践活动中逐步形成的。有了语文实践活动，才能让学生感觉到语文之家的存在。在众多的语文活动中，能给学生创生积极心态的活动是带有游戏色彩的语文实践活动。因此，我们在开发语文课程的时候，要注意设计好游乐型的语文活动，至少要使活动充满乐趣，能给学生带来欢乐，让学生感觉到语文课程是他们金色童年的欢乐源泉。语文课堂的教学氛围应该是宁静式的开放，是张弛有序的有机结合。如一个老师在教学《鸟的天堂》一文时，在学生自读自悟，初步感知后说："同学们，现在你们可以用自己喜欢的方式分组自学，喜欢说的同学可以用自己的语言说出大榕树的美，喜欢画的同学可以画一幅'百鸟图'，收集了资料的同学可以互相交流，喜欢读的同学则可以尽情地读、美美地读……"实践证明，教师一旦把学生看成有个性的学习者，允许他们用自己喜欢的方式来学习与交流，学生就会在学习过程中展露才华，建立各自不同的期待心理，获得成功的乐趣，从而促进智力与个性的发展。语文课程的交往模式应该是对话式的，课程可以带有自由论坛的色彩和味道，可以带有家庭聊天的自由和随意。拆掉了教师心中的三尺讲台，广设倾诉平台和倾听通道，为释放精神与情感提供顺畅、多元的通道，让学生在语文课程的广袤时空里进行生命的自由言说，从而真正建立起平等、融洽的师生关系，使得语文课程成为学生与文本、学生与学生、学生与教师之间平等对话、有效交往的乐园。例如，特级教师于永正在教学中经常让学生在充分熟读的基础上，主动充当课文中的某个角色，自己设计动作，按照自己的体会表演课文的人物与情节，整个教学过程基本上就是师生共同表演的过程。教师在教学《小母鸡种稻子》《想飞的乌龟》等情节生动、有趣的童话故事或寓言故事时，有效地组织学生表演，会令课堂教学增色不少。表演还能解决课文中的许多难点，于永正老师执教《小稻秧历险记》就是如此。"团团围住、气势汹汹、晕头转向、气喘吁吁"等难点，都是运用表演的形式突破的，既生动又有趣，不费一词一句，真可谓事半功倍。表演还能融洽师生关系，在课堂教学提倡民主、平等的师生关系的今天，表演是融合剂。师生共同表演和谐统一，营造出宽松的学习氛围，无形中增添了学生学习的动力。有些课文，比如《乌鸦喝水》《曹冲称象》等，还可以让学生自行设计、制作道具，对课文内容进行演示说明，实现教、学、做合一。这样的语文课堂，读演结合、张弛有序，充满了人文精神的渗透，让学生真正体验到了学语文的乐趣。

第六，徽派语文做到语文生活化、生活语文化，积极培育学生人本化的心理。我们应该提倡语文教学生活化，生活空间语文化。学习新知识不该只由抽象的旧知识引入，而应多以学生身边的生活为例，让学生发现身边的新知识。语文情感的表达方式应该是生活化的，允许课程的每一个参与者把自己的喜、怒、哀、乐淋漓尽致地表达出来。义愤时可以拍案而起，感动时可以热泪盈眶，欣喜时可以放声大笑，悲怆时可以泣不成声，真实地表达我们的情感，没有任何的遮拦，没有丝毫的掩饰，没有半点的做作。语文课程的心理状态应该是人本化的。教师应该把爱作为教育的别名，把学生当作自己的孩子来看待。应该让慈爱、关切、期望释放到课程中去，让课堂里弥漫着爱的气息，让爱的阳光洒满课堂，洒满孩子们的心田。同时，把诚信植入课程，植入学生的灵魂。有了诚信的语文课程，学生相互间才会有信任感。语文课程的物化环境应该是温情的，让教室能够散发家庭的温馨，溢满教师的爱心，诉说物品的贴心。教室里座位的排列可以是圆桌式的，可以有一些学生爱看的书和必备的生活用品，我们还可以让学生自己找同桌、找邻居。语文教学的过程应该是亲和性的。语文教学过程的亲和性越强，亲和力越强，学生越容易产生心灵震撼的感觉。

综上所述，在徽派语文的教育教学中，爱和善是语文课的别名，融入真实生活是语文课的别名，原生态的大自然、绿色的自由心灵也是语文课的别名。语文课中人文精神教育，有时在平等交往的课堂上，有时在丰富多彩的综合性学习中，有时在充满希望的绿色田野上，有时在充满亲情的家庭里。关怀生命、关注生活、关心学生，积极营造学生人文精神健康发展的环境，才是我们语文教学的根本使命。

第五节　徽派语文的素养视点

核心素养的提出，让教育改革进入"3.0时代"。语文核心素养的研究，需要双核的基础：以促进学生发展为基础，以语文学科塑造人的独立品格与所需能力为基础。徽派语文聚焦语文学科核心素养，要着眼于现代人的学习与社会发展的需要，不要失掉现代属性；要着眼于语文学科的独有特点，体现学科基本学习属性；要着眼于核心素养，不要过于泛化，超出学科实施力量就成了学科实现不了的目标；要着眼于语文核心素养的稳定、基础性特点，与学科双基的要求具有关联性，同时也不要漠视学生学习的发展性。

然而，长期以来尤其是改革开放以来，随着市场经济观念和原则的泛化，各行各业和千家万户把自己与基础教育的关系更多看作需与供的关系，更多要求教育提供各自心目中的优质服务，而很少思考自身应承担的教育责任。当前，要想改善教育生态，需达成如下共识：基础教育发展是全社会共同的事业，没有旁观者和局外人，尽管各自应尽之责不同，但人人有责；要形成对青少年健康成长、学校教育健康发展友好的社会生态，这样才能称得上是现代文明社会。

有些人误把学钢琴、跳舞、唱歌、画画、武术等当成素质教育，并以为学校里这样的项目和活动组织或开设得越多，就是学校越重视素质教育工作。不可否认，身体运动和审美艺术等方面的教育，是培养整体和谐、全面发展的人的必需。但是，我们应该认识到，这些技能的掌握和孕育虽然对人的健康成长非常重要，但它们终究不是人的核心素养或核心素质，而是一项技能、一种特长。人的核心素养或核心素质，是决定和影响一个人适应当下和未来社会发展必备的心智模式，即思维能力（系统思考问题的能力）和心理能力（积极健康的心理状态）。所以，既要重视音、体、美、劳等各方面的教育，又要在包含上述学科的所有学科课堂教学和其他各种各样的教育教学实践活动中精心设计、构建和利用适切的情景、深度的问题、意义的连接（特别是跨界融合的素材和学习共同体的打造）、有序的流程（特别是模型化思想的渗透和培养）、有效的工具（特别是利用信息技术的具有互动性并能使思维可视化的工具）等综合性手段与方式，致力于学生思维品质和心理素质的改善与提升。这应该是现在和将来深化教育教学改革的突破口和推进点。

教育部2014年印发的《关于全面深化课程改革落实立德树人根本任务的意见》中，首次提出"核心素养体系"概念，将核心素养作为重要的育人目标。那么，究竟为何要提出"核心素养"？它将如何深刻地影响未来中国教育的改革实践，将如何影响新一代青少年的素质培养和人格塑造？

近十几年来，核心素养的教育与测评日益引起全球的关注，甚至成为许多国家或地区制定教育政策、开展教育改革的基础。面对日新月异的社会与经济变革，全球许多国家和地区都在思考如何培养未来的公民，以使其能够更好地适应未来的工作与生活。

我们的传统是重视"双基"，即基础知识与基本技能，后来又提出三维目标——知识与技能、过程与方法、情感态度与价值观。从"双基"到三维目标，再到核心素养，是从教书走向育人这一过程的不同阶段。

《中国学生发展核心素养》指出，核心素养以培养"全面发展的人"为核心，分为文化基础、自主发展、社会参与三个方面，综合表现为人文底蕴、科学精神、学会学习、健康生活、责任担当、实践创新六大素养，具体细化为十八个基本要点。专家指出，所谓"学生发展核心素养"，是指学生应具备的、能够适应终身发展和社会发展需要的必备品格和关键能力，是关于学生知识、技能、情感、态度、价值观等多方面要求的综合表现，是每一名学生获得成功生活、适应个人终身发展和社会发展都需要的、不可或缺的共同素养，其发展是一个持续终身的过程，可教可学，最初在家庭和学校中培养，随后在一生中不断完善。

核心素养的十八个基本要点从更细微的角度予以阐释，其中不少要点直指当前教育改革过程中的难点与痛点，让人眼前一亮。文化基础，重在强调能习得人文、科学等各领域的知识和技能，掌握和运用人类优秀智慧成果，涵养内在精神，追求真善美的统一，发展成为有宽厚文化基础、有更高精神追求的人；自主发展，重在强调能有效管理自己的学习和生活，认识和发现自我价值，发掘自身潜力，有效应对复杂多变的环境，成就出彩人生，发展成为有明确人生方向、有生活品质的人；社会参与，重在强调能处理好自我与社会的关系，养成现代公民所必须遵守和履行的道德准则和行为规范，增强社会责任感，提升创新精神和实践能力，促进个人价值实现，推动社会发展进步，发展成为有理想信念、敢于担当的人。比如核心素养提出"批判质疑"，要求学生具有问题意识，能独立思考、独立判断，思维缜密，能多角度、辩证地分析问题，做出选择和决定；提出"审美情趣"，要求学生具有艺术知识、技能与方法的积累，能理解和尊重文化艺术的多样性，具有发现、感知、欣赏、评价美的意识和基本能力；提出"珍爱生命"和"健全人格"，要求学生理解生命意义和人生价值，具有积极的心理品质，自信自爱，坚韧乐观，有自制力，能调节和管理自己的情绪，具有抗挫折能力等。针对学生的动手能力和解决问题能力，核心素养也正式提出了"问题解决"，要求学生善于发现和提出问题，具有在复杂环境中行动的能力。

分析核心素养，可以发现其中不少描述融入了鲜明的时代特征。比如，在文化基础主要表现描述中就包含"能理解和尊重文化艺术的多样性，具有发现、感知、欣赏、评价美的意识和基本能力"，"能大胆尝试，积极寻求有效的问题解决方法"；在自主发展主要表现描述中包含"具有数字化生存能力，主动适应'互联网+'等社会信息化发展趋势"，"具有网络伦理道德与信息安全意识"；在社会参与主要表现描述中包含"崇尚自由平等，能维护社会公平正义"，"能尊重世界多元文化的多样性和差异性，积极参与跨文化交流"。

核心素养是对素质教育内涵的解读与具体化，是全面深化教育改革的一个关键方面，是对"教育要培养什么样的人"这一教育最根本问题的回答和解决。教育不是万能的，却在影响人的未来学习与职业发展中发挥着重要作用。因而，的确有必要厘清教育工作者在教育活动，尤其是在课程实施中，可以做些什么，最需要做些什么。"素养"一词的内涵太大了，不是教育一己之力可以达成的。因而，教育需要聚焦在"核心素养"上。就教育规划而言，需要落实在人的培养上，即体现人本的需要与时代发展中社会之于人才的需要。换句话说，未来社会发展和国家意志需要什么样的人，教育就应该为此付出努力。

许多深入在教育与教学改革一线的老师都有类似的感受：一方面，广大教师在为贯彻党的教育方针而努力；另一方面，教育实践过程中依然存在唯分数论、过度关注升学率、学生的实践能力和创新精神缺乏等问题。在一段时间内，教育改革的推进，如素质教育、减负、综合素质评价、教学的个性化等步履艰难。让党的教育方针一以贯之于教育教学实践中，贯穿到学生的实际获得中，成为一个重要且亟待破解的难题。核心素养的提出，正是希望在高位的教育方针和具体的教育实践之间，搭建一座桥梁，使广大教师在教育教学过程中，能够时刻将自己的教育教学与核心素养相对照，使得教育评价始终在一个科学、理性的轨道中推进。核心素养强调的不是知识和技能，而是获取知识的能力。核心素养教育模式取代知识传授体系，这将是素质教育发展历程中的一个重要节点，意义深远。

一、徽派语文聚焦核心素养的特征

教育的目的是由三个层次相互贯通而成的，即知识的授受、智慧的启迪、生命的点化或润泽。核心素养便是从人生的价值指向、思维之觉、心灵之觉、自主之觉生发而出。教育教学由此出发，便能培育出自由、健康、全面、和谐发展的真正的人。教育要培养人的核心素养至少涵盖如下几方面的要素：一是根本性，能够以一知十、以一当十；二是生长性，能够促进成长、持续生长，滋养整个人生；三是贯通性，能够融会贯通，成就整体生命。核心素养应该是作为个体生命的学习成长中最为重要的活性元素。它为个体自由、全面、和谐发展奠基，为人生的幸福成长奠基。核心素养应该具有如下特征：

第一，价值力。古希腊哲学家认为，人是万物的尺度，人可以赋予万事万物以意义与价值，即"为天地立心"。真正受过教育的人心中永怀着"人性的价值"与"生命的尊严"，永葆"人成其为人"的底线与标尺。孟子说："人之所以异于禽兽者几希，庶民去之，君子存之。"教育就是要培养人超越动物的价值感。爱因斯坦说：仅凭知识与技术并不能给人类的生活带来幸福和尊严，人类完全有理由把高尚的道德标准和价值观的倡导者及力行者置于客观真理的发现者之上。对于教育而言，培养学生的价值力，重要的是培养价值判断力、价值持守力、价值创造力，即学生要学会明辨是非善恶，有求真、向善、向美的价值追求，认同自由、博爱等普世价值观，创造美好价值的能力。价值力是教育为学生种下的生命的福祉。

第二，思维力。人的特性的维持有赖于思维、思想，思维是人探索世界的重要路径。因此，怀特海说：教育所要传授的是对思想的力量、思想的美、思想的条理的一种深刻认识，以及一种特殊的知识，这种知识与知识掌握者的生活有着特殊的关系。教育应培养学生的思维力，使其终身受益。思维力应该包括：一是理解思维过程，掌握思维的程序（发现问题—提出问题—分析问题—提出假设—进行验证—得出结论）；二是学会多种思维方式，例如发散思维、散合思维、因果思维、类比思维、抽象概括思维、具体化系统化思维，等等；三是不断提升思维品质，培养思维的灵活性、敏捷性、流畅性、广阔性、深刻性、独创性等；四是重在培养思维的批判性与创造性。杜威在《我们怎样思维》中指出："只有在思维过程中获得的知识，而不是偶然得到的知识，才能具有逻辑的使用价值。"同时，学习的过程也是训练思维能力的过程。教育教学的核心就是思维能力的培养，正如裴斯泰洛齐所言，教学的主要任务不是积累知识，而是发展思维。

第三，生命力。教育的终极目的是让人生活得更快乐、更自由、更幸福。受过良好教育的人会拥有一颗更敏感的心，成就富有吸收力的心灵。于是，整个世界、整个人生无往而不新，无时而不奇，每个健康的生命都向世界敞开，向未来敞开，生命因此而充满勃勃生机。苏霍姆林斯基说：培养真正的人，让每一个人都能幸福地度过一生。这就是教育应该追求的恒久性、终极性价值。培养学生幸福生活的能力，就在于培养他们丰富、蓬勃、细致、活泼的生命力，每个生命因受到教育而变得活力四射、朝气蓬勃。教育赋予我们生活的乐趣、生命的情趣、人生的意趣。除了对生活力的培植，生命力的濡养还需要关注三个方面：一是关注情感力，即关注情感的丰富与细腻；二是关注体验力，即关注真切而深入的生命体验与感悟；三是关注心灵力，即关注心灵的敞亮、精神的澄澈。

第四，学习力。教育的最高境界是实现自我教育，简而言之，教育就是引导学生不断地锻炼与增进学习力。我们对有高度学养的人，可以用"学人"一词来形容。学人，就意味着不断地学习做人，不断地学习成人。这一个"学"字便是人的生命成长中的核心素养之一。"学而时习之"，"学不可以已"等话语道破了学习力的重要意蕴。这种学习力包含：一是对知识的永不消退的学习热情。只有怀着深入骨髓与灵魂的热爱，才能孜孜探求各学科的知识，才能吸纳及丰富自己生命的形态，拓展自己的人生境界。二是拥有属于自己的行之有效的学习方法。善学者师逸而功倍，只有善学的人才会化难为易、化繁为简、化整为零，最后达到以约驭博、举重若轻。三是掌握丰富而有用的学习策略。良好的学习策略意味着对学习内容、时间、空间、情境、方法、过程、效果的监控与调整。培养学生的学习力就是培养他们学而不厌的兴趣，自致其知、自奋其能的学习方法，融会贯通的学习策略。

二、徽派语文聚焦核心素养的着眼点

语文学科作为课程体系的一部分，其责任就是要为课程需要完成的总体目标承担一部分任务。基于学生未来发展及其学力基础而规划的语文学科的教学目的，构成了语文学科的核心素养。语文核心素养的研究，需要双核的基础：以促进学生发展为基础，以语文学科塑造人的独立品格与所需能力为基础。徽派语文聚焦语文学科核心素养，主要突出以下四个着眼点：

第一，徽派语文聚焦语文学科核心素养，要着眼于现代人的学习与社会发展的需要，不要失掉现代属性。现代人处于一个特殊的人际活动圈子，其文化特征是鲜明的。具体地说，是现代人聚集起来，过着现代生活，推动着现代社会的发展，他们渴望发展的也是基于现代文化而重新塑造的新文化。现代人与现代社会这个特定环境决定了语文教育所要塑造的人，也应该具有现代文化特征，在语言表达、思想价值、思维方式上都要打上"现代化"的烙印。语文教育的这种现代性，体现在阅读的语料、认知价值、语言交流、主流价值观等很多方面。现代语文不是限于国学的、传统的、历史的，而是要前瞻未来，学习多元文化。需要在注重语感积累的同时，更加重视在有限时间内的学习有效性。现代语文所塑造出来的人，要能够较好地服务于现代社会的发展，积极构建现代生活的价值观与行为规则。

第二，徽派语文聚焦语文学科核心素养，要着眼于语文学科的独有特点，体现学科基本学习属性。语文是语言学科，就人才类型而言，按照多元智能的理论，其培养人的特长也归入语言领域。语文学科的学习需要划出界线来，这个课程到底要学习什么？不要让语文教师变成一个全能选手，什么都教，这门课程也不可能无所不包。语文学习的第一个层次是语言层次。这个层次的语文较多关注词汇、句子、修辞、语法等，任何语言的学习都要由此起步。第二个层次是文章与文学圈子。这是指语言具备了完整形态的表达，具有了结篇的意义。这就是说，语文学科的学习，把中国历史上的经典作品、全世界人类历史上的优秀作品都包容进去了。文章里的东西一下子丰富起来，诸如人的生活态度、行为方式、价值观等都包括在其中，而且对于优美语言的审美变得重要。文学的意义在于把人类最美好的语言、最美好的情感、最美好的思想等一并装入文章呈现给大众，成为教育的样本。这个阶段的学习对于发展人的典范语言起着重要作用。第三个层次是文化和哲学层次。这需要在一个人有了很多人生阅历和基础性的社会认知之后，才可以启智。这个学习可以延后一点，作为语文学科素养发展的后续。语文学科读久了，或许人的文化品位就凸显出来了。读书、写作，这是语文学科的本质性的行为表现。过去如此，今后还会如此。在语文学科学习中，不要失去母语文化的土壤，不要排斥古代的经典作品。只是文化的学习是延后的事情，在孩子语言发展的初级阶段，不要急于求成，不要过多灌输过去的书本知识和所谓的文化，要在人有了多维思考和辨析能力之后，才可以把传统文化里那些不合时宜的东西剔除出去。

第三，徽派语文聚焦语文学科核心素养，要着眼于核心素养，不要过于泛化，超出学科实施力量就成了学科实现不了的目标。核心素养与素养不同，两者在内涵上都是谈素养，可是加上"核心"，就保留了最重要的东西。语文学科的核心素养是什么？过去做过很多总结，在知识教学时代，提出过"字、词、句、语、修、逻、文"的说法，把语文知识素养用这七个维度进行了概括。现在来看，有一点狭隘了。之后，大家普遍接受行为要点的概括，表现为：听、说、读、写、思。听、说、读、写是四种能力，后来觉得思考也是语文学科不可或缺的，就补上了"思"。这些是能力要点的核心。素养的开口更大一点，而且除了装入知识、能力之外，还需要把文学审美、文化价值、思想价值等纳入。我们要注意的是，在核心层次，谈知识核心、能力核心都没有问题，进一步延展到文学、文化以及人文性的时候，很容易收不住口。过去语文学科有教学越界的情况，上成政治课有之，上成历史课有之。现在文章的内涵扩展了，新闻、说明文、科技文……各类应用文进来了，于是一些课堂开讲医学、宇宙学等科学知识。还有的老师在语文课上与学生大谈人生观、价值观，似乎在上哲学课。徽派语文学科一定要守住语言学习，据于文本，这就是语文课程的核心，其他都是从这里长出来的。在高学段可以增加一些文化的东西，学习能力强的人可以多涉猎一些。而且，很多时候，一个人的语文素养的发展，不能逾越生活基础、思想基础。没到一定岁数，缺乏阅历，缺少思考力，则其对语文的认知总是有限的。

第四，徽派语文聚焦语文学科核心素养，要着眼于语文核心素养的稳定、基础性特点，与学科双基的要求具有关联性，同时也不能漠视学生学习的发展性。核心素养应该是稳定的，徽派语文积极培育基础知识和基础能力，就是要聚焦语文核心素养。语文的美感，除了应用语言的准确和优美之外，还在于文章内蕴之美。这是具有较强人文性的，因而当年韩军老师提出弘扬人文性的主张。这个学术观点所反映的现实是，语文学科不要过于知识化。

三、徽派语文紧扣核心素养教学

语文是一门学习语言文字运用的课程。《课标》对我国语文课程性质和课程目标、任务的重大调整，指明了今后我国语文课程改革的方向。语言文字运用成了语文核心素养的重大目标。长期以来，语文教学将主要目标定位为学习课文思想内容，语文课大量时间不是花费在学习语言文字如何运用上，而是花费在与学习语言文字运用关系不大的课文内容讨论上，这是造成语文课教学效率不高的主要原因之一。《课标》明确指出，语文是学习语言文字运用的课程，这是总结了几十年来语文课程改革的经验教训后，对语文课程性质、任务的新认识。语文课程性质的重新定位将对语文课程改革产生深远的影响。徽派语文积极探究实践，倡导在多元活动中提高语文素养。

第一，走进教材，开展实践活动，提供展示平台。语文课程应致力于学生语文素养的整体形成与发展，应着重培养学生的语文实践能力。课本中的探究实践就为学生提供了很好的展示平台。如六年级上册《花与生活》的调查报告，学生以小组为单位，首先确定自己准备调查的内容，制订好活动计划，然后进行小组分工：搜集资料、撰写调查报告、准备节目等，最后进行活动展示。在这一实践活动中，每一个孩子都积极参与其中，到图书馆或在网上查找资料，对家长、邻居进行访问调查，编写儿歌，绘制花的图片，最后每个组的孩子在全班进行汇报：翔实的资料介绍、声情并茂的朗诵、悠扬的歌声、精彩的绘画……课堂上不时传来阵阵掌声。孩子们在这一活动中增长了有关花的知识，拓宽了视野，能力自然得到了提升。

第二，走出教材，让学生扩展阅读，在实践中提高学生的语文综合能力。语文课光靠课本里的文章，让学生学会表达是不可能的。所以，不但要带学生走进教材，还要带学生走出教材，扩大他们的阅读范围，加强语文实践活动，提高学生的综合能力。在课内，每一节语文课留出3至5分钟给学生扩展阅读与课文有关的材料，或做一些与课文有关的实验，教师也可提供相关的信息材料，让学生有新的感受和体验，从而增强学生的语文实践能力，让学生的语文素养在潜移默化中得到提升。在课外，加强课外阅读和实践，把语文和生活联系起来。譬如，聆听音乐美，发现绘画美，欣赏艺术美、自然美、科学美、社会美、生活美，都可以从语文学习中获得。反过来，它们又无一不是提高语文素养的途径。因此，教师在引导学生开展课外活动时，要利用一切机会给他们创设"语文化"的生活情境：竞选班干部，课前3分钟说话（评论班级生活，交流生活中的所见、所闻、所感），开主题队会、班会，读书、看报、听广播，参加文艺、体育、科技等竞赛，参与集体生活、公益劳动、社会实践，参观旅游，甚至经典诵读、交友、谈心、发微信、写随笔、写旅游攻略……就这样，让语文生活化，生活语文化，学生在"语文化"的生活中，体验到语文学习给生活带来的帮助和乐趣，使学习语文与生活运用相互促进，共同提高。

第三，活用教材，徽派语文是以"语文实践"为主的课堂教学形态。语文是一门综合性、实践性的课程。积累大量规范的句型与识字、学词一样，也是阅读教学的重要任务之一。因为词语是最小的意义单位，而句子是语言运用的最小单位。语文能力的高低不仅取决于人的词汇量，还要看句型积累的数量。语文课积累语言的基本方法就是朗读和背诵。朗读的主要功能不仅在于读懂，而且在于有利于学生记忆和积累。无论哪个年级，都应重视朗读背诵，把语言材料的积累放在第一位，这是老祖宗留下的宝贵经验。在语文教学中对"语言文字"再怎么强调都不为过，但是"语言文字"是不是语文学习的唯一呢？不是的。提升学生语文核心素养为目标的语言文字运用才是语文学习的全部。

"语文课程是一门学习语言文字运用的综合性、实践性课程。"培养学生理解和运用语言文字的能力是语文教学的主要任务。但要在教学中完成这一任务，应从学生的认知特点、语文的教学规律、教师的教学思想三方面着手：①小学生的认知特点以直观感知和形象思维为主；②对学生理解运用语言文字能力的培养可通过读、说、练这三方面的基本技能训练来完成，即感知认识、加工积累和实践应用三个阶段。③从教师的教学思想来说，读、说、练既是平时教学中对学生语文基本技能的训练，又是通过平时的技能训练逐步培养学生语文能力的教学环节，通过练习，保证目标的完成。要使学生能够灵活运用语言材料，还需训练学生的表达能力，就是要求学生对储存的信息材料进行梳理和叙说，即以事物的内在联系为线索，用较准确的语言进行有条理的讲述，使学生对事物的认识更具条理性和概括性，在需要表达时为己所用，提升自己的表达能力。

在徽派语文教学过程中的内化练习有学词造句的练习、连话成段的练习、组段成篇的练习、精彩语句摘录的练习等。把练习作为基础平台，发挥写的基础作用，突出对语言文字的积累、理解、内化和运用，主要体现在两方面：一是对复述的课文内容由口头表达向书面语言转化的练习，如写发言提纲、抄写课文内容等；二是对课文内容及结构仿写的练习，通过仿写课文，体会课文表达方法，培养学生在生活中找写作题材和学习表达真情实感的能力。这样，学生经过系统内化训练，有了较扎实的字、词、句等语言基础，再通过仿写的定势练习和说的思维整理练习，把字、词、句和写作方法较顺利地内化为自己的个人语言能力，初步提高自己的语言运用水平。

　　语文课本中课文价值的体现之一是语言材料积累，包括生字、词语、句子的积累，通过大量规范的书面语言材料的输入，丰富学生的词语搭配、词与句组织等语感经验。从儿童学习语文的规律看，大量积累语言材料，毫无疑问应该成为语文教学特别是低中年级语文教学的重点。对小学生而言，积累丰富的语言材料可以为语文能力的发展奠定坚实的基础，语言材料的积累与其语文能力的发展是成正比的。

　　在徽派语文教学的过程中，培养学生的语文核心素养，运用语言文字，重在教师的示范作用；同时，重点做到"四好"：认好字，写好字，学好词，读好文。另外，识字、写字、学词、学句重在方法的学习与指导；字、词、句训练要抓住关键点，即对阅读理解有帮助、有启发，可以迁移运用的点；字、词、句的理解与运用要联系学生生活经验，打开学生的思路；加强语言的积累，逐步将文本语言内化为学生的语言；注重语言学习的开放性，在生活中、大自然中学语文、用语文，不断扩大学习运用的领域。

四. 徽派语文课堂变革素养发展趋势

　　许多课堂改革停留于教学时间的重新分配、教学行为的简单翻转。但我们应当知道，忽视学生核心素养培育，缺乏完整的知识处理与转化的教学，无论用什么方法、技术或程序，在本质上都是灌输。从课堂学习的现状看，与传统的死记硬背、机械训练的学习相比，自主、合作、探究等学习方式改变的仅仅是学生记忆知识的愉悦程度，并没有体现出对新型学习方式所强调的自主学习能力、合作学习意识、科学探究精神的重视。这种只关注外在形式、忽视其精神实质的学习过程，并没有使学生真正理解知识、体验情感、践行价值观，而仅仅使学生记住了知识，认识了情感，了解了价值观。

　　第一，徽派语文课堂聚焦学科核心素养落地。徽派语文课堂从关注三维目标到追求学科核心素养落地，要让学生经历真实的探究、创造、协作与问题解决，发展学生的核心素养。在此过程中，一切基础知识、基本技能均可成为学生探究的对象和使用的工具，其目的是帮助学生形成自己的思想和理解，让师生的个人知识与学科知识的对话、互动成为学生核心素养生成的过程，将知识创造过程变成教学和学习的过程。在教中学、做中学的基础上践行"发现、探究、解决真实问题"的创中学，让小组成为自组织，让学生成为创客。

徽派语文课堂的学习方式、学习目标从整齐划一到以生为本的个性化选择，基于现代数字媒体技术的教学模式，以学生为中心的混合式教学逐渐成为主流，即以学生的个性化学习理念为主导，通过数字媒体、小组合作等多种形式，建立一种学生自主学习的新模式，强调学生学习的多样化和个性化。

徽派语文的课堂要关注学科知识的双层意义，尤其要关注知识的文化意义。福建师范大学教授余文森指出，任何学科的教学都不是仅仅为了获得学科的若干知识、技能和能力，而是要同时指向人的精神、思想情感、思维方式、生活方式和价值观的生成与提升。学科教学要有文化意义、思维意义、价值意义及人的意义。

徽派语文借助设计思维重组课堂组织方式。设计思维的使命就是千方百计找出并实施有助于学生更愉悦、更投入、更有成效进行学习的方案。这就意味着，在设计思维的框架内，学生学习的愉悦感是所有方案的逻辑起点和最终目标。要积极研究云课程、慕课、翻转课堂、移动学习、泛在学习等移动互联网背景下与教育新形态匹配的课堂组织形式：基于项目的主动学习，面向真实的深度学习，基于证据的智慧学习，突破校园的无边界学习。同时，徽派语文课堂模式要更加关注学科思想、学科品质这一本质属性，尝试多元、开放的无边界课堂。

第二，徽派语文课堂从生本课堂走向自本课堂。徽派语文从生本课堂走向自本课堂，是课堂的一次升级换代。以教师为中心，以课本为中心，以教为主的课堂称之为师本课堂。以先学后"交"，"交"后再教，以学为主，关注教学意义的课堂称之为生本课堂，当然生本课堂本身也在不断丰富、完善、优化、提升。从师本课堂走向生本课堂，是课堂的一次提升。

生本课堂中的"生"，大多指的是班级学生这个群体，即以群体学生为本，以假想化、符号化的抽象学生为本，仍然对每一个性格迥异的鲜活生命关注不够。从以教为中心、以学为中心进入教中有学、学中有教、不分彼此的"第三种教学关系"，课堂实现了促进个性化学习的一种混合式学习。自本课堂有效放大了教师和学生共同作为学习者的特征，进而使师生进入"新学习时代"。徽派语文的自本课堂基本结构的改变主要体现在以下几方面：

在学习目标方面，要在落实三维目标的基础上关注学科核心知识结构，关注师生课堂创生知识；在重视认知技能的基础上，关注对非认知技能如社会情绪、团队合作、可迁移技能等的挖掘、掌握；让学生经历真实的探究、创造、协作与问题解决，发展学生的核心素养。我们原来只关注了文本本身的情感、态度、价值观，现在更加关注学生在项目学习、真实情境下的品质和态度，以及它们对完成知识学习、方法感悟中的整合统一作用。

在学习内容方面，要致力于用具有挑战性的真实任务情境（从形式上，更多的是对现实生活的模拟、仿真）呈现学习内容和任务，将"去情境"的符号形式在一定程度上还原为知识发生、发展的现场，避免过于简化和形式化。关注基于学科和生活主题的综合学科实践活动，让学生经历典型的学科实践过程，增强程序和模型意识，形成相应的思维方式、实践能力和责任担当意识。

在学习方式方面，要积极探索项目学习、跨学科主题整合、真实情境的实践活动等课堂模式。

在学习方法方面，要学会实践基于个体的学程学习：基于标准确定目标的自主学习，基于学习路径提供给学生"工具""模型"和"脚手架"。每一种知识都应该关注两类结构：基本概念结构与方法程序结构。以结构为载体，帮助学生掌握某一类知识，解决某一类问题，帮助学生掌握主动学习的工具。

在学习评价方面，要借鉴专家意见，根据（跨）学科素养描述不同等级水平，根据水平设计不同类型试题：一是体现真实生活情境的创意与结构化设计，二是涵盖系列推理链和能力，三是形式多样化，体现不同能力的多重组合。

第三，徽派语文课堂超越传统课型走向结构模块。一方面，徽派语文课堂面对"识记、了解、理解、应用、灵活运用、创新"等不同的知识点要求，面对"封闭性问题、半封闭性问题、开放性问题"等不同的问题类型，面对"事实、概念性知识、程序性知识、元认知知识"等不同的知识类型，面对"合作是为了省时、互助、分享、发现不同、探究多种可能"等不同的合作意图和目标，我们的学生根本没有多元的合作学习方法、技能、策略去应对、去匹配，对合作过程中出现的"无法说服同伴、无法调解矛盾冲突"等偶发事件束手无策，因此无效、低效合作学习也就不足为奇了。有学者将合作学习分为互助性合作和协同性合作。合作学习又可分为帮助—接受型、协同—接受型、帮助—发现型、协同—发现型学习。因此，学习任务、合作学习形式、策略及学习目标要求没有最佳匹配，遇到合作冲突不能快速有效解决，便是合作学习流于形式的症结所在。另一方面，现在有些课改校固定了基本课堂模式，有些课改校要求各学科教师依据学科阶段、性质、特点，一节一节从最原始的知识点设计不同课型的学习流程。出现的问题是，要么套路化，要么普通教师难以驾驭新课型。

徽派语文课堂的思考是，用"内容+方法模块=活动思路"取代传统课型。"方法模块"是指各学科、各课型都有回忆、总结、概括、分类等理解信息，有归纳、演绎、应用、解决问题等处理信息，有比较、综合、创新等生成信息，若针对每类信息设计不同的学习方法模块，就可以将课堂内容镶嵌在不同的方法模块中，以活动为纲，课堂就可以实现模块自由组合，简便易行。也就是说，课堂结构是由不同方法模块（嵌入内容）排列组合而成的。原来的课型是以知识内容为明线、以方法为暗线，现在的思路是以学习方法、培养思维为明线，以内容、知识为暗线；过去是只注重学科素养目标（学科三维目标），现在还要借助过程和学习形式，渗透、整合完成社会素养目标，即同一时空完成两类课程目标。总之，从固定学科课型走向依内容任意组合编排的方法模块，会产生课改新意境。

第四，徽派语文课堂构建学习社区混龄生态群。构建新的学习大、小社区是教学改革的一种新探索。学习小社区指的是借鉴国外经验把教室划分成几个功能不一样的区域，一般可分为教师引导的传统讲授式站点、小组合作式站点、视频学习站点等。在每个区域，桌椅和教学用具的摆放会呈现出完全不同的形式。例如，在视频教学区，每个学生都会对着自己的电脑进行相关课程的学习；而在小组合作区，学生们会分别围坐在几个大圆桌前进行讨论交流。这样的教室布置可以方便教师和学生在不同教学形式之间转换，创造了一个自由开放的个性化课堂。学习大社区指的是由几间教室加上一个公共空间构成的混龄生态群，即学校有意创设一种教育生态，让不同年级学生混龄学习、混龄活动。该学习社区有两种形式：一种是不同年级构成混龄学习社区，一种是相同学科群构成专业社区。学校的基本空间单位由单个班级过渡到"班组群"，管理效能得到提升，各种教育关系也随之发生积极的变化——增加混龄交流，构成异质学习共同体。当然，还存在普通学校实施的类似混龄学习的社区。其形式有：①混龄学习。让高年级学生一对一教刚入学的低年级新生做广播操，一对一辅导低年级小朋友绘声绘色讲故事、读一本书等。②混龄阅读。让不同年龄段孩子读同一种文本，互相分享和交流。③混龄活动。比如混龄趣味运动会，参赛的团体项目要求至少有三个年级学生组成混编学生队才能报名参赛；开展交友周活动，要求每个小朋友必须交到三个不同年级的新朋友。④混龄生活。比如低、中、高年级的学生住同一宿舍，让高年级学生教会低年级学生刷牙、叠被、穿衣等生活自理技能。作为新型学习社区，混龄生态群在认识自己、服务他人、团队合作等方面，为学生提供了富有教育价值的学习环境。

第五，徽派语文课堂从知识与能力立意走向思维与审美立意。自然的语文课堂定位从知识、能力立意走向思维、审美立意。把课堂建构从传授知识、培养能力定位到"改变思维、启迪智慧、点化生命"的核心素养高度，即为改变思维、启迪智慧而教（学）。但我们还要继续追问教学本源、教学本真，让思维生长。徽派语文课堂要寻找思维停靠点。思维激发、思维品质培养、思维多元表征、思维碰撞等，皆为改变思维的手段、工具、目的，终极指向一定是让思维生长。当然，反思、顿悟同样指向让思维生长。徽派语文课堂的思维生长表现在思维的深度（长）、广度（宽）、厚度（高）单项或多项量与质的增加上。课堂要以问题为主轴，借助多元对话互动、反馈、导向性评价，实现对知识的整体和多角度表征；让陈述性知识、程序性知识、策略性知识的综合运用和让问题中心图式的运用、顿悟，成为思维生长的有效载体。对主干问题的认知，让学生从点状碎片化局部思维到整体系统化思维，从静态单一思维到动态辩证思维，从结果思维到过程思维，从简单思维到复杂思维，从借鉴、传承思维到质疑、批判、创新思维，成为思维生长的有效路径。徽派语文的课堂不仅仅是改变思维、达成思维的显性结果，还应该指向让思维生长、审美层次提升的终极目标。

第六，徽派语文课堂从"观教"走向"察学"。我们研究课堂常态的校本教研已走过三个基本阶段：听课评课、观课议课、课堂观察与诊断。徽派语文课堂听课评课中的"听"，是指以旁观者身份看教师"教"；"评"，主要指权威者评判一节课的得失。观课议课中的"观"的重点是使用观课工具，观察重心向学生表现转移，以学评教；"议"的重点是以此为案例，发现可能性，旨在诊断与发展。课堂观察与诊断的提出，让课堂研究实现了从定性到定量的突破。在上述三种样态的基础上，本着简易、可操作、常态化原则，我们提出一种校本教研新形态——借助学情观察员从"观教"走向"察学"。观课教师首先要改变原来自由观课、自选座位的做法，变成由教研组组长分配观课教师以学情观察员身份到各小组，并详细说明学情观察与记录规则及参与、指导小组学习活动注意事项。一次完整的学情观察与分析活动可分为三个阶段。第一阶段，上课前教情、学情信息公开会。上课教师向学情观察员通报本节课的设计理念、学习目标、活动流程、拟采用方法、效果预测，尤其要介绍学情及小组合作学习状态，给学情观察员发活动案。学情观察员要整体感知教材，在准确把握上课教师意图基础上，提前3分钟到课堂，了解所在小组分工，与学生进行简单沟通。第二阶段，观课中记录。学情观察员如实记录教师发出指令的有效性、组员学习状态及偶发事件；学情观察员要以课程资源、教师助教身份协助、指导、督察小组合作学习，使学习效益最大化；学情观察员还要以"上课教师第三只眼睛"的角色，及时将学情悄悄以暗号、手势等形式反馈给上课教师。上课教师要利用好学情观察员的资源，及时借助反馈信息处置、调整、完善自己的预设，让课堂因动态生成而精彩。第三阶段，信息分享会。在上课教师自我反思的基础上，学情观察员如实汇报观察记录并提出自己的思考。在专业人员对共性问题进行专业引领的基础上，所有人员围绕"找出自己的教学痛点，描述自己的教学痛点，找到痛点解决方法"写出反思。

自然的语文课堂上学情瞬息万变，上课教师面对着几十名性格各异的学生，既要实施教学活动，又要观察学情，因此偶尔出现"睁眼瞎"不可避免，而学情观察员就好像是上课教师观察学情的第三只眼睛；学情观察员现场提供的真实、有效信息，更利于课堂的有效生成。上课教师借助学情观察员提供的课堂观察汇总记录及分析，利于课后复盘，利于改进、完善、优化自己的教学策略；观课教师角色发生转变，从旁观者走向亲临者，其观课更加投入、专注；解决了年轻教师议课时不会说或说不到点子上的尴尬；借助教师团队合作，利于现场指导解决小组合作学习过程中出现的问题。

第二章 徽派语文的智慧策略

第一节 徽派语文的有效策略

智慧的语文课堂应该让学生在阅读中加深理解和体验，有所感悟和思考，受到情感熏陶，获得思想启迪，享受审美乐趣，从而实现"有创意地阅读"。在阅读教学实践中，教师应该巧辟蹊径，通过"三导"进入"三悟"，通过"三练"达到"三通"，指导学生在读中悟，在悟中读，在练中用，从而帮助学生提升阅读质量，领略生命之巅的秀丽风光。

一、徽派语文的精彩动态在于"三导"

阅读教学要走向动态课堂。所谓动态课堂，是针对静态课堂而言的。静态课堂，指的是以听觉为主其他感官为辅的课堂形式；动态课堂，是指"多道协同"的课堂形式——耳、眼、口、鼻等各种感官一同运用的课堂形式。而这种"动态课堂学习"的教学呼唤"自然"的"在状态"。在静态课堂中，学生听教师讲，往往容易处于"旁观者""局外人"的位置，出现"不在状态"的结果；"在状态"的学习，呼唤学生积极参与、全身心投入。

第一，导读，拓宽教材"教"语文。一是用好教材，发挥课本功效。新编教材编排思路、课文内容、单元提示、补充材料、语文活动、练习安排等都体现了编者的独到匠心，对整个语文教学的目标、结构、方法都具有很强的指导意义。它是培养学生语文能力的主要依据，其中文章大都文字优美、内容丰富、语言形象，包含了许多优秀的传统篇目，值得我们指导学生认真地学习与吸收。二是突破教材，拓宽学习空间。结合当前社会发展新形势，选择报刊上反映现实生活的精品有机融入语文课堂教学，使学生认识社会上的各种现象。在引导学生及时了解国家大事，接受思想教育的同时，轻松自然地学习"无字之书"，提高语文综合素养。三是立足课内，带动课外阅读。要真正增长语文能力，还需从课外阅读中得益。如学生学了《梅花魂》一课，对其中精彩的典故和警句很喜欢，我就向他们介绍了部分乡愁的诗句和爱国名人的名言等，引导学他们抄录名言警句并进行评比，从而提高了他们的学习兴趣。

第二，导学，进入角色"感"语文。一是进入角色，体验真情。引导学生进入角色，体验人物的行为美、心灵美，获得情感的愉悦。如在学《七律·长征》时，让学生观看电视剧《长征》的片段，引导学生进入角色，感受红军战士不辞辛劳、不怕牺牲、不怕困难、不图富贵的英雄气概。当学生审美的感受定性后，在现实的行为选择时，便会自觉地追求这种美的状态。二是发挥想象，再现画面。教学《凡卡》时，引导学生展开想象："凡卡的信寄给了乡下的爷爷，爷爷收到信之后会怎样说？假设凡卡逃走了，老板手下的人把逃离的凡卡抓回来了，凡卡又会怎样呢？"学生们跃跃欲试，各抒己见，课堂气氛十分活跃。现代作家的笔下同样描绘了一幅幅可爱的图画：如鲁迅的"西瓜园"，老舍的"美丽的小兴安岭"，朱自清的"匆匆"和"春"，这些无不是现实生活及大自然的体现。我们应领着学生欣赏这浓缩在作家笔下的优美景物，然后去寻找美、创造美。

第三，导练，主动参与"学"语文。一是在实践中学习。在写作选材时，如何筛选出最能反映生活本质的东西并巧妙地将它们编织进自己的文章里去呢？对这一问题，不应只顾老师的"一言堂"，而应更注意充分调动学生的"群言堂"。如在一节作文指导课上，我先导读一个写校园的片段，再让学生指出哪些字读音不正确，哪里用词不当，哪里描写不够，哪里选材不当……同学们展开了激烈的争论，直至得出了较为满意的结果。然后，我话题一转："今天这节课，我们就根据刚才的争辩，写出自己的感受，题目是《我来当老师》。"一听这题目，同学们劲头十足，思路顿时大开，嘴角挂着笑。试想，没有生活实践的经历、感受，又哪有作文时的真情实感？二是在诵读中感悟。学语文要"悟"性高。诵读是培养语感、提高"悟"性、学好语文的一种重要方法。经常进行朗读比赛能使学生不断受到良好的语言熏陶，如教《搭石》时，运用男女赛读、小组读、"开火车"读等多种形式诵读，景物—人物—人情味，讨论—分析—总结，从而悟出何为人性之美。三是在活动中提高。第二课堂能寓听、说、读、写于一体，一般内容有：语文讲座、语文墙报、知识竞赛、写作比赛、演讲比赛、日记与周记、创办刊物、手抄报和趣味语文活动，等等。第二课堂绝不是要加重学生的课业负担，而是要卸下学生在应试教育中背上的种种包袱。如把写对联，搜集民间谚语、谜语等活动融入文字游戏中，便可让学生在轻松、愉悦的环境中增长知识，提高能力。

二、徽派语文的生命体验在于"三悟"

语文教学的阅读过程是一个有生命的过程，如果说理解性阅读是给生命提供养料的话，那么阅读的感悟则是对生命高度的提升。悟，是在整体把握文章的理解、评价、读写结合的拓展、思想认识的同构等因素的基础上，通过分析、比较、综合、联想等思维活动，发现新问题，开拓新思路，产生新认识。

第一，入题时引导悟。阅读课入题时，教师应用温和的语态，带有浓郁情味的话语，饱含激情的语气来引发学生的情感潜势，产生一种情感共鸣的语境，使学生为之所感，为之所悟，让他们自己去读、去悟，去以大观小、由小窥大，从而转化为良好的学习动机，获得理想的教学效果，进而掌握"文章"的精髓，领略"文章"的美妙。

其一，设疑入手。在阅读教学导入时应教会学生质疑，在质疑中不断拓展思维。如教学《草船借箭》一文时，我引导学生质疑课文："谁草船借箭？他为什么要借箭？怎么借？结果又怎样？"学生通过看、听、读、思、议，学得积极、主动，不但理解了课文内容，而且提出了不同见解，展开了激烈讨论，思维异常活跃。这样引导学生围绕题目进行悟，可以放飞学生想象的翅膀，打破学生的思维定式。如教学《咏柳》这首诗时，我先引导学生有序地观察插图，展开想象：诗人为我们描绘了一幅怎样的画面？面对这样的景色，你想到了什么？学生由柳树联想到春天来了，人们趁着这美好的春光乘着马车到郊外尽情地游玩……在教学中不断激活学生的想象，无疑是为学生的创新能力插上腾飞的翅膀。

其二，情景入手。就是在开课时"导入"过程中创设情境，营造出一种"未成曲调先有情"的氛围，以调动学生的阅读兴趣。采用情境教学法，充分利用现代教育手段，千方百计地激起学生的学习兴趣。如在讲授《威尼斯的小艇》一文时，我就运用录像展现威尼斯这座水上城市特有的迷人风光，运用音乐、图片、动画、影视等手段强化感知，提供多样的外部刺激，启发他们想象威尼斯人和小艇的密切联系。学生的思路活了，他们说工人们乘着小艇去上班，邮递员划着小艇穿街"走"巷去送信、送报……这样的"情景导入"让学生充分体验参与的快乐、创造的愉悦。

其三，质疑课题。所谓质疑课题，就是让学生从研读课题入手进行悟，从题目中知其内蕴、窥其文义、得其意趣。如我在教《田忌赛马》一课时，让学生读题后质疑：田忌跟谁赛马？是怎样赛马的？结果怎样？然后学生带着这些问题，深读课文，学生从阅读实践中不仅找到了问题的答案，而且对文中的人物进行了评价。有的说，田忌做事没有信心；有的说，齐威王第二场失败的原因在于骄傲自大、轻敌；有的说，孙膑是个观察仔细、分析认真、胸有成竹、肯帮助弱者的人……这一悟，学生不仅对作品中的人物进行分析、揣摩，体察他们的境遇，还读出许多个性化的感悟，探究的活力充盈着整个课堂。

第二，导读时点拨悟。导读时点拨悟，就是要抓住教材的特点引导学生展开"对话"，在教学中建立起平等的、和谐的师生关系，充分尊重学生的人格、情感，把学生当作"知识源"，把课堂构建成一个美好的精神家园，营造开放性的课堂教学环境，师生相互质疑，通过多角度、多侧面的立体探究，启发学生思考，不断产生共鸣，从而发展学生智力，教会学生思考和探究，培养学生的创新精神与创新能力。

其一，由小处悟到大处。所谓由小处悟到大处，就是在指导学生阅读的基础上，通过教师的指点，围绕重点展开讨论和交流，鼓励学生发表独立见解，使教材成为"读进"和"悟出"的桥梁。比如，《大瀑布的葬礼》一文用对比的手法具体地描述了巴拉那河上塞特凯思达大瀑布的景象，关于瀑布的描写是全文的重点。为突破这一重点，应创设一个旅游情境，引导学生在熟读课文的基础上，由小处悟到大处，体验大瀑布。

A.假设20年后的今天，我们这个旅游团又来参观塞特凯思达大瀑布，会看到什么景象？如果你是旅游团的一员，你会向导游提出什么样的问题？如果你就是那位导游，你会对游客做出怎样的解释？

B.假设20年后的今天，在我们这个旅游团里有"巴西总统"，此时此刻，这个"巴西总统"会有何感慨？他将会发表什么样的演讲？

《课标》在教学建议中提出：阅读应该让学生"在主动积极的思维和情感活动中，加深理解和体验，有所感悟和思考"。这样的设计，指导学生在课文中"潇洒地走一回"，就能激活学生的积极性和创造性，使其成为知识的发现者和研究者。"水尝无华，相荡乃成涟漪；石本无火，相击而发灵光"，学生从小处探究到大处，从多角度求解，就能拓宽思路，活跃思维。

其二，由正面悟到反面。所谓"从正面悟到反面"，就是启发学生用逆向思维来感悟课文的空白之处，以激起学生的"头脑风暴"。悟得巧妙，有时能够刺激学生对重组课文信息的兴趣，有时能够引发学生丰富的联想，有时能够引导学生做多向的推理，有时能够挑起不同意见的争辩，有时能够鼓励学生有创意的发现……如在教学《我的战友邱少云》时，我在指导学生理解"纹丝不动"一词之后，进一步启发学生用逆向思维来悟邱少云"纹丝不动"中所蕴含的"动"："同学们，邱少云此时此刻身体是纹丝不动的，请你想一想，邱少云的什么在动呢？"学生思考片刻，很快说出邱少云的牙在动、眼在动、手在动、脑在动……我又进一步引导：请你说一说邱少云是怎样动的？这一悟的环节，引导学生由正面悟到反面。这样的悟，让学生从邱少云的"动"中创造性地理解了他的"纹丝不动"。学生都能从课文中捕捉相关的信息，然后加进自己的生活经验和感受。这样悟的教学片段，充满了感性，调动了学生的生活积累，调动了学生的直觉、感受、想象、情感，使学生在感性化的学习中领悟课文，完善人格，得到和谐的发展。

其三，由静态悟到动态。文章的思想感情渗透在它的字里行间之中，让学生真正理解，系统领悟，真正感受到其真、其妙、其美是我们的教学目的。悟，并不仅仅是静态地思考，在教学中教师要引导学生联想和想象，激发学生的求知欲，鼓励学生在文字中求形象，在静态中求动态，珍惜每位学生独到的见解和富有个性的发现。如在教学《赤壁之战》一课时，讲到黄盖火攻曹营这一计策的巧妙周密时，我在学生充分阅读课文后，创设情境检查学生对课文的理解情况，让学生扮演黄盖，我扮演黄盖的部下，在火攻曹营的路上，"部下"有意向"黄盖"请教一些问题，"黄盖们"自然不愿被"部下"问住，便相互补充，争相回答问题，从而完全弄懂了这个计策的周密之处。这样的悟，由静态悟到动态，创造了和谐、民主、宽松、平等的课堂气氛，使学生思维活跃、善于发现，创新的见解、独到的观点也就在悟的探究活动中潺潺而出了。

其四，由点悟到面。语感点是一篇文章的精华，是文中最能表情达意的词、句、段。作者的思想感情往往在这里得到充分体现。因此，引导学生展开悟，就是要紧紧抓住语感点。如人教版语文四年级下册第3课《鸬鹚》中的"悠然"一词，可以牵起全篇内容。我在教学中指导学生有感情地朗读课文后，从这一点出发引导学生去悟："你能从课文中的哪些地方看到渔人的悠然？"学生答："看上文，风景如画，渔人如在画中，因而悠然；看下文，鸬鹚本领高强，渔人成竹在胸，所以悠然；看末尾，渔人日日丰收而归，生活无虑，当然悠然。"它可以提示文章基调，捕鱼前是静而悠然，捕鱼中是忙而悠然，捕鱼后更是恬而悠然。景悠然，人悠然，鸟悠然，渲染出一幅江南水乡悠然生活的画卷。再如，在教捕鱼一段时，我抓住"一抹"这个重点词语进行不同层次的悟读。首先让学生联系上下文读出"一抹"这个词的意思，然后比较哪一个动词最合适。接着，我追问，为什么要用"一抹"？"抹"出了什么？学生带着这些问题进一步研读课文，然后找出有关的词句在小组里讨论、交流，最后以小组形式汇报。有的说，这一抹，抹出了湖面的不平静；有的说，抹出了一只只鸬鹚下水捕鱼；有的说，抹出了渔人不断地挤，鸬鹚不断地跳下水；也有的说，抹出了渔人丰收的喜悦。精彩的语言出自学生之口，思想的火花他们自己点燃。抓住一点，带动全篇，真正做到了读中感悟，情景交融。

其五，由现在悟到过去。"读中感悟"是师生平等合作、教学相长的过程，这其中既包含学生读中感悟的主体活动，又包含教师读中指、引、诱、辅，领其悟的主导活动。我们只要深入钻研教材，就会出现语言文字中闪现的语感火花。教师在教学中要精心设计不同形式、不同层次的读，在读中整体感知，在读中有所感悟，在读中享受情感的熏陶。如《给颜黎民的信》第一节，我这样设问："是什么事使鲁迅放了心？先前他为什么不放心呢？这说明了什么问题？"学生根据这些问题阅读下文，并认真理解：那时白色恐怖严重，国民党反动派千方百计禁止进步书籍的出版和传阅，但鲁迅还是冒着风险给颜黎民寄书，并且一直为之担心，这足以说明他始终把青年放在心上，并对他们的成长十分关心。学习了这篇课文之后，我进一步引导学生由现在悟到过去："想一想，颜黎民以前为什么会给鲁迅先生写信？信上说了什么？你能以颜黎民的口气给鲁迅先生写一封信吗？"这样的悟，由现在悟到过去，达到了理解语言、引发思维的目的。

其六，由远处悟到近处。语文课本里有些历史题材的课文，离我们的生活现实比较遥远。遇到这样的课文时，我们可以在导读中引导学生由远处悟到近处，从而产生情感的共鸣，加深对课文的理解。比如，《我的战友邱少云》一文中有这样一段话："我不敢朝他那儿看，不忍眼巴巴地看着我的战友被活活地烧死。但是我忍不住不看，我盼望出现什么奇迹——火突然间熄灭。我的心像刀绞一般，泪水模糊了我的眼睛。"一个特级教师在教学中就设计了"如果你在战斗现场，你的心情怎样"这样一个悟的环节：

师：请同学们反复诵读这段文字，想象一下，如果你在战斗现场，目睹战友邱少云在烈火中活活忍受煎熬，你的心情怎样？

生：我的心如刀绞一般。

师：请细细体味这一"绞"字，会是一种怎样的感觉？

生：痛！

生：刀刺进胸膛，再来回搅和几下的那种戳心的、无法忍受的痛。

师：有刀吗？文中指什么像刀绞一般"绞"我的心？

生：眼睁睁地看着与自己生死与共的战友活活地被火烧而不能救他，这种心情如刀绞一般"绞"我的心。

生：看到战友烈火烧身，想象到他一定痛苦得如"刀绞一般"，所以我的心里也如"刀绞一般"。

生：我既无法忍受战友被大火活活折磨着，又担心战斗会受影响，这矛盾的心情如刀绞一般折磨着我。

生：我有一种说不出的难过，我好想哭，我的心碎了，这样的战友不能死……

师：是的，这样伟大的战友不能死，他怎会离我们而去？他将永远活在我们的心中。让我们来练习读这一小节，读出感情来。

在这个悟的教学环节中，教师先让学生在创设的教学情境中反复诵读课文，然后从"绞"字入手感悟，由过去悟到现在，由远处悟到近处，让学生谈自己的感受。学生在联系生活经验对"绞"做了感性的理解后，又在教师的引导下，结合课文内容，逐步感受"我的心像刀绞一般"，体味这生离死别、刻骨铭心的人间真情。最后，学生的感情已完全沉浸于课文之中了。所以，当教师要求学生读出感情的时候，有的学生流下了眼泪，这是真情的流露。

其七，由有限悟到无限。鲜活的思维是悟的核心。所谓由有限悟到无限，就是引发学生的发散思维，自觉地让学生尝试用不同的方法和思路去解决同类型的问题，培养思维的灵活性。在教学操作中，教师在引导学生悟时，注重发挥学科的思维功能，注重鼓励学生的逆向思维、求异思维、发散思维、聚合思维、直觉思维、想象思维的并用，并争取求异、求新。

如上《林海》一课时，我问学生："本文我们到底学'林'还是学'海'？"大部分的学生一时没了主意，可少数学生马上意识到了因为大兴安岭的林很多，像海一样，故称林海，因而，今天要学的应该是"林"。至此，我又接着问："我们在日常生活中还把什么比作海？"学生们答："云海、人海、花海、草海、麦海、歌声的海洋、笑声的海洋、欢乐的海洋。"这样的悟，创新思维的种子一下子发散开了，由有限悟到无限，既训练了学生运用语言文字的能力，又培养了学生的创新思维能力。

其八，由实处悟到虚处。语文教学重在提高学生在实践中运用语言文字的能力。教师若能在阅读教学中把读与写有机结合起来，学生就能获得很好的锻炼机会。引导学生由实处悟到虚处，就是注重实践、超越自我。这样的感悟虽然是让学生写下来，但学生必须在研读文本、感悟内涵的基础上加以探究、发挥想象。当学生有了充分的空间展示自我时，就会不断地超越自己原有的认知水平和想象力，就会形成积极的创造精神，促进自身的感悟、想象、思维的发展，这样我们的语文教学才真正做到了人文性与工具性的交融。

第三，结尾时升华悟。阅读课的结尾，教师不只是把结论告诉学生，还要引导学生升华感悟，探究结论，帮助学生在升华悟的过程中学到方法，找出规律。要重视培养学生学习的主动性、探究性、创新性，给学生多点拨、多启发、多鼓励，让学生多思考、多动手、多动口。教师应少废话、少替代、少包揽、少埋怨，引导学生创新学习，鼓励他们的批判精神，允许他们标新立异。

其一，升华情感创新悟。如教完《詹天佑》一文时，我设计了请学生"从课文里找依据，给'京张铁路'重新起名字"这样一个教学环节。有人说这是中国第一条铁路，故可起名为"中国第一路"；有人说詹天佑设计的"人"字形达到了当时国际一流水平，故可起名为"创新路"；有人说为纪念詹天佑，故可起名为"天佑路"；有人说因这条路为中国人民争了一口气，故可起名为"争气路"；有人说京张铁路修筑成功，是因为詹天佑爱国，故可起名为"爱国路"；有人说根据这是中国人设计、修筑的第一条铁路的事实，故可起名为"中国路"；有人说这条铁路充分体现了中国人民的智慧与力量，故可起名为"智慧路"……这一教学环节，既加深了学生对课文主题的认识，升华了学生的思想境界，又进一步锻炼了学生的探究能力，发展了学生的思维，培养了学生的创新精神。

其二，引导想象发散悟。想象发散感悟的目的在于引导学生进行创造性思维，感悟的特点不是单向的，而是多向的；不是死板的，而是灵活的；不是固定的，而是变化的。我们在教学中应以问题作为发散点，在文章的领域里去探索更大的空间，从而获取新的知识，培养思维能力，使教材成为"读进"和"悟出"的桥梁。例如，《凡卡》的结尾之处，寄出"没贴邮票的信"之后，把无尽的思索和回味留给了读者，我在此引导同学感悟："凡卡后来的生活可能会怎样呢？"学生通过独立思考而多方求答，结论更是多姿多彩：有的说他疯了，住进了疯人院；有的说凡卡继续在店里当学徒，过着更加悲惨的生活；有的说爷爷把凡卡带回乡下；有的说凡卡被迫离店出走……

其三，联系全文总结悟。一个特级教师上《威尼斯的小艇》一课，文章学到结尾一段，学生突然提问："既然课题是'威尼斯的小艇'，结尾为什么要写威尼斯的夜景？"教师因势利导："让我们自由地读课文最后一段，想一想原因。"通过读，学生很快便明白了："威尼斯离不开小艇，正是这小艇才组成了威尼斯这神奇迷人的夜景。"教师接着又要求学生用上"因为……所以……"或"只有……才……"说说理由，学生说得兴趣盎然。无疑，这样的教学引导，是真正在帮助学生自己克服困难，获得知识和能力。

其四，一言心得抒情悟。就是在文章的结尾或课堂的结尾选择恰当的触发点，激发学生从各个角度求答的创造性热情，通过联想、补充，以期学生掌握作品的广度和深度。如在《丰碑》一文的教学结尾处，我设计了这样的教学环节："请你结合自己的感受，给军需处处长写一条碑文，来赞美他的高尚品质。"学生们非常踊跃："舍己为人红军魂，精神丰碑育后人"，"全心全意为人民，永远活在我心中"，"立此丰碑留军魂，处长精神泣鬼神"……这样的感悟，就把教学引入了一个新境界。

三、徽派语文的课堂效果在于"三练"

"过程与方法"在"三维"目标中的地位是十分重要的。它同"知识与能力""情感态度与价值观"之间的关系是水乳交融的关系，即学生在一定的过程中探索方法，用方法经过实践去获取知识、发展能力，同时受到情感态度与价值观的教育。譬如在识字教学中，教师对"过程与方法"地位的认识，将直接影响教学的效果。如甲、乙两位教师的教学过程，甲教师：出示生字—老师教读—组词巩固—读中记忆。乙教师：交流识字方法—出示课文中的短语，学生自认—抽出生字，学生认读—组词巩固—想象记忆—小结新方法—还原到课文中读。从对比中可以看出，在关注过程方面，乙教师没有像甲教师那样，以"教"为中心设计教学过程，而是以"学"为中心进行教学预设，使识字过程成为学生主动参与的学习过程、亲历亲为的探究过程，成为教师与学生互动的交往过程，成为动态生成的发展过程。在关注方法方面，乙教师深谙"识字教学应该让学生掌握最有价值的方法性知识"之道，教学一开始便从方法入手，先唤起学生已有的经验与方法，让他们用这些方法展开学习，在认识新字的过程中，再去发现新的方法，进而把识字的过程变成了一个"滚雪球"的练习过程。

一是读写结合，课内练实。读为写奠基，写为读深化。语文阅读教学环节的第一步是随文练笔，这是进行语言文字训练的重要方式。它以课文内容为素材，把语言形式的运用和对课文内容的理解有机地结合起来，彼此交融，和谐运行。这种方式遵循目的性原则、层次性原则、多样性原则、适量性原则。通过这种方式能挖掘课文写作点，对学生进行写作训练，提高学生语文写作能力，学生能在规定时间进行有效果的训练和反馈。

二是生活应用，课外练活。语文阅读教学的课堂教学，核心是让学生在学习语文中习得语文能力，提升人文素养。语文课程的内容十分丰富，语文教学可以因教师风格的差异而精彩纷呈，但是教学目标和内容都必须围绕一个核心，教学的种种举措和行为也都应该指向这个核心——语言文字运用。语文阅读教学树立大课堂意识，时时处处是课堂，生活处处有语文。语文阅读教学应该是激发语用兴趣，让学生通过揣摩、理解、学习、模仿、运用来培养语用能力。语文阅读教学的教师通过对语言文字的充分挖掘和独到见解，引领学生深入剖析，在生活中学语言、用语言，从而领悟语言文字蕴含的真、善、美。

三是精讲多练，注重练宽。吃准目标，夯实基础，指导学习，鼓励创新。"吃准目标"，就是要把课上成语文课，做到年龄段目标准确、鲜明，不缺位，不越位。"夯实基础"，就是要干好小学语文教师该干的事，学生要读好书，写好字，要听得明白，说得清楚，写得通顺，打好听、说、读、写的基础。基础不牢，能力不会强，素养不会高。即使暂时取得高分，过了若干年回头看，建的也还是语文的"豆腐渣"工程。"指导学习"，就是要增强在阅读教学中指导读法、写法、学法的意识，有切实可行、灵活多样的方法策略，并且渐渐内化成适合学生自己的读法、写法、学法。方法的指导切忌概念化、一般化，要体现语文学习的规律。"鼓励创新"，就是要在继承的基础上，不断改革、创新。首先，要更新观念，心甘情愿地"让学"，让教师的"教"更好地为学生的"学"服务；其次，要在教学过程中落实学生的自主学习，学生真读、真说、真写、真感悟、真体验；最后，要有一个好的机制，有一套好的模式，有许多好的方法、策略，保证学生"能学""会学"以及持续"乐学"。

四、徽派语文的教育智慧在于"三通"

感知初通，融会贯通，触类旁通，可谓课文学习的三个境界。它是目标，也是内容；是过程，也是层次；是方法，也是能力。

第一，感知初通——由感知而初通。这是课文解读的第一境界。课文读上一两遍，不必过细地研究，主要凭着感觉、知觉和表象（有时还有直觉）的参与及作用，即可获得对课文的较为完整的印象和初步的理解。

感知初通并不简单，因为这"初通"的内容并非可用"完整的印象"一语了之。真正的"初通"至少包括：①字面疏通——扫清生字、生词、句读等阅读障碍；②文意粗通——对文章的主要内容和思想倾向有个基本的了解；③文路打通——文章的思路是怎样运行的，应摸索出个大概；④文与道架通——文章的体式、结构、语言怎样与人、事、景、情、理相契合，应该有个大致的认识；⑤与作者沟通——既然阅读是心灵的对话，那么，就需要了解作者写作时的情感和意图。

"感知初通"的价值不仅仅在于结果——"初通"上，更在于过程和方法——"感知"上。"感知"提升了"感知初通"的境界：①感觉性。正如王富仁教授指出的那样："阅读、欣赏、接受语言作品的基础不是'懂'，而是可感觉性、可接受性。"因为"可感就能接受，就能记得住"。②表象性。作品是生活的图画。领悟作品也必须通过调动头脑中积存的大量表象去形成相应的形象系统才能实现。"披文入境""识文得象"，才能进而"处境感意""析象得旨"。③整体性。既不要纯粹的"旨"，又不要孤立的"言"，要的是"在头脑中储存起感性的语言模型"，即言意兼备的文章"图式"。④审美性。由于是整体的感知，因而作品中的美的形象不至于被肢解、被破坏，阅读才得以享受到真正的审美愉悦。⑤情感性。文章不是无情物，读者皆为有情人。读书只有动情，才能产生动力，才能获得真正的理解和精神的滋养。因此，必须让情感与认知和谐共进，相互促进。

对于精读课文，"感知初通"只完成了概略式理解。而学习语文需要养成想得精密的习惯，理解人家的意思务求理解得透彻。

第二，融会贯通——经融会而贯通。融会贯通，就是融合了文本内外的诸多因素，在明了其意义的基础上发现其内在联系，从而达到对文本乃至对自我身心的一种澄明净朗、清彻通达的认识境界，仿佛幽暗的迷宫被强光照射，一切暗道机关都豁然开朗一样。

贯通，是理解和思维的最佳状态。它包括：畅通思想主渠道，让文章思路显豁、明朗起来；开通绾结文章的枢纽，让它成为打开理解大门的钥匙；接通隐而未显的联系，使文章成为有机整体；打通文章中滞涩难懂的关节，使之达到庖丁解牛"批大，导大"的乐境；沟通与作者心灵的精神联系，产生情感的共鸣；融通群体阅读中同学间的情感体验差异和认知冲突，使之相互接纳、欣赏或质疑、存异。贯通，从文章整体而言，一是横向贯通，即对内容要素之间关系的通透理解。如小说中人物、事件、环境之间的关系，不同人物之间的关系，一个人物的外表与心理、言语与行为、性格与命运的关系，等等。事物的本质就蕴藏在那种种关系和联系中，越是能把它们贯通起来加以思考，越是能悟得真谛和奥妙。二是纵向贯通，包括纵列联系和纵深联系两种情况。纵列联系指文本内容呈现的前后联系、发展联系。要能看到人物或事物的前后变化及其必然性、根据性和联结点以及行文的起承转合及首尾呼应。纵深联系，是指文章内容的外在与内在、表层与里层的联系。所谓贯通，就是能从外围透视到中心，从表象洞悉到实质。它要求阅读时必须沉下心来，涵泳得深，体味得切。如"语言和动作"是《小嘎子与胖墩比赛摔跤》文中的一个表象，它与文章内涵有什么样的关系呢？"这场面简直是用'语言和动作'贯穿着的"，前后的语言和动作是怎样联系的呢？可分别从横向（人的语言）和纵向（摔跤的动作）加以联系和贯通，深刻剖解了有趣的人（小嘎子与胖墩）、有趣的生活（比赛摔跤）和有趣的语言和动作。三是文道贯通，即把思想内容与语言形式、艺术形象与表现技巧贯通起来，看一看思想内容是怎样披覆着形象外衣的，言语形式又是怎样包蕴着生活内涵的。特别要从艺术鉴赏角度说出个所以然来。如叶圣陶所说："我们不但说了个'好'就算，还要说得出好在哪里，不但说了个'不好'就算，还要说得出不好在哪里。"尤其重要的是"语言文字的意义和情味"，若"不很了了，那就如入宝山空手回，结果将一无所获"。

怎样通过融会去达到贯通呢？一是融合、会集文本内相关信息，去实现某一范畴的贯通。其实现的效果取决于所取信息的相关度、数量，思考的方向、方法以及对文本整体背景的理解、熟悉的程度等。二是融合、会集各种知识和道理去达到对某一问题的透彻理解。这有点类似于综合性学习或解决综合化问题。不是只着眼于收集材料，而是要寻找多方面的解释或解决问题的途径。如《为中华崛起而读书》中的"学生""警察""社会""贫穷""落后"等，须借助相关的历史背景和地理知识才能理解，进而去实现贯通目标。三是融合读者个人的独特体会去实现独特的贯通——与作品人物乃至作者的心灵沟通。所谓独特，就是个性化的，自己独有的，而不是共性的定评的那些东西。唯有个性化的体会和理解，才会与生命相对接，才会有助于精神成长。而这种个性化体会和理解的鲜明特征就是情感的共鸣和思想的共振，就是彼此心灵的息息相通。"融会贯通"可谓是对文本理解的极致。但"课文只是个例子"，只有把例子上升到类，做到举一反三、触类旁通，才能获得最大的学习效益。

第三，触类旁通——缘触类而旁通。所谓触类旁通，是指掌握了某一事物的知识和规律，从而类推了解同类的其他事物。显然这是一种事半功倍的高效学习策略，也是一种善于迁移的高超学习智能。它可以收到以一当十的学习效果。学习语文亦如此。每一篇文章既是"这一个"，又包含着"这一类"。类即是理，知理便可触类旁通了。譬如学了《十六年前的回忆》，知道作者用第一人称，且把这第一人称托付给小孩子去写，是为把父亲活动的范围限定在不同的场景里，便于小孩子去观察和表现，而其他人物都是被观察、被描写的对象，都不宜充当第一人称的"我"。这势必促使取材与剪裁都要精当。明白了这个道理，也就可以类推其他文章中的第一人称写法必有其自身合理性和构思艺术性的根据。

触类旁通的前提是掌握某事物之理。这"理"有两种类型，一种是可意会又可言传的，另一种是可意会却不可言传的。阅读写作之理也常有不可言传的，但这不妨碍触类旁通，只是"通"的时候不必把理言明，只需说"某某章法就像这个例子"即可。这就是语文学习的比类性特点。我们姑且称之为触类旁鉴。还可以触类旁举，就是举一反三。如学了某种笔法，则大量列举此笔法的其他例子，可以起到强化的作用。若能将这些例子加以比较，在共性观念下看到各自的特点，则成为一种有效的变式学习，这又是触类旁比了。若举例子只是依据一个大致的范围而并未明晓其理，通过比较求同却推出了共性之理，这又是触类旁推了。此外，既然触类可以旁通，当然也可以而且应当触类"上"通和触类"下"通。触类"上"通，就是将课文归类，让它隶属于一定的类别之下。可从不同角度如题材、主题、体裁、结构、方法以及语言风格等去寻找归属。课文的单元划分就是以体裁样式为分类标准的。"上"通类属，一方面有利于对共性规律认识的深化，另一方面有利于发现课文的自身特点，学到新东西。

触类"下"通，是指从课文中的某一知识或规律出发，向下延伸，或将其具体化、事实化，或提摄它的下位概念、支撑概念。如心理描写，假若文中写了某种喜悦心理，若求其"下"通，则可试着分解一下，喜悦心理还有哪些具体表现形态或子类型。总之，通过触类旁通、上通或下通，可以拓展知识视野，发挥范例作用，提高学习效率，发展迁移能力。

综上所述，上好一节语文课，我们应该遵循顺学而导、从学而教和"启发式教学"的原则，从学生学习的实际情况出发，在调动学生学习积极性的前提下，运用"设疑—导疑—释疑""启发—引导—明确"的教学方法，指导学生"自主—合作—探究""品读—悟读—理读""思考—表达—交流"。积极做到①自然导学：学而时习之，温故而知新。②自然导悟：学而慎思之——探究，体验而悟之——品悟。③自然导练：学而活用之（练习），择善而从之（应用）。从而达到感知初通、融会贯通、触类旁通，进而使教师和学生在一个自由和谐富有个性的、独立自主的、有利于人整体生命投入的学习生态环境中，调动起自身的一切，不断地创造自我，改善和发展生命，取得课堂教学效益与生命质量的整体提升，形成一种崇尚自主、互为互动、整体和谐、持续发展的课堂。

第二节　徽派语文的课堂开放

语文是和人的生命、生活接触最密切的学科。语文能力是在语文生活和语文实践中形成并发展起来的。把语文学习局限在课本、课堂之中，是没有生命力的。课本和课堂之外存在着丰富多彩、鲜活生动、富有强大生命力的语文生活。提升学生语文素养，应该巧妙地发挥语文的工具性和人文性的作用，通过课堂教学和第二课堂教学一系列的语境教学活动，教师可以逐渐培养学生的语境意识，把学生训练成拥有大量语境知识，并且会有效利用语境进行自主学习的人。语文学习应该"跳"出僵化的模式和狭小的天地，跳出语文课堂、语言文章的小圈子，投入"大语文"学习的广阔天地中，立足于应用，从而让学生尽情地享受生活、享受学习、享受生命的成长，获得其未来生活所必需的语文素养。

一、活用教材，跳出教材用语文

小学语文教材不是语文教学的唯一凭借。作为教师，我们不能一味地
埋怨教材编得不好，因为再好的教材都有其局限性。我们应当树立新的教
材观，使有限的教材（几十篇课文）发挥出无限的育人功能和无限的价值
来。我们历来只把教材看成教本，其实教材更是学本。学生对教材有真正
的发言权、选择权和主动加工权。我们应把教材彻底地放给学生，让他们
根据自己的经验、兴趣学教材，创造性地使用教材，真正成为教材的使用
者、研究者和改造者。开学第一周，我让每位学生利用一周的时间通览教
材，从中选出自己最喜欢的课文进行精读。他们在小组合作学习中或读、
或背、或讲、或演，学得有滋有味，在疑难处还请求老师或别组同学帮
助。当我问起一位一向讨厌背书的学生为什么背得这样投入时，他的回答
是："我热爱，我喜欢！"每次上语文课，孩子们都争着向我推荐他们想学
的课文。看他们学习的情绪那样高昂，学得那样投入，我也常常沉浸在感
动与幸福之中。正如《论语》中所说："知之者不如好之者，好之者不如
乐之者。"每次拿到教材后，首先让学生看一看编写说明。在编写说明后
面，总能看到这样的谦辞："本书如有不当之处，请提出意见，以便修订
时参考。"在书的封底或版权页，还会有："若有印刷装订错误，可向承印
厂调换"等字样。在对教材的研读中，每学期学生都会发现一些编写或印
刷方面的错误。把教材彻底地放给学生，学生便真的成了研究者和发现
者。我经常与学生共同商定删除文质不美的课文，引导他们自编教材。首
先让学生收集自己喜欢的格言、成语、名言、警句等，到报刊上找中外名
著名篇以及富有时代气息的文学精品，从中外寓言、童话、诗歌中选出美
文，装订成册。然后自己制订背诵计划，每天背上一句、一条或一篇。最
后把自编的教材与全班同学交流，实现资源共享。我的想法和追求是，不
仅给孩子字、词、句、段、篇这些量的积累，还要让那些经过一代又一代
人参与和证明了的精品和人生格言警句，如同空气一样滋养学生，如阳光

一样照耀孩子的心灵，让每个学生的血液和骨髓里都充满着先哲们的生命哲学和人生理想。同时，还引导学生发挥自己的想象，通过收集资料，重组信息。如学习《一夜的工作》一文后，学生远远没有满足于对课文的熟读和背诵，他们想了解更多的有关周恩来总理的事迹。于是，我指导他们观看了有关周恩来总理的影片，阅读了周恩来总理去世后人们哀悼他的新闻报道，听了赞颂周恩来总理的诗歌，到书店买了一些介绍周恩来总理的书，最后再把自己喜欢的内容"粘贴"到教材上。这时，学生才有一种满足感，他们对周恩来总理的认识也由浅入深，由感性到理性，真正体会到了人民对这一伟人深深的怀念之情。

二、开放课堂，跳出课堂用语文

语文教学必须遵循熏陶浸染、积淀涵养、感悟体验、运用提升等学习规律，培养学生热爱母语的情感、关注语文的敏感与领悟语言的语感，从而协同渐进地提升学生的听、说、读、写、思等素养与能力，并养成学生终身学习的良好行为习惯。在语文教学中不断地将学生的视线引向校园、社会和家庭，引向图书室、阅览室、展览馆、博物馆，引向大型工厂、桥梁工地、饲养厂及农家小院，引向著名的大学校园、研究室、实验室……有时讲课的不是任课教师，而是学生自己，是科学家、各方面专家，是工人，是农民……我时常带领学生参加社会团体举办的各种活动，进行一系列的采访和社会调查，增强感性认识，激发情感；带领学生到广阔的大自然中去，观察日月星辰的变化，欣赏花、鸟、虫、鱼的可爱，陶冶情感；带领学生主动参与社会现实生活和科学研究，触及社会焦点，追踪时事话题，表达个人观点，培植理性情感。"语文养成教育"是一种理念，实施起来得从常态的语文学习的生活入手，得从语文学习的细节入手。我多年来坚持让学生每日必修五个"一"，即日正一字，日积一词，日摘一句，日读一文，日写一"记"。日正一字，所订正的是自己或别人容易读错或写错的常用字，其出处在日常生活中，读书、写作、交谈、看电视、参与活动时留意误读、误写的字，及时记录在专门的本子上。日积一词，主要是从语用的角度出发，积累常使用却容易出现错误的词语（包括成语），也积累一些自己以前没有掌握的新词语。日摘一句，所摘句子来自自己的读书见闻，或是极富文采，或是极有哲理，或是极具激励作用。日读一文，以千字文为宜，以名家时文为佳，可在晨读时朗读，可在就寝前赏读，可在学习间隙做调节性的阅读。日写一"记"，三五句话，几十上百个字，可与大家分享新闻，可发表对当日见闻的评论，可记录自己突发的奇思妙想，内容不限，形式灵活，突出个性。

三、融会贯通，跳出学科用语文

《课标》中首次提出了学科间的综合问题，而语文学科有其自身的优势和责任，理应实现与其他学科的主动融合，使各科教学与语文学习建立紧密的联系，从而实现学生素质的整体提高，使其更具创造性和发展性。以下仅以语文学科与数学学科综合为例谈一谈我在鼓励小学生写作文方面的做法。首先，我向学生介绍了许多中外数学家的故事，如瑞士数学家欧拉，法国数学家彭加勒，英国哲学家、数学家罗素，中国数学家华罗庚、苏步青、吴文俊等，他们不仅研究数学，写了许多数学方面的文章，还写了许多哲学著作和诗歌，有的还获了诺贝尔文学奖。如果同学们也能坚持写数学方面的文章，不仅可以把数学学得更好，还能把写作水平提高。学生听后，写数学作文的情绪被调动起来了。我又引导学生讨论：数学作文该怎样写？有的建议写数学日记，有的认为可以写一写某道题的巧妙解法，有的愿意向别人介绍自己学数学的经验，还有的想写一写自己的数学发现……从此，学生的日记中、习作中出现了不少有关数学的文章。此外，社会课、自然课、艺术课都可以找到与语文学习的结合点。只要确立"时时可以学语文，处处都要用语文"的理念，语文这潭活水将源源不断地流向各科的"农田"。要真正提高语文能力，还需从课外阅读中得益。如学生学了《学弈》一课后，我就向他们介绍了"暖足""闻鸡起舞""囊萤映雪"等成语故事，从而提高了他们的学习兴趣，拓展了他们的课外阅读量。

四、实践感悟，生活体验用语文

新语文课程强调人人学有价值的语文，人人学有用的语文，关注语文知识的实际意义和实用价值，培养学生解决实际问题的意识和能力。也就是说，语文只有到生活中去，才会显示其价值和展示其魅力。学生只有回到生活中去运用语文，才能真实地显现其语文智慧。总之，在新教学理念指导下的语文教学将走向生活化、实践化、综合化、智慧化；面对新课程、新理念，语文教育和语文教学将是生动的、活泼的、自主的、合作的、创造的、充满生命力的。学语文要"悟"性高。诵读是培养语感，提高"悟"性，学好语文的一种重要方法。朗读能使学生不断受到良好的语言熏陶，对语言的理解和感悟能力大有促进。如在教《山秋雨》一文时，运用男女赛读、小组读、"开火车"读等多种形式诵读，让学生体会山色、山味、山风、山秋叶、山土、山景，再经过讨论—分析—总结，从而让学生们悟出文章的意蕴。

综上所述，立足于运用，语文教育目标主要有三个层面：一是让学生掌握一种终身使用的工具，能顺利应对将来的学习、工作与生活；二是为学生一生打下精神的底子，使他们成为一个快乐的读书人，拥有丰富的精神世界；三是传承民族的文明，固守民族的根本，让民族的血液永远流淌，并使学生成为未来文化的创造者。然而学语文类似种庄稼，得遵循"作物"的生长规律，急不得。过于急功近利，就会有"沙漠化"的危险；"揠苗助长"，结果定会是"禾苗枯槁"；采用任何"催熟"的做法，都会丧失其应有的品质。因而，语文养成教育得遵循语文学习和应用的规律。一是熏陶浸染，即营造氤氲着语文气息的环境，耳濡目染，日渐滋养；二是积淀涵养，即着眼于生命的浸润，注重知识、能力、文化、修养的积淀；三是感悟体验，即训练学生能凭借对语言及其语境的直观感受，获得某种印象或意义，并将阅读文本与阅读生活相联通，进而感悟人生，感悟生活，成为生活的强者与智者；四是运用提升，即根据表达交流与阅读积淀的互动关系，通过亲身的语言实践，直接地感受规范的语言，并在实际运用中加深自己的感受，从而领悟语文的魅力，提升语文素养与能力。

第三节 徽派语文的文本对话

在阅读课上，学生的第一要务便是与文本对话，即通过自主阅读，与课文的作者交流，从而内化课文的语言材料及其丰富内涵并学会阅读。作为教师，必须先与文本对话，取得亲身体验，然后才能借助文本与学生对话，指导对话。那么，在进入阅读教学的课堂之前，教师应该如何与文本对话呢？

一、"品读"感悟"语境"路

要想全面提高学生的语文素养，教师首先要提高自己的语文素养，不断地锤炼自己的语感能力、审美情趣和人生态度。著名教师于永正说过，他教学之前，总是先翻来覆去地诵读、默想，当读出自己的理解、情感，当读出了文章的妙处，当读出了自己的惊喜，小到一个字、一个词、一个句子，大到篇章结构、文章的立意，才敢走进语文的课堂。这是何等精妙的文本对话啊！品读能自然而然识别和理解句子，创造和生成句子，可以练习意会体悟能力，即语感能力。语文学科独特的情感特性和人文内涵，决定了语文学习的过程就是一个不断地获取和增强语感的过程。所以，教师与文本的对话，首先应从品读开始。应该怎样品读课文呢？

第一，诵读吟咏品味语言美。中华几千年的语言文化博大精深，很多时候我们对语言文字的理解往往只能意会而无法言传。诵读吟咏，是口、耳、眼、心、脑并用，通过反复朗读与背诵，逐步感受语言内蕴和文章气势，领会其布局谋篇、遣词造句的精妙。小学语文教材中很多文章字字珠玑，读来朗朗上口，是对学生进行语感熏陶的绝好材料，我们应该在诵读中感受声音美、色彩美，受到美的熏陶和感染；在诵读中揣摩文章字里行间所蕴含的人文美、内涵美。要注意的是，诵读吟咏，一定要保证"质"

和"量"，"量"要足，"质"要高。所谓"量"要足，即要反复朗读，在"书读百遍"的基础上达到"其义自见"的效果。"质"要高，即要熟读精思，入情入境地读，有滋有味地读，最后达到"情自心中来，情自口中出"的境地。这样到课堂对话时才能得心应手，左右逢源。

第二，比较揣摩强化语感意。比较是培养语感精确性的有效手段。我们常常有这样的感觉，有些词语看似平淡无奇，但细一琢磨，却感觉在文中用得精妙传神，耐人寻味。因此在与文本对话时要对重要的字义、文句、修辞方法进行比较揣摩，意会文字所表达的深层含义，强化语感。如《日出》一课的结尾："这不是伟大的奇观吗？"这是一个反问句，其意思是："日出是一个伟大的奇观！"将这两个句子进行比较，便不难发现，采用反问的修辞手法，更能凸显作者对日出的赞美之情，对大自然的热爱之情。为了领悟这一点，就要对这两个句子进行比较、推敲、揣摩，加深体验，以领悟字里行间所蕴含的思想。

第三，欣赏体味升华语言境。一篇优秀的文章，其人物形象的鲜明、作品意境的深邃、景物描写的形象，都源自文字表达的精要、贴切、形象。教学前，教师要用心去欣赏、去体味语言文字运用之妙，以文本的言语激活自己的思维，让自己对语言文字的理解升华到一个更高的层次。如《观潮》一课生动描述了钱塘江大潮的奇特、雄伟和壮观，尤其是第三、四自然段连用五个比喻句，从声音和形态两方面的变化生动形象地表现了潮来时的雄伟气势，上课前可反复诵读重点语句，细细地欣赏、玩味，切身感受潮声越来越响亮、潮势越来越汹涌的浩大场面，领悟作者遣词用句的精妙。这样在教学中就能如鱼得水、融会贯通。

综上所述，品读是文本对话的基础和前提，是批读、理读、变读的准备和铺垫。

二、"批读"思考"对话"路

有专家说：教师与文本的对话可称为"备课性阅读"，它不同于一般的阅读。第一，它具有特定的目的性和对象性——教师是为了指导学生的阅读而读，因此要学会换位思考，处处替学生着想；第二，它具有重构性——需要从导读的角度对课文进行再加工，即把自己的阅读思路转化为指导学生阅读的思路，把自己的阅读行为转化为课堂上的导读行为。这种对话应当是教师与文本对话活动的主体内容，应当通过批读以明重点、抓特点、思学路，心悟其意、心融其境，达到提升语文素养的目的。

第一，明重点。即在与文本对话的过程中，通过勾、划、圈、点、注等各种批注方式，找出文本重点句子、重点段落、重点词语、重点人物、重点细节……做到对文本了然于胸，烂熟于心，教学对话时才能有的放矢，突出重点。

第二，抓特点。每篇课文各有特点。在与文本对话的过程中，抓住文本的特点，认真批阅，细心体会，教学对话才能出新意。如阅读《军神》一文时，围绕"什么样的人才能称得上是'神'"这一主题，抓住刘伯承的语言、动作、神态以及沃克医生的神态、语言的特点进行深入体味，多角度、多层次地与文中的主人公对话，就可以在对主人公的品质肃然起敬的同时，产生心灵的共鸣，教学对话时就能游刃有余。

第三，思学路。教师与文本的对话不能仅仅停留在理解的层面上。与文本对话的目的是服务于教学过程中的对话。因此，在与文本对话的过程中，教师要心悟其意、心融其境，设身处地站在学生的角度来考虑"怎样学"的问题，理出学路来。或直奔重点，或先总后分，或抓住重点句子分解，等等，怎样方便学，就怎样来制定教学对话的线路图。

三、"理读"确定"对话"路

所谓理读，就是在品读、批读的基础上掩卷而思，确定教学过程中的对话思路。理读要梳理文本的思路或特点，确立教学对话的支撑点，找准教学对话切入点，突破对话重难点，理出对话连接点。

第一，找准对话切入点。所谓对话的切入点，就是能引爆对话的语感点，组织对话的重难点，导入对话的契机点。教师在与文本对话的过程中，要确定好从哪里展开对话、组织对话、放大对话，等等。比如与文本

《荷花》对话时，就应该抓住语感点"冒"字来切入教学对话，体会一下怎样"长"出来才叫"冒"出来？（使劲、拼命、用力、急切、一个劲儿、痛痛快快、争先恐后、生机勃勃、兴高采烈、精神抖擞、喜气洋洋……）想象一下，如果你就是一朵荷花，冒出来想干些什么？这样，在教学对话的过程中，就能有条不紊、胸有成竹。

第二，突破对话重难点。不同的文本有不同的特点，不同的文本有不同的重点。教师与文本对话时，应该积极思考：如何才能组织对话，引导学生突破重难点。比如《一夜的工作》一文，在对话中，就应该抓住"审稿"这一重点，思考设计对话：从哪里可以看出周总理工作的劳苦和生活的简朴？突破了这一重点，组织好了这一个精彩的对话，阅读课就成功了一大半。在与文本对话的过程中，抓住了文本中牵一发而动全身的重难点，其余问题便可迎刃而解了。

第三，理出对话连接点。教学对话是一个开放的动态过程，在对话中可能会产生一些"意外"，会产生一次次"山穷水尽"或"柳暗花明"。因此，在与文本对话时，就应该产生种种预设，理出对话连接点：哪里要过渡？哪里要照应？前后应怎样连接对话？通过什么问题来连接对话，等等。教师在与文本对话的过程中要产生种种预设，越全面越好，越细致越好。只有设想周到，才能在教学对话中不手忙脚乱。

四、"变读"设计"对话"路

所谓变读设计"对话"路，就是创意设计教学的对话；就是抓住文本的亮点、特点，品"新"析"异"，不失时机地感受文章新颖的魅力；通过迁移、模仿、创新地练，谋"新"写"异"，注重创新能力的训练和指导，从而走向读写结合的最佳境界。要从优秀的教学设计中领悟、消化、吸收，如以点带面、抛砖引玉的设计艺术，整体阅读、分层推进的设计艺术，悬问求解、启迪思维的设计艺术，一线串珠、顺藤摸瓜的设计艺术，选点突破、有的放矢的设计艺术，等等。要结合教学内容和教学对象，想法子，想点子，找到教学的最佳切入点和突破口，精心设计教学的对话环节，从而真正达到优化课堂教学结构之目的。

第一，直奔重点对话。课内积累主要是在常规的阅读教学中，在激发阅读兴趣、进行阅读方法指导和阅读习惯培养的同时，大量积累优美词句。教师要根据文本及学情，直奔重点，提高效率。如《五彩池》一课二、三、四自然段对水池的形状、池水的颜色及形成原因做了生动描述，其间运用了对比、比喻、排比等修辞手法，词汇丰富，语言凝练，极富感染力，是积累语言的好材料，应指导学生在诵读记忆的基础上进行对话。而对其他一些非重点的段落应大胆舍弃，只做大体了解即可。这样合理取舍，既省时，又高效。

第二，以点带面对话。在课堂教学中以点带面，提倡多角度的、有创意的阅读，适当补充与学习内容相关联的语言材料，有利于丰富学生的语言积累。如学习《江南春》一诗，便可补充阅读《春夜喜雨》《忆江南》《春日》等古诗词或与春天有关的现代散文，让学生感受不同作者眼中的春景。除教师推荐相关材料外，还可让学生介绍自己搜集的资料。这样以点带面的教学对话，资源共享，大大拓展了学生的积累范围。

第三，变式练习对话。《课标》提出："阅读是学生的个性化行为……不应以教师的分析来代替学生的阅读实践……引导学生钻研文本，在主动积极的思维和情感活动中，加深理解和体验，有所感悟和思考，受到情感熏陶，获得思想启迪，享受审美乐趣。要珍视学生独特的感受、体验和理解。"如学习《宿新市徐公店》时引导学生画"诗意"（画篱笆、画小路、画"追黄蝶"、画"无处寻"的意境），让学生根据自己的喜好和特长，自由分组：一组为诗配画，一组将诗歌改写成一则小故事或一篇小散文，一组上网查找相关资料，一组外出观察，等等。每组选出一名小组长负责各组的学习活动，挑选代表交流成果。由于每个小组都以学生个性为依据而组成，学生的合作、探索、交流更为充分。形象对话法运用得好，可以化抽象为具体，化深奥为浅显，化枯燥为风趣。这样的对话练习设计，是培养学生动口、动手、动脑能力的新型的"互动式"教学模式，通过"变一变""做一做""演一演""议一议""练一练"等形象化的操作，把"师生互动"这一理念真正内化到课堂教学之中，形成师生间相互激励、教学相长的教学关系，使每个学生都能发挥自身潜能，激发学习语文的主动性，使学生爱学语文，乐学语文，学好语文。

五、"泛读"铺宽"对话"路

语文教学向来强调"厚积薄发"。"厚积"，可吸收营养、丰富知识、扩大信息量。大量积累，厚实底蕴，进而发展自己的语言，是语文教师学习的主要任务。语言的积累是一个长期的过程，必须做到课内、课外紧密结合；应该做到"得法于课内，得益于课外"。教师的课外阅读可延展自身的阅读空间，开阔知识视野，提升语文素养。

第一，以文本教材为辐射点。即以文本教材为中心，广泛阅读与此相关的材料。如教《落花生》一课时，可通过网络、图书馆等多种途径查找、阅读与文本有关的音像、图片和文字资料。这样由点到面，就可以扩大自己的教学视野，在教学对话中厚积薄发。

第二，以社会生活为切入点。语文是一门实践性很强的课程，要打通课内外限制，实现语文学习与社会生活的接轨。阅读积累是语文实践学习一个很重要的途径，那些鲜活的、在社会生活中引起广泛关注的重要事件，都可成为学生积累语言的材料。

第三，以名家名篇为重点。名家名篇往往语言精练准确、行文畅达自然。读名家名篇，不仅可以培养语感，还能在脑海中贮存丰富的文学知识，在有表达需要时，就会自然地涌入脑海。教师在日常生活中应忙中抽暇，多阅读一些古典名著，以期心悟其意，心融其境，达到提升自身语文素养的目的。

第四，以报刊为抓手。报刊上的文本大多是教改的最新信息，是教学的前沿知识，短、平、快，新颖实用。因此，教师应该通过泛读来铺宽自己的教学对话路，及时"采集"最新的知识来充实自己，及时学习最新的教改经验来提高自己，及时掌握最新的教学方法来升华自己……不断更新知识结构，及时调整知识层面。

综上所述，课前的文本对话应该是教师为扩大自己生活视野，提升自我人生境界，丰富自身精神底蕴，确认个人价值指向的一种自觉自愿的行为，使自己能够以一种自然的心境和自由的态度去与文本对话。在这样的对话中，有思想的交流和碰撞，有美感的激发与生成，最终使自己处于至于"真"，达于"善"，臻于"美"的境界，获得精神享受，而后才能在课堂教学中进行卓有成效的对话。

第四节　徽派语文的生命体验

徽派语文的课堂应该是教师、学生生命得以激扬的精神家园，不应该只是教师教知识、学生学知识的场所。理想的语文课堂应能激活生命的潜能，提升生命的意义，凸现生命的灵动。因此，我们的语文课堂教学应该通过积极、有效的语言文字训练，拓展探究的空间，激活情感的思维，点拨感悟的对话，构建和谐的关系，创设生命的情景，让学生的身心作为生命体参与其中，让语文课堂充满人文关怀，充满情感和智慧的魅力，焕发出生命的活力，为学生提供生命发展的良好土壤。那么，我们应如何使语文课堂凸现生命的灵动呢？

一、拓展探究的空间

课堂，因为有了活生生的生命，才焕发出无限的生机。我们应该在课堂上积极拓展探究的空间以激发生命的力量，通过师生互动燃起师生的生命之火，激发师生的生命之力，让师生在获得成功的喜悦中，不断走向更加成功的未来，从而构建激扬生命的课堂，使师生个性发展、灵性飞扬。学生是为乐知而知，为乐学而学，为乐做而做；教师是为会教而能，为善教而强，为从教而荣。如在教学《赵州桥》一课的第一自然段时，我让每位学生把自己当作赵州桥进行自我介绍。于是，学生积极性陡然高涨，一位学生这样介绍："我叫赵州桥，小名济桥。我出生在河北省赵县的河上，我是隋朝的工匠李春生下的。今年我已经1300多岁了。"学生把自己当作赵州桥自豪地向别人介绍自己，课堂成了学生自由发挥的欢乐天地。又如课文最后一个自然段概括了赵州桥是古代劳动人民智慧和汗水的结晶，是中华民族的骄傲。在教学这一节时，我向学生提了这样一个问题："如果赵州桥的设计师李春带着工匠们来到我们身边，你怎样采访他们？"我让同学们小组合作，一人做记者，三人做被采访者，然后全班交流。在教学中，学生穿越时空所做的采访、交流，是学生真实的内心体验，是一种无形的心灵感染，对学生的影响是"随风潜入夜，润物细无声"的，这样的采访设计也是学生所喜闻乐见的。这样的设计，拓展了课堂的空间，使古老的赵州桥焕发了生命的活力。

二、激活情感的思维

"世界上没有两片完全相同的叶子。"每个学生都是一个独立的生命个体，生命个体间的各个方面都充满着差异，语文课堂教学就是要将这种差异作为一种教学的资源，引导学生进行阅读感悟，激活学生的情感思维，创造条件展现学生丰富多彩的个人世界。《凡卡》一文中有这样一句话："……我原想跑回我们村子去，可是我没有鞋，又怕冷……"首先，我让学生读这句话，与插图相对照，并向学生提了这样一个问题："为什么鞋店有那么多鞋，而凡卡却说没鞋穿呢？"一石激起千层浪，学生主动探究的热情被调动起来了，他们七嘴八舌，纷纷议论，有了独特的感悟。有的说："鞋是卖钱的，他那样穷，哪能买得起，只有有钱人才能穿上鞋。"有的说："课文中说莫斯科是个大城市，房子全是老爷们的，自然，鞋店也是有钱人光顾的地方。"……接着我又问："当老板看到凡卡大冷天不穿鞋时，为什么不送他双鞋穿呢？"经过讨论，学生很快就明白了：那些有钱人是不会可怜、同情、帮助穷孩子的，有的还凶残地虐待他们。这一教学细节，让每一个学生体验、感悟到了生命的精神世界，拨动了学生情感思维的琴弦，打开了学生思维和想象的空间，让他们发出了属于自己的心声，产生了自己的思想，彰显出生命的多姿多彩。

三、点拨感悟的对话

在课堂教学中，师生与文本之间对话的目的在于引导学生进行创造性思维，对话的特点不是单向的，而是多向的；不是死板的，而是灵活的；不是固定的，而是变化的。在教学中我们应以问题作为发散点，在文章的领域里去探索更大的空间，从而获取新的知识，培养思维能力。在课堂上或文章中选择恰当的触发点，激发学生从各个角度求答的创造性热情，通过联想、补充、借意发挥，以求掌握作品的广度和深度。小学语文教材中，有些文章、教材在呈现时出于某种考虑，会留下一定的空白，这就为学生想象创造了广阔的空间。我们在教学时，可根据学生的兴趣、已有知识水平和可接受能力，来点拨学生思维的方向，鼓励学生展开大胆而又合理的想象。这样就可以顺理成章地突破重点、难点。例如《小英雄雨来》记叙了这样的情境：雨来被鬼子拉走后，人们听到几声枪响，以为雨来再也回不来了。可是，过了一段时间，他却从水中冒了出来。雨来是怎么脱险的？课文只做了简单的交代：雨来趁鬼子不防备，一头扎进河里游到远处去了。这里是一个难点，学生一般不容易理解。教学时，我们可以引导学生想象：鬼子为什么会"不防备"？是怎样"不防备"的？雨来跳水后是怎样躲过敌人射击的？他又是怎样避开敌人搜索的？在引导学生想象的基础上，再通过对话，把这些情节、细节的设想讲出来，既可使雨来机智、勇敢的形象更为丰满，又能及时突破难点，有效地活跃思维，提高创造想象的能力。

四、构建和谐的关系

理想的课堂，应拆掉教师心中的三尺讲台，广设倾诉平台和倾听通道，为释放精神与情感提供顺畅、多元的通道，让学生在语文课程的广袤时空里自由言说，从而真正建立起平等、融洽的师生关系，使得语文课堂成为学生与文本、学生与学生、学生与教师之间平等对话、有效交往的乐园。

如北师大版新课程语文教材里有这样一个内容：请小组同学分角色表演乘坐公共汽车。教师在教学时就带领同学们"乘坐公共汽车"在教室里"旅行"。她当司机，引导学生充当乘客的角色。有的学生从座位上跳了出来，有的爬到了桌子上，有的……课堂不再像以前那样平静，课堂成了学生的天地，学生成了课堂真正的主人。"司机"和"乘客们"讨论的内容涉及：怎样报站、遇到交警怎么办等。教师自己"开车"，带领学生以小组为单位进行表演。他们的表演声情并茂、神气十足，有些动作是那样天真、活泼、滑稽，逗得下面的同学不时传来阵阵掌声。下课了，8个小组中的5个小组得到了表演的机会，还有3个小组的同学对老师说："老师，下节课让我们演一演吧！我们一定会表演得更好。"表演能融洽师生关系，在课堂教学提倡民主、平等的师生关系的今天，表演是一剂黏合剂。师生共同表演，营造出宽松的学习氛围，无形中增添了学生学习的动力。有些课文，比如《乌鸦喝水》《曹冲称象》等，还可以让学生自行设计、自做道具，对课文内容进行演示说明，让学生在熟读的基础上，主动充当课文中的某个角色，按照自己的体会，表演课文中的人物与情节，实现教、学、做合一。这样的语文课堂，读演结合，张弛有序；动静结合，师生对话，构建了和谐民主的关系，充满了人文精神的渗透，凸显了生命的律动，能够让学生真正体验到语文的乐趣。

五、创设生命的情景

教师可充分利用孩子活泼、好动的天性，创设一种自由、平等、和谐的氛围，在师生的对话、活动、交流中进入真情交融的生命情景。从孩子们喜闻乐见的教学方法入手，把童真、童趣融入课堂，使语文教学富有诱惑力，促使学生好学、乐学。如《老树的故事》是一首儿歌，为了让学生把读课文后的感受用形象的动作、表情表现出来，我在教学时站在讲台中央表演老树，用手持着"胡须"，咧着大嘴，露出笑盈盈的表情。另外几个小朋友在"老树"周围飞来飞去，学着鸟儿叽叽喳喳地吵着，请老树为他们讲故事、朗诵诗。一个学生站在不远处，向"老树"发问："老树爷爷，您有多大年纪了？您肯定有很多很多故事吧！您能给我唱首歌吗？"另一位学生说："您看，那么多小鸟落在您的身体上，把您漂亮的衣服都弄脏了，您不生气还笑哈哈的，我想问一问，这是为什么？""老树"说："我很爱这些小鸟，它们跟我成了好朋友，我也很关心你们人类，你们人类爱我们吗？"这样充满情趣的对话，创设了有生命活力的课堂情景。有趣的表演赢得了台下小观众的阵阵掌声。"老树"不仅回答了小朋友们的问题，而且说出了一些课文里没有用文字写出来的内容，这在一定程度上把学生对课文的体验推向了高潮。在富有生命活力情境的表演中，学生受到了爱护自然、保护生态的教育。

六、关注情感的高涨

语文教学不光要把语文从课堂延伸到学生的生活中，还要触及学生的心灵，让学生吐露心声。当学生有了学习的热情、创造的激情，那么课堂自然会成为他们情感激发、心灵对话的精神乐园。如我在教学《火烧云》一课时，在教完课文之后，为了让学生感受火烧云形状变化多、快的特点，感受火烧云的美妙，就用多媒体展示了火烧云的变化。然后我问："火烧云还会怎么变？"学生们七嘴八舌，兴致盎然，有的说："忽然天边跑来了一只羊，紧跟着一只狼也来了，羊拼命地跑，转眼间，就不见了，狼也不见了。"有的说："你们看，那边，穿着风衣的猫也来了……"同学们争先恐后，说得头头是道，笑声不断。我看到同学们的情绪已被调动起来，就接着说道："火烧云颜色美，变化如此奇妙，想不想夸夸火烧云？"学生纷纷道："想！"一位同学动情地说："啊，火烧云，你是大自然的奇迹。"还有同学说："火烧云，你美化了天空，美化了人们的生活，我要高声赞美你。"

七、赏识绚丽的质疑

教育的根本任务应是促进学生的发展，离开了学生的发展，教育就失去了依托和生命力。我们每个教育者都应从学生的个性出发，培养学生的独立人格，发展学生的个性才能，从而使学生健康成长。苏霍姆林斯基曾经有一个十分精彩的比喻："要像对待荷叶上的露珠一样，小心翼翼地保护学生幼小的心灵。"这种保护就是一种教育。在课堂教学中，我总是用鼓励的语言让学生亮出自己的观点，允许学生独树一帜、随时质疑、保留看法，使每一节课都能成为学生施展才华的舞台，让学生尽情展现个性。每个学生都有发展的潜力，这需要教师在以促进学生发展为终极目标的前提下从不同视角、不同层面去看待每一个学生。在凸现生命的灵动的课堂中，师生的对话应立足于学生的个性发展，教师应努力以真诚的语言、和蔼的表情、期待的目光、宽容的态度来有效地调控评价的过程，要学会赏识学生，学会运用赞美的语言来鼓励学生。

八、体验生活的联想

"问渠哪得清如许，为有源头活水来。"生活是语文教学的源泉，也是语文学习的课堂，将多姿多彩的生活引入课堂，必将激发学生的学习兴趣，唤醒学生的生活体验，促进学生对语言文字的感悟。2008年奥运会是举国上下瞩目的大事，课文《向往奥运》淋漓尽致地抒发了作者对北京申奥成功无比激动、自豪的情感。教学前，我让孩子们到图书室或上网查询有关奥运会的趣闻和北京市筹办2008年奥运会的资料，了解2008年奥运会的标志、口号、主题，然后交流所收集的资料；教学中，为了进一步加深对奥运的了解，我播放了北京申奥成功举国欢庆的录像、雅典奥运会的精彩片段；教学后，我鼓励学生说自己的看法，写自己的感想、体会。在这些看、读、听、说、写的过程中，同学们感受到了奥林匹克精神，增进了对和平、友谊、进步的向往，提高了语文表达能力。

　　课文中有些材料是人们在日常生活中经常接触的，作者为了节省笔墨或为造成一种含蓄而耐人寻味的意境，仅用概括性的语言粗略勾勒，未加详细描述或解说。教学时，可让学生根据前后文和自己的生活经验细化内容，使之变得更具体、更实在。如教学《游园不值》中的"满园春色关不住，一枝红杏出墙来"时，诗人未能入园游览，但是他见到了出墙的一枝红杏，便据此想到园子中的无限春光。"满园春色"究竟是什么样子，我让学生联系自己的生活经验自由想象，可以用语言描述，也可以用色彩描绘。我引导学生根据"满园春色"，结合自己的生活体验，积极联想，重新作诗画画，之后再进行小组和全班交流。这样，既可加深学生对诗歌意境的理解，又促进了学生想象能力的发展。

综上所述，假如语文课堂教学是"一盘珍珠"，那么教学方法就是"一根线"，教师要用心去穿好这一串"珍珠"，使课堂教学成为鲜艳夺目的装饰品，成为激昂学生生命的精神家园。在阅读课的教学中，我们应该建立平等、和谐的师生关系，充分尊重学生的人格、情感，把学生当作"知识源"，而不是盛知识的容器，把课堂构建成一个美好的精神家园，使学生主动地、兴趣盎然地去学，做到真正使"阅读教学成为学生、教师、文本之间的对话过程"。

第五节　徽派语文的维度探究

小学语文理想的课堂应该是什么样的呢？毫无疑问，它应唤醒学生沉睡的潜能，点燃学生智慧的火花，能够成为师生互动、心灵对话的舞台。要构建和谐的生态课堂，必须把握好一定的"度"。所谓"度"，是指事物所达到的境界。徽派语文的生态课堂要达到的境界是什么样呢？

一、以师生关系为起点，把握和谐的程度

要想构建和谐的课堂，就要让生命鲜活。首先是师生关系要呈现和谐之美。教与学的关系应该是平等的、和风细雨式的，教师要想学生之所想，急学生之所急，乐学生之所乐，忧学生之所忧。课堂上，一切顺其自然，教师顺学而教，学生顺心而学，师生同处于教与学的快乐之中。其次

是生生关系要显现生态之美。学习是学生的个体行为，教师要在引导每个学生主动学习和独立学习的基础上，加强合作，引导学生在讨论、探究、互动中学习，实现共识、共享、共进。要充分发挥语文的功能，通过阅读、思考、实践和体验，让语文真正进入每个人的生活中，唤醒他们的生命意识，丰富他们的生命内涵，提升他们的生命质量。

二、以学生开窍为基准，把握提问的角度

生态课堂提问的角度是多样的，最佳角度在哪里呢？就是要使学生"开窍"。教师为使学生"开窍"，应注意转换提问视角，采取"一例多问"，即对同一例句从多种角度提出问题，以开阔学生思路，活跃学生思维。教学实践证明，同一个问题，由于提问角度不同，效果也往往不一样。所以提问应当尽量回避"是不是""怎么样"等一般化、概念化的套路，变换出新颖的角度。例如，在教学《落花生》一课时，为了研究文章的结构，教师一般向学生提出这样的问题："全文可分为几个部分？每个部分的意思是什么？"在教学时，我一反常规地发问："这篇课文是由三幅生活的画面组成的。每幅画面上有背景，有人物形象。请你找找看，是哪三幅画？"不难看出，前者是按套路来提问，容易使学生感到腻烦；而后者别开生面，以学生"开窍"为目的，能使学生感到新鲜、有趣。

三、以认知水平为前提，把握问题的难度

和谐的生态课堂的提问要适合学生的认知水平，把握问题的难易程度。教师提出的问题应是学生在未认真看书和深入思考之前不能回答的，还应是班里大多数学生经过主观努力之后能够回答的。就如树上的果实，既非唾手可得，又非可望而不可即，而是跳一跳才能够得到。教师的提问应难易适度，如果问题过难，学生望而生畏，就会挫伤学生思考的积极性；如果问题过易，学生不动脑筋就能轻易答出，也就无法提高学生的思维能力。在教学过程中，教师提出的问题学生答不出，这是常有的事。原因往

往是教师的问题难度过大。这时，教师应想方设法"化难为易"，避免陷入"启而不发"。例如，在教学《詹天佑》一课时，我设计了这样三个小问题：①课文第一句话是个总起句，请从这句话中找出詹天佑的两大特点。②根据这两大特点认真阅读课文，并思考詹天佑的"杰出"表现在哪里，"爱国"表现在哪里？划出相关的句子。③用小标题概括出表现人物特点的几件事。以这样的问题引领，环环相扣，步步深入，化难为易，使学生都能"跳一跳摘到果实"，跃到思维的最近发展区。

四、以思维距离为台阶，把握问题的坡度

有的心理学家将问题从提出到解决的过程叫"解答距"。所谓"解答距"，就是让学生经过一番思考才能解决问题，让思维的轨迹有一段距离。一般来说，根据"解答距"的长短，提问可分为四个级别。第一级属于初级阶段，学生只要参照学过的例题、例文，就可以回答教师所提的问题。这样的问题，属"微解答距"范畴。第二级属于中级阶段，所提问题并无现成的例子可以参照，但不过是现成例子的变化与翻新。这样的问题，属"短解答距"的范畴。第三级属于高级阶段，所提问题要求学生能综合运用学过的知识进行解答，属"长解答距"的范畴。第四级是高级阶段的发展，属创造阶段，要求学生能采用特有的方式（无现成方式参照）去创造性地解决问题，属于"新解答距"的范畴。教师应从学生实际出发，合理调配问题的坡度，为学生增设台阶，使之能拾级而上，直达知识的高峰。在教学《草船借箭》一文时，我曾根据借箭的过程，精心设计了四个台阶式问题：①为什么借？②怎么借？③结果如何？④通过借箭说明周瑜和诸葛亮是怎样的人？这几个问题，由于"解答距"的长短不一，问题形成了坡度，调动了学生思考的积极性。

五、以正确思路为引导，把握问题的密度

传统课堂中的学生在教学过程中始终处于被动地位。学生学习的内容、

学习的进程、学习的方法，全由教师一人决定，学习的过程是教师把定论"喂"给学生，学生只能服从，不能怀疑；只需接受，无须创造。这些都恶化着语文教学的环境，哪里还谈得上以人为本，关爱生命？要关注学生的身心健康，净化语文教学的环境，就必须重视课堂和谐生态环境。适度的课堂提问具有诊断学习、激发兴趣、集中注意、启发思维、反馈调控等功能。因此，教学中切忌"满堂问"，应控制提问密度，将提问与讲授、讨论等方法结合起来使用。

六、以学习心理为标尺，把握练习的强度

在语文生态课堂中，教师必须以学习心理为标尺，把握好练习的强度。这里的"强度"应指生态课堂中引导学生自主学习驱动力的强弱，而非训练的量和度。生态课堂应该能产生高质量、高效率、较理想的学习效能，体现为"主体张扬""兴趣持续""交往真实""思考质量""生成能力"。譬如重点或难点章节，可以在反馈课上，以分层的方式进行加强训练。可以有多种方式，比如练习的形式、竞赛的形式、演讲的形式……可以由教师主导，因学生掌握情况设计，也可以让学生相互测试。如果教师觉得强度不够的话，补充练习可以根据课程的需要来设置练习量。我们是通过导学练的方式进行的，有周导学练和月导学练，采用检测考试的形式分阶段、有重点地进行强化训练。导学练的内容由教师根据学生在导学案中反映出来的问题进行针对性的设计，重在巩固、完善。自育自学的生态课堂，以学习心理为标尺，重在自研检效，展示课有同步演练、当堂反馈，当日有巩固分层导练，阶段有单元检效性训练，月度有综合性测试。一切训练均在课程规划中，并自然形成质量预控体系。训练切不可随性、随意。

七、以课堂结构为抓手，把握提问的深度

在通常的教学中，学生难以把握教师提问的目的，也难以把握不同提

问之间的关联。在缺乏整体感、节奏感的情况下，"线形结构"的课堂导致学生认识单一。生态课堂的问题引领呈现的是相互关联的问题，帮助学生在关联中认识关联，在整体中认识整体，在知识学习中培养思维能力，避免水来土掩的应对策略，使学生走出"问题黑洞"。课上学生有充足的心理空间进行适当的独立深思与合作交流，加之精当的教师点拨，构建形成"自学自研—合作交流—教师点拨"的课堂结构。现以《白杨》为例说明如何以课堂结构为抓手，把握提问的深度：

第一，初读阶段设计了这样一个导学问题：你认为白杨树美在哪里？通过解决这个问题，学生不仅感受到了白杨树的形美，而且认识到了白杨树的神美，这为学生在后文学习白杨树的象征美做了铺垫。

第二，深入阶段设计了这样一个导学问题：孩子们能否像小白杨一样扎根边疆呢？我们可以从"爸爸"的神态变化中找到答案。下面我们重点研究这一问题。（把题目展示在屏幕上）

①两个"沉思"：前面写"爸爸"看到白杨树沉思，沉思什么？为什么会沉思？后面写"爸爸"又"陷入沉思"，"爸爸"为什么沉思，沉思什么？

②两个"微笑"：前面写"爸爸"听到孩子谈论"是伞是树"，为什么"微笑"了？后面写"爸爸"看到"在一棵高大白杨树身边，几棵小树正迎着风沙成长起来"时，为什么"嘴角又浮起一丝微笑"？

第三，拓展阶段设计这样一个问题：你能不能运用象征手法，选择生活中你熟悉的花、草、树、木进行一番外形品性的描绘，并且揭示出它的象征意义呢？

生态课堂上的问题引领可以优化课堂教学环节，提高课堂教学效果，产生认知的冲突，促使学生积极思考。有效的课堂提问可以激发学生的思维活动，培养学生的思维性、独立性和批判性。

八、以语文课本为内容，把握学习的效度

认真解读文本，就能找到课堂和谐生态大门的钥匙。根据一般经验或传统做法，拿到一本教材，我们不是急着去翻阅手上的教学参考书，就是忙着寻找教案，而往往忽略了对文本进行详尽的解读。其实，认真解读文本尤为重要。只有认真解读文本，语文教师才能创设情境，指导学生将自己的人生体验、个人情感与文本交融在一起，实现师生情、作者情的和谐共振，在美与智的融合中形成健康的个性和健全的人格。因此，教师对文本解读的深度与宽度直接影响了语文课堂的和谐生态。例如，在教学《我的发现》一文伊始，我用谈话导入，引领明晰目标："书读百遍，其义自见。平时拿到一篇文章，你肯定会读好多遍，你一般会读些什么？怎样读？"然后通过多媒体展示读书方法：浏览全文，知其大意——把握文章的主要内容；品读句段，读出感受——理解重点句的含义、体会作者的感情；领悟写法，学以致用——体会和运用表达方法。这样读文章，才能闻到墨香，才能读出文字传达给我们的意韵，才能为我所用。

这一教学设计是根据《我的发现》编写的，体现了下面几个理念：其一，"把握主要内容"是整体感知课文的有效方法，是品读句段、读出感受、领悟写法、学以致用的坚实基础，明确"把握主要内容"在整个阅读过程中的重要作用。其二，本设计是根据课文教学内容确定的，在《我的发现》中，运用小林与小东对话的形式，讨论如何"把握文章的主要内容"，得出"意思合并法"是把握主要内容的重要方法。其三，复习和巩固"把握文章的主要内容"的知识，通过回顾大量的、典型的课文材料强化和提高学生能力，使之达到融会贯通的效果。这样的生态课堂，能达到实效、速效。

九、以教师用书为参考，把握知识的广度

和谐生态课堂要求教师以教师用书为参考，把握好知识的广度，对教

学进行动态设计，这样才能增加学生活动空间和体验空间。因为课堂有了学生的活动，就不可能一成不变，课堂上所发生的一切，便不能在备课时全都预测到，教师应按课堂的具体行进状态来设计教学，根据课堂随时出现的新情况调整教学安排。例如在教学一些叙事的长文章时，我常常按要素罗列法找出文中的四要素，并合理组织它们，设计巧妙的问题来引领导学。我在教学《桥》一文时，指导学生通过找四要素——时间、地点、人物、事件来学习。一般情况下，学生在自主阅读后，都能罗列出来《桥》的基本要素——①时间：下着大雨的黎明。②地点：木桥前。③人物：老支书。④事件：老支书不顾自己的儿子舍身救群众。主要内容：下着大雨的黎明，在木桥前的老支书不顾自己的儿子舍身救群众。在生态课堂教学实践中，有活力的课堂都是按动态的教学设计来进行教学的，而不是按照教师备课时规定的路线亦步亦趋的。教师的创造才能和创造乐趣在处理这些活动的情境中得到发挥与体现，学生也因为教师顾及了他们的存在以及他们在课堂上活动的多样性，才会满怀热情参与课堂学习。当师生全身心投入课堂教学中时，课堂也就显露出无限的生机来。

十、以课程标准为依据，把握课堂的高度

《课标》是教学起始的依据，也是教学结束的评价目标，课程标准的高度，就是我们生态课堂的高度。如课标中对"主要内容"的有关叙述，第二学段："能初步把握文章的主要内容。"第四学段："理解主要内容。"从以上的阶段目标中，我们可以感悟到：第二学段用了"初步"，而第四学段没有用"初步"，这说明各学段对理解主要内容的要求不同，应有一个由易到难、循序渐进的过程。教学设计中，第二学段是"初步"，而第三学段应提高要求，所以教学目标中就不用"初步"了。在第三学段的分目标中，没有提到有关"主要内容"的词句，但绝不是第三学段就不要"把握主要内容"的训练，而是要做好二、四学段的衔接工作。在教学设计中，"把握文章的主要内容"包括"怎样把握"和"把握得怎样"，故教学目标是提"方法"的要求，提"呈现形式"的要求。可以说，标题与教学

要求的"度"是吻合的。

综上所述，生态课堂构成了一个微观的生态系统，教师、学生、环境三者之间形成了一种相互依存、相互制约、多元互动的关系。生态和谐的语文课堂追求的是师与生、人与文、情与理、导与放、思与悟等方面的平衡、统一、亲和、融洽，打造一种自然、和谐、开放、创新的语文课堂。和谐生态课堂，不再是实验的跑道，而是达成个人转变的通道，它应具有非预设性和发展性，其课堂教学的节奏、内容、语言、活动等都应是动态生成的，教学过程充满变化和灵动，充满诗意和创造。所以，要给学生留有较大的空间让其生疑、质疑、辨疑，并引导学生跳出教材，扩展探究，给学生评点的自由。这就要求语文教师要拥有一双慧眼，敏锐地发现、捕捉这些资源并加以利用，在文本对话、师生对话、同伴对话中互补、互构、互融，从而真正成为学生的朋友和学习的伙伴，让课堂场景变成一幅幅鲜活而生动的画面，流淌出生命的亮彩。

第三章　徽派语文的智慧方法

第一节　徽派语文的阅读观念

阅读教学就是让学生理解文章，把文章读懂，然后做阅读题，这其实是阅读教学的一个误区。立体的阅读教学要在更广的层面、更高的视角去理解和实施，构建立体的阅读教学方式，使教学真正唤醒学生的阅读体验、阅读联想、阅读辨思、阅读开放，从而真正激发阅读的自觉，读能正解，读而有悟。学生有了这种阅读的功底和悟觉，阅读理解起来自然就能统揽全局，得心应手。

崔峦老师指出：阅读教学要和分析内容说再见。然而，现在语文教学的通用模式"基础过关—整体感知—重点段落阅读—阅读迁移"，其目标就是培养学生所谓的"阅读理解水平"。问题是语文老师在阅读教学上殚精竭虑、煞费苦心，不仅用课文这一"例子"不断培养学生阅读水平，还找了很多课外佳作设计题目让学生进行阅读训练。可从现实的情况看，学生的阅读水平还是难以见长。这一状况值得我们好好反思：一方面，阅读教学要在策略上调整，多让学生阅读，让学生阅读后不断增强"文感"；在阅读内容上拓宽，让学生阅读各种文体，熟知各种文体的特点；在阅读方法上进一步改进，帮助学生不断优化阅读的路径。比如要让学生沉入文本，思考和解答阅读题要按照正确路径，直接与出题者的思路接轨，用比较规范的答题样式和词语，提升正确率。另一方面，阅读教学的方向要转变，要改变只是为了"理解"，为了提高学生答题得分而进行阅读教学这样一种很狭隘、很偏颇的教学行为。语文教学的重要任务是培养学生的阅读习惯。要在更广的层面、更高的视角去理解并实施阅读教学，学生有了这样阅读的功底和觉悟，然后再去做阅读题目，自然就能通揽全篇、居高临下、融会贯通，从而顺着作品的思路"依乎天理，批大郄，导大窾，因其固然"，从容应答。

一、阅读体验，唤起学生觉醒

《课标》指出："阅读是学生的个性化行为。阅读教学应引导学生钻研文本，在主动积极的思维和情感活动中，加深理解和体验，有所感悟和思考"。所以，必须给学生独自钻研文本的时间，这样，学生才能静下心来走进文本。

徽派语文的教育观认为，阅读教学首先应该唤起学生的阅读体验。文章总是生活的反映，学生则是生活的主人。文本呈现在学生面前，老师第一要务是引导学生到文章的陌生中找熟悉，找"似曾相识"，唤起学生的生活经验和积累，引他们走进作品，将作品中所写的内容与自己的直接或间接的生活经验进行碰撞、融合，产生阅读兴奋，进行阅读体验，渐渐地感知作品。阅读教学首先应当唤起学生的阅读体验，引导学生在阅读时能如临其境，在境中思，在境中悟，这样方能登堂入室。由于时代、地域等的差异，学生的阅读体验有时还是难以逼真的。这就要求老师为学生的阅读体验创设必要的条件，比如提供必要的文本材料唤起学生的生活经验，运用多媒体为学生营造相关背景，等等。学生的情感被调动和激发起来，他们在体验的基础上理解，才能真正地理解作品，也才能真正提高阅读理解水平。

二、阅读感悟，激发学生联想

徽派语文的阅读教学需要激发学生的阅读联想。阅读是一个复杂的思维流程，学生阅读某篇作品不可能就是眼睛直勾勾地只盯住文本不放，他会由文字而"思接千载，视通万里"，关键是教师要善于激发这种联想，要对学生的联想进行正确的引导，既促使学生扩展思维，又保证这种联想的正确方向和相关视域，避免联想的不着边际甚至游离。我们说，一旦学生的联想行走在正确的轨道上，他们对作品的理解就能更全面，更有广度。例如，在教《神笔马良》一课时，我引导学生联想："马良用神笔帮助穷人做了哪些好事？假如你有一支神笔，你会用它画什么？把你的想法写下来。"学生们有的说："假如我有一支神笔，会画出许多双明亮的眼睛，送给盲童，让他们看到五彩缤纷的世界。"有的说："假如我有一支神笔，我会画出各种各样的书，献给希望工程，让希望工程把这些书捐给失学儿童，让他们重新感到读书的快乐。"有的说："假如我有一支神笔，我会描绘美丽的地球姥姥，让她的脸不再那么脏，那么黑了，让她穿上公主般的衣服，让和蔼可亲的地球姥姥回到她年轻时的样子。"引导学生由实处联想感悟到虚处，就是注重实践，超越自我。这样的联想感悟虽然是让学生写下来，但学生必须在研读文本、感悟内涵的基础上加以探究，发挥想象。有了这样的阅读联想，形成了这样的独立认知，学生就会不只看表面现象，还会综合起来思考和评价，而学生一旦养成了这样一种阅读联想品质，形成了全面思考的习惯，他们的阅读水平就会到达一个新的高度，他们回答问题就不会片面、残缺、浅显，而会客观、有力度，有深度。

三、阅读比较，活化学生思维

徽派语文的阅读教学需要引导学生进行阅读比较。学生阅读时为什么常常打不开思维、思路凝滞？就因为没有比较的习惯，更谈不上善于比较。为此，我们要让他们打开思路，在阅读某篇文章的时候，要善于将本篇及与其相关联的篇目、内容联系起来，时不时地拿来与本篇做比较，让比较贯穿阅读的始终。这样的比较阅读不仅能够打开阅读的思路，更能加深对本篇的理解，提高阅读的准确率。有时，为了体现某一字词在文中的特殊含义和作用，可先把这个字删减，使原句与删减后的句子比较，体会其含义和作用，达到欲扬先抑的效果，使学生体会语言的情味。比如，

《一夜的工作》中有这样一句话："花生米并不多，可以数得清颗数，好像并没有因为今晚多了一个人而增加了分量。"为了能使学生正确理解"好像"一词在文中的神奇作用，可这样教学：①展示这句话，让学生细读。②删去"好像"，老师问："花生米增加了吗？"学生觉得并没有增加。③让学生把"好像"一词加上，细细体会句子的意思。教师问："花生米增加了吗？"学生认为花生米增加了，但增加得很少，少得让人看不出来。通过前后对比，学生了解到，即使多了一个人吃，总理吃的花生米还那么少，可见，平时总理吃的还要少。作者借助"好像"突出了周总理一夜劳苦工作后的俭朴生活。再如，《狼牙山五壮士》与《董存瑞舍身炸暗堡》两篇课文都是写壮烈牺牲的英雄，可比较的点至少有三处：开头、结尾、用一件典型事例写人。实践证明：三个比较点中，通过结尾的比较，了解"豹尾"的好处，使学生真正能有收获。比较的形式可以是多方面的：可以多篇进行比较，也可以就一篇中的不同段落进行比较；可以是相同作家的不同篇目进行比较，也可以是不同作家相近风格的作品进行比较；可以从思想内容、社会背景、人物形象、写作技巧上进行比较，也可以从形式上进行比较；等等。通过比较阅读，启发学生多角度地思考问题，在自读、自省、自练中启发、领悟、提高，学会全面、具体地分析问题，把握事物之间的本质联系，更清楚地认识文章的特征。我们说学生的思路一旦打开了，他们就会让自己的思维更缜密，从而在比较中悟出答案。

四、阅读批判，引领学生辨析

《课标》指出："在理解课文的基础上，提倡多角度的、有创意的阅读，利用阅读期待、阅读反思和批判等环节，拓展思维空间，提高阅读质量。"因此，阅读教学应该在努力倡导自主、合作、探究学习方式的基础上，引导学生进行积极的阅读期待、阅读反思与阅读批判，从而让学生真正做学习的主人。阅读教学需要帮助学生自觉阅读辨析。阅读教学要培养学生的辩证思维，引导学生去辨析作品主旨、手法等，使学生理解作品时能更准确、更到位、更多元，也更有深度。为什么我们的学生在解答阅读题时会出现片面、绝对的错误，就因为他们不善于辨析，答案自然也就不能大气、全面。比如思考《丑小鸭》一文的主题时，学生容易产生思维定式，以"只要拼搏，身处逆境也能改变命运"作为最贴切的主旨理解，而不善于全视角思考：拼搏还涉及正确的目标、坚韧不拔的毅力、外界条件的帮助、灵活机动的策略等。引导学生去做一些辨析，会让他们养成多角度、全方位考虑问题的习惯，优化他们的阅读理解品质。这种品质一旦形成，学生分析问题就比较周全，答题也就容易拿高分。例如，在教学《生命的林子》一文时，我引导学生不断地反思，如反思文中人物，玄奘为什么苦心修炼后又动摇；反思自然，为什么没有竞争的树木反而长不高大；反思实践，我们在班内学习要不要竞争……所有这些反思都可以在不断的阅读过程中得以实现，而学生在阅读反思的过程中可以很好地联系生活、自然、学习的实际，在这个过程中他们感悟体验到文中所阐述的道理："一个成才的人是不能远离社会这个集体的，就像一棵大树，不能远离森林。"在这一节课的教学过程中，有一个学生对引导提出质疑："灌木成为薪柴，薪柴还可以烧，就好像我们人可以做各种不同的工作呀，怎么说灌木就没有作用呢？"学生经过阅读、讨论，终于得出：一棵树的作用不仅仅是作薪柴来烧，还应该有更大的作用。就好像我们人一样，应该发挥自己最大的作用！阅读过程中，学生的看法不一定全面，但这种批判精神很可贵，我们应及时给予鼓励。因为，阅读批判的培养是由低往高、由片面向全面的辩证发展过程。我们不要求每个学生的意见都十分正确，只要长期坚持这种批判性思维训练，学生就会从幼稚走向成熟，渐渐炼成一双"火眼金睛"，正确区别事物的真假虚实、美丑善恶，而且学生的辩证思维能力将得到提升。阅读批判，可以从"高于作品"的视角，对文本内容和形式进行肯定、阐发、拓宽、补充等；可以从"吹毛求疵"的角度，对作品的内容和形式进行反驳和匡正；更可以带着读者自己的品位进行更有高度和深度的解读，张扬读者的个性，真正实现个性化阅读。当然，作为老师，对学生的"批判"应该是独具慧眼的，评判时要特别看重其"个性化"的表述。

五、阅读换位，点拨学生透悟

徽派语文的阅读教学需要刺激学生阅读换位。语文教学首先要让学生把文章读清楚弄明白，然后就要尽力地带着学生去揣摩作者为什么要写这样的文章，为什么要表达这样的主旨，为什么要这样安排结构，为什么要运用这样一些技法。在此基础上则要深入一步，引导学生阅读后换位：假如你写这篇文章，你将怎样写？以你的阅读感悟，怎样写得更好？就像学画，先要临摹，把画家的匠心充分悟透，然后创作，画出自己的特色，甚至超过原作。这样一种阅读换位，会让学生更深切地体悟作品的精妙，入理入微地把握作品；会让学生自觉地与作者比照，悟觉原作的高明和不同凡响，更好地与作者"心有灵犀"；还会激发学生的写作灵感，让学生产生写作的冲动。这样一种阅读换位会让学生更深切地喜欢作品，更真切地把握作者所要传达的思想、意蕴。阅读换位是提升学生阅读水平的捷径。我在教学《颐和园》一文时，带着学生一读明了写什么，二读厘清怎么写，三读知道为什么写，在此基础上，让学生进行阅读换位：学习了本文，如果再让你写"颐和园"，你怎么写？这种训练很容易调动学生的积极性，有的想写成游记，用移步换景的方法；有的想写成写景散文，注意写景联想；有的想写成说明文，主要用作比较的方法……学生写的过程变成走近作者的过程，变成对课文加深理解的过程。有了这样的训练，回过头去让学生进行阅读理解，自然能更加到位。

六、阅读观照，引导学生联系

徽派语文的阅读教学需要促进学生阅读观照。打开文本，学生所读的每一篇文章都是过去时，文章表现的思想、展示的文化、承载的知识、传达的信息有的已渐渐消寂，有的经过时代加工融入了现实的情境。在阅读教学中，我们必须有意识地促进学生进行阅读观照。这里有两个维度：一是时代观照。一方面，我们要从继承的角度，厘清作品所表达的思想、所蕴含的文化、所承载的情感，并自觉地用这种思想、文化、情感去观照我们现在所生存的环境、所处的社会现实、所形成的思想观念，等等。另一方面，我们也要有意识地以当今的社会真实、意识形态去对照作品的内容，看看作品对现实有怎样的意义，厘清人类文明发展的时代履痕；二是自我观照。作家陈建功曾经说过："我读屈原，感到自己卑琐；我读陶渊明，感到自己势利；我读李白，感到自己狭窄。"他道出了一个作家阅读文学作品时的心路历程，真实反映了一个善于反思的作家阅读名作时对自己的深刻反省和冷静解剖。我们说，阅读时能自觉地进行自我观照，把自己"放进去"，思索自己所走过的人生之路、所拥有的人生经验、所处的人生境界，让作品进入阅读者的精神世界，成为映照读者主体的一面镜子，那是一种最佳的阅读，是真阅读，是触及灵魂的阅读，是真正走入作品的阅读。这样阅读，会有真情、有真感悟，就能把阅读作为自己重塑自身价值的一个重要渠道，表达阅读的理解才能有自己真正的心声。比如在教学《凡卡》《卖火柴的小女孩》等课文时，我总是要设计一个《我与……比童年》的习作练习。这样的练习需要联系现实、联系自己来回答问题，答得对不对、好不好，很大程度上取决于学生的阅读观照水平。所以，我们在日常的阅读教学中要多引导学生把作品与现实、与自己联系起来，在观照中把握作品的普遍意义和现实价值。

七、阅读探究，铺就理解路径

徽派语文的阅读教学需要铺就学生的阅读路径。阅读教学，学生能不能真正走进文本之中，沉入文本，研读文本，充分把握文本内容，还有一个重要的前提条件，那就是必须走在正确的阅读路径上。当不同的文本呈现在学生面前的时候，学生能不能真正走进去，取决于他能不能根据文本的体裁，找到进入文本的路径。阅读教学需要引导学生去感知、理解文体路径，促使他们真正地去与文本拥抱。如果找到几篇典型的文章，总结出这一类文章文体上所隐含的共同特征，然后试着以这些特征为线索，去阅读理解这些文章，从而建立起阅读这类文体的"图式"：按事情的发展顺序写，按地点变化的顺序写，按时间变化的顺序写，按"总—分—总"的思路写，等等。老师表述的就是要通过努力，形成学生文体阅读的路径。不同的文体有不同的阅读路径，同一种文体阅读路径也有变化。阅读教学中，我们要十分重视这一点，或由老师直接教给学生，或让学生自己去摸索探究。比如读老舍的《美丽的小兴安岭》，你就得像个"散步者"，悠悠地走进作品，慢慢地领略作者笔下的四幅画面——春、夏、秋、冬，悟出作者的视角、情趣，以及艺术手法上的造诣；读《十六年前的回忆》，你就要知世论人，了解那个时代，了解延安，还要熟知过渡与照应，这样，你就会在文章看似"闲散"的叙述中找到内核，在对他人的描写中看到作者的风采。阅读理解其实是阅读流程的最后环节，没有上面一些环节的蕴蓄铺垫，就不可能有对作品的真正理解。所以阅读教学其实是一个系统工程，是一项循序渐进的活动程序，只有前期的工作做到位了，后续工作才能水到渠成。真正到了阅读理解环节，我们要研究和思考的不再是有没有读懂、有没有深入作品，而是如何实现学生的"主体性阅读"，如何避免碎片式阅读而能完整地、理性地阅读，从什么角度去理解，用什么样的方式来表述，如何用文本的相关信息来支撑和证明自己的观点，怎样表述得精准又切合出题者意图，等等。

八、阅读开放，打开学生视界

叶圣陶先生早就说过："阅读是吸收，写作是倾吐。"崔峦先生说过："在我们的语文教学中，一方面要加强阅读教学，另一方面要加强读写联系，做到读写渗透，读写结合。"两代语文教育大师的卓见告诉我们：阅读是作文的基础，阅读好像蜜蜂采蜜，作文好像蜜蜂酿蜜，读和写是相辅相成的，智慧地把握两者结合的策略，学生的作文能力才会逐渐提高。"读写结合"是语文能力训练的必由之路。

读写结合是传统作文教学的一条规律，是前人留下的宝贵经验。徽派语文的教师通过迁移、模仿、创新地练，谋"新"写"异"，注重创新能力的训练和指导，从而走向读写结合的最佳境界。遗憾的是，传统的读写结合的做法，让人们对"读"的界定十分狭窄，仅仅局限于对文章的阅读。"读"的作用是什么？是吸收、感悟、借鉴，是信息的摄取过程。立体阅读的"读"，是一种生活体验，是一种广义的阅读体验。具体地说，应该是读小说，读散文，读诗歌，读文章；应该是读电视，读电影，读网络；应该是读音乐，读美术，读体育；应该是读人，读事件，读景物，读事物。一句话，是阅读生活，体验生活，感悟生活。立体阅读中"读"的过程应该是体验、学习、感悟、借鉴的过程，我们应该强调体验中的启迪、感悟，强调作文的智慧。读法可以各种各样：可以指导学生用眼睛读，还可以指导学生用耳朵"读"，用手"读"，用心"读"，用鼻子"读"，用口"读"……因此，应该树立开放式的大阅读观念，解放老师，解放学生，使大家从阅读的"小胡同"里走出来，把阅读理念的触角伸向教学的四面八方，形成开放式的阅读新理念、新氛围、新环境，努力达到在读中仿，在仿中创，连接读写结合的思维通道；在读中变，向古人学智慧，向今人学文笔；在变中练，架起读写结合的桥梁；在读后感，在悟中练，搜索读写结合的灵感信息。积极做到读中导写，读中悟写，悟中练写，评后创新写。通过读的练习，向古人学智慧，向今人学文笔。通过写的练习，为做人而作文，在内容上求真；以作文促做人，在章法上求善；以作文述做人，在语言上求美。在作文教学中，力求达到读写结合零脱节的美好境界。

徽派语文的教育观认为，新的课程观改造了知识与人的关系，也必将改变人在课程中的命运。课程不是知识的载体或学习内容的运输线，而是人与知识相遇的"场域"。它不是被给定的，而是由人建构的。课程在某种程度上可以被事先设计，但其最后完成必定有赖于学习者与知识的现实相遇。立体的阅读课给人的理解创造尽可能大的空间，它总能吸引人，并在人与知识的每一次相遇中创造出更多的"期遇"。阅读，不仅仅是引导学生读文字，还可以读音像。如，放映科幻片，让学生描述精彩情节；观看音像作品，让学生表演精彩片段；听广播节目，让学生发表观点。还可以模仿广播电视媒体的语言形式，模仿《焦点访谈》《实话实说》《今日说法》《挑战主持人》等节目，让学生担任主持人、嘉宾和观众，讨论学生最关心的热点和难点问题，让学生在讨论中充分发表意见，并能在尊重他人的前提下，乐于表现自己。这样，利用多媒体创设情境，具有生动、形象、逼真的特点，有身临其境的感觉，学生会十分感兴趣。

写是运用语言文字进行表达和交流的重要方式，是认识世界、认识自我、进行创造性表述的过程。在语文课堂上注重写的训练，既是提升学生对语言的积累、感悟和运用的重要途径，又是注重开发学生创造性潜能，促进学生持续性发展的实质保障；既是语文各种能力的良好实践，又是语文素养的综合体现。几乎所有的课文都可以找到写话的切入点：优美恬静的散文，可创设自我想象的情境，写下自己的感受、体验；科学、生动的说明性文章，可组织学生模仿创作；情真意切的叙事性文章，可引导学生展开丰富的联想，或扩写，或改写。其中，教师要把握好文章的情感基调，要把握好学生的情感基调，在文本的空白处生成写的空间，在学生需要写的时候，点燃他们写的欲望与激情。写在课上，情动而辞发。而写在课后，就是积淀内化了。教材无非是个例子，我们既要注重文本本身，又不能拘泥于文本的范畴。课文学完了，一定还有很多内容需要探讨、交流、倾诉，所以不妨组织学生写一写。这既是对课文文本的有限延伸，又是对语文综合素养的无限内化。比如，在教完《大自然的文字》一课后，我安排了这样的写话练习：请试着写一写《我眼中的大自然》《大自然的神奇》《我读大自然这本书》《大自然揭秘》等。

第二节　徽派语文的阅读活动

徽派语文倡导把"以学生发展为本"作为语文课程的基本理念，关注学生的学习兴趣和经验，倡导学生主动参与、乐于研究、勤于动手，形成积极、主动的学习习惯，通过课外阅读的实践，在获得知识和技能的同时，学会学习，形成正确的价值观；教师应改革传统教学方法，由课程的忠实执行者向课程决策者转变，创造性地开发教学资源，通过课外阅读教学模式的优化，改变教师主导课堂、学生被动接受信息的传递方式，促成师生间、学生间的多向互动和教学关系的形成。

《课标》要求"培养学生探究性阅读和创造性阅读的能力"，智慧的语文课堂应该让学生在阅读中加深理解和体验，有所感悟和思考，受到情感熏陶，获得思想启迪，享受审美乐趣，从而实现"有创意地阅读"。徽派语文教学的阅读过程是一个有生命的过程，如果说课堂上的理解性阅读是给生命提供养料的话，那么课外阅读的感悟则是对人生境界的提升。指导小学生课外阅读并非一件容易事。《课标》指出："阅读是运用语言文字获取信息、认识世界、发展思维、获得审美体验的重要途径。"这告诉我们，"语言文字"是一个关键词，获取信息、发展思维、获得亲身体验可以有许多途径，比如看画、听音乐，同样可以获得审美体验，而阅读的载体是语言文字，这是阅读和美术、音乐等的本质区别。《课标》还指出："语文课程是实践性课程，应着重培养学生的语文实践能力"，而培养这种能力的主要途径也应是语文实践。也就是说，阅读是一种行为和实践。培养阅读能力的途径就是课外的阅读实践。因此，徽派语文应该着力探究优化指导小学生课外阅读的方式和方法。

一、徽派语文的课外阅读要优化激励措施

阅读一定要有热情。当学生怀着满腔热情去阅读的时候，方式方法已经退居次要地位；而没有阅读的热情，掌握再多的阅读的方式方法，也是死知识。也就是说，阅读的方式方法必须在学生具备阅读热情之后才具备意义。因此，小学阶段的课外阅读指导，最重要的任务之一，可能不是阅读方法的指导，而是对学生阅读态度和阅读热情等的保护。保护的意义大于方法指导的意义。知识与能力、过程与方法、情感态度与价值观，这是三维目标，我们的阅读教学太过于注重知识与方法了，而忽视过程、情感、态度等方面的问题。而在课外阅读中，没有了考试的压力，我们应该将重点放在过程、情感、态度等方面，只有在这样毫无压力的状态下，才能培养学生纯正的阅读趣味。心理学研究表明，在学习活动中兴趣起着定向和促进的双重作用，小学生思维能力相对低下，再加上贪玩好动，对读

书不可能顷刻间就"如饥似渴"，必须优化激励措施，循循善诱，逐步培养兴趣。

第一，展示阅读过程，激发兴趣。刚入学的小学生之前也接触过课外书，但主要是看着书听父母讲述故事或翻看书中的插图，对课外阅读到底是怎么一回事还不太清楚。教师可为他们选择篇幅较短、浅显易懂的注音读物。教师通过亲自示范阅读过程，让学生明白如何借助汉语拼音，采用一目双行的阅读方法，遇到不认识的字就读拼音。朗读时，尽量发音清楚响亮，不丢字、不添字，并逐步做到流利、有感情。第一学期学生学完所有拼音后，我在每节语文课最后留出三四分钟，有时给学生念首儿歌（儿歌、故事都选自学生人手一份的《提前读写报》），念完后请学生拿出报纸翻到某一版，告诉他们，这首好听的儿歌就是从这里看来的，拼读能力强的学生就会饶有兴致地拼读起来。有时为学生讲一个小故事，故事讲到一半，他们正急着往下听时，请他们翻开报纸，让他们试着在指定的版面找到这个故事，然后告诉学生，我已讲到第几行，请大家边看报边继续听我读，此时我故意放慢语速拼读以便学生眼耳同步或试着跟读。有时还和学生合作，这则谜语几个学生分行拼读老师来连，那首诗歌老师负责一个音一个音地拼，请学生把老师拼的连起来……慢慢地，学生把语文课上学的拼音、汉字和课外书及自己喜爱的儿歌、童话等连在了一起，连接这三者的正是阅读。知道了课外阅读是怎么一回事，有了阅读的需要，学生课外阅读的兴趣就会在潜移默化中被激发。

第二，推荐阅读材料，激发兴趣。随着识字量的增大及受阅读教学的影响，学生逐步具备一定的阅读课外书的能力。我从一年级第二学期起，不定期地以灵活多样的形式向学生推荐一些适合他们年龄特点、接受程度的阅读材料。主要采用以下方法：

设置悬念。向学生推荐书前，为了使学生对这些书产生阅读兴趣，依据推荐的书中的有关内容，设置一些富有情趣的悬念，以此来激发学生的阅读兴趣。如向学生推荐"动物漫谈"系列丛书时，我设计了这样一组问题："同学们，你们想知道小鸟为什么能在树上睡觉吗？你们想了解兔子的耳朵为什么特别长吗？你们想知道世界上什么蛇最大吗？"动物漫谈"

将为你们揭开这些谜团。"简单几句话使学生对书产生了浓厚的兴趣。

赏读节选。许多学生对书本不感兴趣，在于他们没有尝到书本内容的甜头。我在向学生推荐书的同时，有意选取其中优美的段落或引人入胜的故事片段朗读，也会引起学生阅读的兴趣。如我在推荐学生读《生活的镜子》一书时，选读了其中的《梦想》一文，在学生们为故事中的盲童戴维后来实现了幼时的梦想啧啧称赞时说："在这本书中像戴维这样有个性的人还有很多，你愿意和他们交朋友吗？"之后的一段时间，同学们争相传阅这本书。

因势利导。要培养学生阅读的兴趣，老师还得抓住机会，及时推荐。如学生们学了《小壁虎借尾巴》，就向他们推荐《尾巴的功能》一书；杨立伟首飞成功，中国人终于实现了飞天的梦想，就向学生推荐《宇宙的奥秘》等有关太空方面的书。此外像简介主要内容、借用媒体的评价、讲述创作故事等都是不错的方法。总之，在推荐书目上，要尽可能地拓宽学生最近发展区的阅读面，扩展学生的知识面，想办法给他们提供更多的阅读资料，让他们在阅读中品尝无穷的乐趣，从而促进他们阅读兴趣的不断提高，为他们将来博览群书打下扎实的基础。

第三，开展阅读活动，深化兴趣。小学生年龄小，好胜心强，老师随机、随时、随地组织多种形式的交流、竞赛活动，既能提升他们的阅读兴趣，又能及时检查阅读的效果。同时，这些活动为学生提供了展示自己才华的机会，从而强化了学生课外阅读的兴趣。拿办手抄报来说，学生为了办好手抄报，需要阅读大量和主题相关的文章，然后再对所读文章进行选择、编辑、插图，这样才能办出像样的报纸。学生办的报纸无论好坏，我都张贴展览，学生在互相观摩、互相学习的比较中又会悟到很多东西。

二、徽派语文的课外阅读要优化需求取向

过去一般认为儿童阅读的目的就是学文化，学知识。人们往往从"识多少字""读到多少知识点""学到多少写作方法"等量化指标来判断儿童阅读的成效。由于阅读过程中过强的功利性，以及对"知识"概念的狭隘

理解，影响了孩子的阅读趣味、品位和质量。徽派语文应该让孩子爱上阅读，它不是站在成年人社会需要的立场上为孩子设立标准和发展框架，而是充分观察和研究孩子的成长，为他们尽可能提供机会，并尊重他们自己的选择。

第一，徽派语文的课外读物要能满足孩子的心理需求。小学阶段的孩子一般都具有好奇心强、好表现的特点，比较渴望神秘、冒险、刺激。了解了这一点，我们就不会奇怪《活了一百万次的猫》《长袜子皮皮》《窗边的小豆豆》等会成为儿童文学的经典，成为几代人的钟爱；也就不会惊讶《哈利·波特》能誉满全球，《淘气包马小跳》能畅销全国了。当然，教师在个人的阅读习惯中，常常会建立起自己的阅读偏好，或者会对某些书籍形成刻板印象。例如，卡通书对孩子是无益的，只有经典作品对孩子才是有益的，等等。在现代社会中，教师应该以宽容而开放的心态来看待孩子的实际阅读状况。例如，许多卡通书都是有益、有趣的。2001年，来自32个国家20多万名儿童参加国际教育成果评估协会的考试，结果芬兰儿童的阅读分数最高，而芬兰儿童最普遍的消遣书刊是什么呢？59%的芬兰儿童几乎每天都看一本漫画书。这说明我们在选书时不能犯"因噎废食"的错误。教师应避免以自己的阅读偏好来影响学生，平时要留意儿童读物的出版资讯：关注媒体上的推荐图书，但也不为媒体所左右；关注获奖的儿童图书，但也要考虑专家的眼光和孩子的兴趣。在班级为学生选书时，要充分尊重学生的意见，最好由教师、家长和孩子共同组成选书委员会，大家一起来商定课外阅读的书目，这也是培养孩子参与意识和民主意识的有效途径。

第二，徽派语文的课外读物要能迎合孩子对时尚的需求。时尚类图书这几年成为许多出版社的热门选题。走进书店，几米的绘本、朱德庸的漫画铺天盖地。曾经，郑渊洁的"皮皮鲁"和"鲁西西"横扫中国的童话世界，成为中国几千万孩子童话梦中的主人公，郑渊洁也就自然而然地成了"童话大王"。可是，也有人一提到时尚文学，就不屑一顾，把时尚文学看成经典文学的对立物。这种思想本身就是错误的，任何一种新事物的产生都是社会发展的结果，在一定的社会中都有其存在的原因和道理。时尚文学注重实际、求新，适合当代人的阅读心理。现在已进入信息化时代，人们知识的更新更加迅速，这些知识渗透到人们的现实生活中，使人们生活节奏加快，难以求得宁静，人们已经没有很多耐心去读那些经典作品，更愿意读短时间内可以把握的小品、散文、小小说等。这些以休闲、娱乐为主的时尚文学作品，正是反映了重效率、重实际、求新颖的时代特征，以其简约、生动、有趣、个性化的风格吸引了读者，适合当代人心理的需要。适当地阅读自己喜爱的时尚文学作品，可以让学生放松心情，有什么不好？

第三，徽派语文的课外读物要能适应孩子的现实生活。有人曾做过这样一个比喻，他说我们现在的语文教学只是把学生当成马驹，关进马厩，拴上木桩，秣以干草，那么能指望他们膘肥体壮吗？能指望他们日行千里吗？余秋雨先生也曾说过，阅读能启发生命，但更多是浪费生命。他还说，对文化见识而言，更重要的是考察、游历、体验、创造。读万卷书与行万里路相结合，阅书、阅人、阅生活和阅自然相结合，课外阅读和真实的生活就贴近了。孩子们参与和体验生活的乐趣和热情将会影响他们阅读的兴趣和热情，阅读也就变得更有吸引力。要正确利用现代媒介指导孩子阅读，不要畏惧电视和网络快餐，要引导孩子阅读适合他们的"电视和网络快餐"，要充分利用纸质媒介和现代媒介。教师和家长还可以陪孩子看《百家讲坛》《电视诗歌散文》《百科探秘》等节目。当然，在儿童现实的生活中，也有不少"不健康的成分"，谁也没有办法把这些东西从儿童的视野中完全屏蔽掉。可是，孩子司空见惯，习以为常，并没有变坏。因为他们会把这些成分放在自己认识世界的大背景、大知识下处理，达到"生态平衡"。所以，在儿童阅读中，有这么一些"不健康的成分"并无大的坏处，倒是读书过于纯净，生活过于狭窄的人，心理常会有缺陷。"书呆子"不是因为读书多而呆的，而是因为读书过纯而傻的。孩子的"阅历"越丰富，心理就越健康，因为他有对外界刺激相应的图式。

第四，徽派语文的课外读物要能纯净孩子的精神世界。从营养学的角度来说，一个人的健康成长，水果、粮食、蛋禽、蔬菜都不可缺少。所以，"时尚阅读"也好，"快餐阅读"也罢，都是一种需要，大人不必以成人的世故和功利做出限制，这是孩子们成长中的自然需求。当然，从个体发展的角度来说，阅读经典对于完善人格、丰富人生底蕴、走向积极健康的人生之路有着积极的作用。因此，我们在引领时尚阅读的同时，还要不忘经典阅读。教师要根据学生的实际情况制订一个具体的经典作品阅读计划，提供必读书目和选读书目。在实际阅读中，很多经典作品的内容远离学生的生活，不易读懂。因此，教师要引导孩子阅读适合他们的古今中外的经典，向他们介绍作品的时代背景和作者生平，赏析精彩章节，为学生阅读经典提供帮助。教师除了指导之外，还应创设一个阅读经典的氛围，如在班级张贴作品的插图，播放相关的影视片段，摘抄作品中的名言警句等，让学生在这种浓郁的经典文化氛围中成长。一册在握，展读之间，仿佛在赴一次精神的华宴，读到沉醉处，灵魂中的欢悦与外面葱茏的绿意相融相映，物我两忘。这般情形，怎一个"乐"字了得！这样的阅读，是有思想的阅读，是触及生命内在真实的阅读，是激发"真、善、美"的阅读，它促使孩子们审视自身与周围的世界，使他们渴望"诗意的栖息"。

三、徽派语文的课外阅读要优化指导方式

固守教育的本质，让课外阅读成为孩子诗意的栖息，是一个温馨而浪漫的梦，让我们智慧地引领孩子们吧。

第一，徽派语文倡导学生自主阅读。初涉书海的小学生，需要有经验的"水手"一路相助。要把课外阅读向纵深处推进，仅仅满足于激发一点兴趣、开列一些书单、口授几条要领是不行的。教师既要做书单开列者，又应成为孩子的"书友""书伴"；既要做孩子兴趣的激发者，更要做孩子意志的磨砺者。激发学生的阅读兴趣，是目前课外阅读指导中最重视的事情，是课外阅读指导成功的一半。而另外的一半，却常常被忽视，那就是培养学生的阅读意志。实际上，仅靠兴趣来维持阅读是不长久的，也难以取得良好的成效。在现代生活中，网络媒体异常发达，对学生的吸引力远远胜过书刊。有些书籍距离学生的生活实际较远，很难引起学生的阅读兴趣，但的确对学生语文素养的形成很有帮助。这就要求教师在想方设法引

发学生阅读兴趣的同时，在磨砺学生的阅读意志上下功夫。要想培养学生的阅读意志，首先要有明确的目标导向。教师要根据课程标准的要求，将阅读量的目标分解到每个年段、每个学期，甚至每一天，让学生逐步达到规定的要求。其次是要运用阅读成果来强化意志的培养。阅读过程是艰苦的，学生很容易半途而废。因此，教师要定期举行读书节、报告会等阅读活动，让学生交流、汇报自己的阅读成果，以成功的体验来补偿过程的辛劳，增强战胜阅读障碍的信心。最后要发挥阅读兴趣与阅读意志的相互促进作用。学生在阅读开始阶段往往受兴趣的支配，随着阅读任务的加重，困难越来越多，就渐渐失去兴趣，这时就需要用意志来维持阅读活动的进行。学生在意志的支撑下，阅读取得明显成效的时候，又会增强阅读的兴趣。所以教师在教学过程中，既要注重阅读兴趣的激发，又要注重阅读意志的培养，充分发挥两者的协同作用，推动阅读活动持续、深入地开展。

第二，徽派语文的课外阅读形式简单。课外阅读指导不同于课堂阅读教学，结合课外阅读做相应的摘抄，写读后感，这是教师指导孩子课外阅读时常做的基本要求，因为这是教师检测孩子课外阅读成果最简单的办法之一，当然也带有一定的强制性。同时，我们往往把课外阅读视为"课内阅读"的补充，视作提高写作水平的途径，其实这是狭隘的功利主义。于是，就有许多关于教孩子读书的书；老师们也有许多教孩子们读书的技巧，比如如何读懂一个词、一句话，如何去回答一篇文章通常可能会有的提问等，总之，几乎无一例外都是有关方法和技巧的东西。但是几乎没有人去思考：如何才能让孩子产生强烈的阅读欲望？我以为，在课外阅读过程中，可以提倡摘抄、写读后感，但不能强求。引导和保持孩子的阅读热情，是课外阅读指导首要的也是最重要的任务。我们宁愿让孩子在一身轻松的状态下，在主动、积极的阅读中，启动思维、激发情感，有所理解，有所体验，有所感悟，有所思想；也不愿在课外阅读时因为读后感成为无形的重压而使课外阅读陷入干涸的沙漠。当然课外阅读并不排斥阅读后的表现，当然这得先问问孩子们是否愿意，是否有这样的冲动和兴趣。如果可能的话，我们当然可以让孩子们写写读后感，做做摘录，还可以举办朗诵会、故事会、讨论会，甚至可以组织表演，满足孩子的兴趣，在学学、玩玩、练练中培养孩子的语文素养和综合实践能力。

四、徽派语文的课外阅读要优化层次差异

在课外阅读实践活动中，学生的个体差异、个性差异表现得更为明显。如何照顾不同层次的学生的发展，使他们都能在阅读中受益，也是困扰我们的一个难题，需要我们在教学实践中做更加深入的思考，优化层次差异认知。教师需要切记的是：要正确理解教师的主导作用，不要把自己的审美感受强加给学生，让学生成为教师的精神俘虏。教师要时刻以学生的求知需求为主线，面对作品和学生平等对话，允许并尊重学生对作品的独特理解。围绕学生提出的问题展开研讨，从而把学生的阅读欣赏引向作品的深处，也引向学生心灵的深处，与作者实现心与心的交流，最终达到叶圣陶先生提出的"教是为了不教"，"学生自能读书，不待老师讲"的理想境界。

第一，徽派语文允许阅读目标的差异存在。课外阅读是一种很个性化的学习和生活方式，它是依据孩子的爱好和兴趣而维系的独立的读书活动。我们要宽容对待孩子的阅读方式。如果孩子对课外读物感兴趣，他当然会将自己的小脸埋进书页里面去，甚至废寝忘食；如果翻动了书本的三页，还不能吸引住孩子的目光，那就不能责怪孩子，那只能是书本身的问题了。如果一旦孩子被吸引住了，你会发现那是一种发自内心的喜爱，就算你想阻断也是阻断不了的，了解了这一点，我们就不难理解为什么在我们的课堂上会有那么几个躲在书桌后面的"冒险"的阅读者。开放的阅读方式，除了在看与不看方面可以自由选择外，在阅读的量上也应以宽容的标准来对待，《课标》对小学阶段的阅读总量规定是不少于145万字，其中小学第一学段是不少于5万字，第二学段是不少于40万字，第三学段是不少于100万字。在实践中，我们可以根据每个孩子的实际情况，允许孩子的阅读量有增有减；根据每个班级的实际情况，每个学段的阅读总量也可作前后的调整。阅读量还应该包括对于同一本书或同一篇文章阅读的次数。同一本书或同一篇文章，第二次阅读与第一次阅读相比，由于阅读的

时间、环境、方法以及读者的心境、阅历、对世界的看法都可能发生变化，因而对文本的解读就会有新的见解、感受和发现。特别好的作品，一定要改变一次性阅读的习惯，多读几遍，钻得深，悟得透，才能产生新的思想，铸出新的语言，运用起来才会"左右逢源"。

第二，徽派语文允许阅读内容的差异存在。阅读是学生的个性化行为，课内阅读不应以教师的分析来代替学生的阅读实践，而课外阅读同样也不应以教师的喜好来统一学生的阅读题材。应让学生在主动积极的思维和情感活动中，加深理解和体验，有所感悟和思考，受到情感熏陶，获得思想启迪，享受审美乐趣。要珍视学生独特的感受、体验和理解。对于成人而言，有人偏爱壮怀激烈的篇章，有人偏爱涓涓细流的小品。这一点儿童也不例外。教师如果把自己喜欢的材料强加给学生，那么课外阅读就成了另一种课堂教学了。课外阅读之所以区别于课堂阅读教学，就在于充分尊重学生选择阅读材料的自主权。如果不能吸引所有的孩子走进来，那么课外阅读就不能长久地开展下去。比如女孩子喜欢图文并茂的童话、诗歌，男孩子喜欢知识性的和历史性的故事。阅读速度快的就多看一些，阅读速度慢的就让他慢慢来。总之，阅读不能由教师包办、代替，统一步调，应该给予学生充分的自主选择的权力，使每个学生都能在一种和谐的气氛中选择适合自己的阅读材料，让他们在书海中畅游。

第三，徽派语文允许阅读体验的差异存在。阅读是一种很个性化的行为，课外阅读更是一种纯粹的孩子与文本之间的对话和互动。这种对话受到孩子的个性、阅历、知识、经验等因素的影响，因此，孩子对课外读物的解读一定是有差异的，有时候这种差异会很大。例如，在《哈利·波特》中有的孩子读到的是智慧，有的孩子读到的是魔法，有的孩子读到的是友情，有的孩子读到的是正义……面对课外阅读中存在体验的差异，我们应该有正确的认识，即认为这种差异是正常的，也是合理的，是孩子全身心投入阅读的成果，其中包含孩子真的思考、真的体验、真的感悟；同时，我们还应该有明确的态度，即允许这种解读的差异的存在，并且要支持和鼓励在课外阅读中的体验差异。只有这样，课外阅读才是鲜活的，有个性的；只有这样，课外阅读才可能成为孩子生命的一部分，成为孩子成长的动力！我们要坚决抵制将别人特别是成人的体验强加给孩子。《守株待兔》是一个很美好的故事，小时候第一次读到它，我甚至能闻到兔肉的香味，可是老师告诉我们：不要存有侥幸心理。台湾著名漫画家几米的绘本《我的心中每天开出一朵花》中对"守株待兔"做出另一种颠覆性地诠释：守株待兔的第四天，"我"凝视远方，开始欣赏云朵的变幻。守株待兔的第十天，"我"学会分辨小鸟的叫声，嗅闻不同花草的香气。守株待兔的第十七天，"我"可以从微风中感觉到蝴蝶的心情。守株待兔的第二十天，一群小兔子对"我"微笑，送"我"一朵紫色的花，"我们"闲聊了许久，并互道晚安。一个传统的题材，被漫画家赋予了新的思想和内涵。

第四，徽派语文允许阅读评价的差异存在。多一把评价的尺子，就会多一个爱读书的孩子。课外阅读很难评价，由于个体差异，每个学生的阅读兴趣、习惯及阅读材料的选择差异较大。我们在评价时，要遵循模糊性原则、过程性原则、激励性原则，不仅评价学生课外阅读的认知面，更要关注学生课外阅读的情意、态度。例如，阅读了《哈利·波特》以后，有的孩子喜欢手持一根小棒指指点点，有的孩子变得喜欢沉思，有的孩子会聚在一起热烈讨论书中的情节，发表自己的看法……这一切都是孩子阅读后的兴奋溢于言表，激情真实流露，冲动难于自抑的表现。小孩子都玩过"过家家"的游戏，这不也是他们阅读了生活这本大书以后的一种表现吗？从促进孩子持续阅读的角度来看，有表现就是最好的，有表现就是有热情、有兴趣、有欲望。阅读首先是一种享受，因为得到享受，所以喜爱阅读，阅读的表现只要是没有危害的就是正常的，就应该被允许、被鼓励。由于课外阅读具有开放性、广泛性，所以不能强行对每一位学生统一要求、统一步调、统一内容，评价的标准不能一刀切，在评价时尊重学生的个体差异，促进每个学生的健康发展。也正因为如此，评价手段力求多样，可以采用：问卷调查评价、动态观察评价、档案记录评价、多元自主评价等多种方式，改革过去评价主体的单一模式，把"自我评价、同伴评价、老师评价、家长评价"分别引入课外阅读能力的形成性评价之中。阅读活动开展一个阶段后，引导学生认真评价一下自己所制订的目标、计划，实施情况以及自己的阅读收获，进一步优化阅读心理，强化自我意识，提高调控能力。

五、徽派语文的课外阅读要优化阅读策略

加强课外阅读策略研究，减少课外阅读指导过程中的随意和盲目，是课外阅读扎实、有效地向更深处推进的根本保障。我们应该积极倡导大阅读观。首先要拓展阅读的内容，指导学生阅读生活的书、实践的书，阅读音乐书，阅读图画书，阅读有声音的书，阅读方方面面的书。其次应优化读法，读书有各种各样的读法，我们可以指导学生用眼睛读，还可以指导学生用耳朵读，用手读，用心读，用鼻子读，用口来读……最后，我们应该积极倡导共读、带读、联读……并巧妙地把阅读与活动结合在一起。

第一，徽派语文应做到教师阅读与学生阅读相结合。阅读是语文教师的立身之本，不爱阅读的语文教师肯定是不称职的。只有热爱阅读的教师，才能充实自己的课堂，体验学生阅读的甘苦，找到与学生进行心灵对话的话题，及时向学生推荐有益的读物，成为学生阅读的榜样。我们每一位教师在大力倡导学生阅读的同时，也要反思：自己的阅读状况如何？读了多少书？读了哪些书？在实际教学中，语文教师的阅读深刻地影响着学生的语文学习。教师阅读与学生阅读之间要努力形成"共生"效应，达到相互依存、彼此有益的境界。要做到这一点，首先是共同阅读。推荐给学生的必读书目，教师要先去读。同时，教师的阅读面一定要宽，既要读好经典作品，又要关注当代作品，及时为学生推荐优秀读物；不仅要阅读原著，而且要阅读一些相关的评论文章和背景材料，以提高对学生的指导能力。其次是共同感悟。师生在阅读中都有体验和感悟，但由于年龄和生活阅历的差异，他们的感悟和体验是有区别的。因此，师生及时交流，进行心灵的对话，不仅有利于师生情感的沟通，而且有利于学生精神世界的充实。最后是共同打造班级"阅读文化"。文化的熏陶具有滴水穿石的力量，师生合力打造的"阅读文化"，能对阅读活动的推进产生深刻的影响。"阅读文化"的打造可以从氛围营造、环境布置、活动开展等各个层面进行。

如教师和学生人人拿出自己喜爱的几本书,在班级建成"小书屋",再辑录一些关于读书的名人名言张贴上墙,营造浓浓的读书氛围。又如,教师与一些学生结成书友,定期交流阅读情况,对师生双方的阅读都能产生激励和督促作用。这种浓郁的书香将引领学生踏上与书为伴的人生之路。

第二,徽派语文应做到亲子阅读与伙伴阅读相结合。家庭是学生课外阅读的主要场所,在指导学生课外阅读时,应充分发挥家长的作用。首先,利用家长会的时间,请家长解放思想,鼓励子女加强课外阅读,使家长明白:"变聪明的方法不是补课,不是增加作业,而是阅读、阅读、再阅读。"然后与家长们探讨:什么样的书是好书,怎样为孩子们把好读书关?其次,与家长建立联系,请家长们及时反馈学生的课外阅读情况,以便对学生的课外阅读进行适时的、有针对性的指导。再次,很好地利用学校开展"亲子阅读"活动的机会,扎实有效地将活动进行好,让学生在良好的书香氛围中尽情地吮吸知识的雨露,满足自己求知的欲望。小学生获得图书的来源非常有限。近半数小学生主要依靠自己购买课外书。但是面对昂贵的图书,小学生的购买力明显不足,因此,同学之间互相交换图书成了小学生课外阅读的另一种方式。孩子是纯真、可爱的,当他们有了一点收获就会巴不得让所有的人都知道,而他们也十分希望知道别人收获了什么。所以组织学生进行的交流就显得十分合适而又十分必要。因此,当他们有了一定的阅读量之后,就让他们利用课上的3分钟时间来交流推荐自己喜欢的作品。可以是看到的一首诗、一首儿歌,或是哪个文章里的一段美妙的话,或是一个格言、警句,等等。我在实践中深深地体会到:学生的个别阅读和集体的共同阅读相结合,不仅能够激发学生对课外阅读的兴趣,拓宽学生的阅读面和阅读量,而且能增强学生阅读的自信心和自主性。

第三,徽派语文应做到读书活动与学校活动相结合。一花一世界,一鸟一天堂。每一个学生是一个世界,每一位老师也是一个世界。在课外阅读的整体推进过程中,我们倡导多元,努力做到百花齐放:突出教师的个性,鼓励教师根据自己的特长、爱好以及班级学生的特点,选择各自的阅读指导方向;在不同的班级中形成不同的阅读文化,成立班级读书俱乐部，每个读书俱乐部都有朗朗上口的名称、个性化的图标、响亮的口号、切实可行的计划、清清楚楚的过程、实实在在的成效；教师、学生、家长共同参与学校的读书活动，既有轰轰烈烈的形式，又有实实在在的内容，从而彰显阅读的丰富内涵；不再局限于名家，而是学校聘请"故事爸爸"或"故事妈妈"，让他们来给孩子们讲故事，促进家校互动，共同打造阅读环境；在家长和孩子中开展"读书征文演讲活动"，讲述自己的读书故事，分享自己的读书经验。实践证明：要想使课外阅读长期开展下去，就要关注学生课外阅读成就感的生成。在学生的课外阅读中，教师适时组织相关活动，让学生展示自己通过课外阅读所获得的新信息，并给予积极的评价，学生就能从中看到自己的进步，获得成功的快感，生成成就感，从而激发自己再去广泛阅读，使自己的认知水平达到一个新高度。

第四，徽派语文应做到阅读实践与课题研究相结合。科研是旗帜，能作为导向；教研是基石，须成为常态。2012年，在课外阅读整体推进的过程中，我打破教研和科研之间的壁垒，把教研和科研和谐统一，改变科研"精英化"，教研"大众化"的局面，让全校每一位教师都参与到课外阅读整体推进中，以集体备课的形式对课外阅读进行研讨；以科学的方法，对课外阅读的发展规律进行研究。比如，在小学阶段，如何实现课外阅读由任务驱动向自主阅读过渡？我们以科研的视野，从"文学""心理""社会化"三个维度，以"分级阅读"的方式，帮助孩子实现社会角色的跨越——从幼儿到小学生；实现阅读方式的跨越——从亲子共读到自主阅读。这样的转变不是一蹴而就的，更不能生拉硬拽，需要循序渐进，需要合适的载体。从低年级的"图像阅读"渐渐过渡到中高年级的"文字阅读"，选择最恰当的方式，让孩子享受阅读的乐趣，在阅读中领略无限广阔的世界，从而爱上阅读。

六、徽派语文的课外阅读要优化培养习惯

培养学生良好的课外阅读习惯，是提升学生语文素养的必然。针对这样的现状，教师又该做些什么呢？我觉得最起码要从以下几方面做起：

　　第一，徽派语文培养每天读书的习惯。我们要像孙中山先生那样，"一天不读书，就不能够生存"。有了这种感觉，说明阅读已经生活化了。我们要像鲁迅先生那样把大家喝咖啡、聊天的时间用在学习上，用点滴时间来读书。每天坚持半小时阅读，构建阅读空间，循序渐进，先扶后放，慢慢养成习惯，一天不读便寝食难安。

　　第二，徽派语文培养读书动笔的习惯。俗话说："好记性不如烂笔头。"笔记是记忆的贮存器、资料的仓库、思考的激发器、创造的发源地。阅读时边思考边动笔，可以抓住重点，深入理解，记笔记可以及时记下心得体会，对积累资料和活跃思想十分有利。当然，"动笔"的方法习惯因人而异。从开始的一句话、一个词的概括、评价，到内容提要、感受体会等，老师都要准确把握、耐心引导。不能让笔记成为学生的负担，也不能让他们觉得这是无关紧要的琐事。

　　第三，徽派语文培养勤于思考的习惯。"学而不思则罔，思而不学则殆。"边读边思，能够使自己在阅读中处于主动地位，读得自觉，读得深入，读出自己的心得和体会。问题是思维的动力和起点，哪里有问题，哪里就有思维，就有发现。创新源于质疑。在阅读教学中要引导学生自己去提出问题、分析问题和解决问题，敢于并善于提出自己的看法和疑问，养成良好的阅读习惯。

　　第四，徽派语文培养广泛阅读的习惯。教师要根据不同课外读物的特点向学生推荐合适的方法，引起学生的阅读兴趣。向学生推荐课外阅读材料，要兼顾思想性和知识性，根据学生年龄特点、语文教学实际，兼顾学生劳逸结合的原则，合理安排阅读，反对那种"多多益善"，只求数量不求质量，流于形式的做法。课外阅读既要根据教学大纲规定的各年级语文教学目标配合课堂教学，又要考虑其他学科的需要及学生兴趣的广泛性，以满足学生全面发展的需要，使课堂成为阅读指导的基本阵地，课外成为阅读的主战场。课外阅读应该是孩子们日常生活的一项常规内容，应该成为他们的一种生活习惯，比如每天刷两次牙、吃三顿饭。而学生阅读行为习惯的培养，并不是一个"阅读日"或"读书节"所能解决的，必须得到教育行政部门的重视和相应的政策支持，进而由各地各校根据自身的具体情况因地制宜，建立一套符合实际且行之有效的阅读制度。学校实施的"六个一"行动计划，即一室一柜，一周一课，一天一首，一月一册，一季一会，一年一本。"一室一柜"就是班班有图书柜或图书角，解决学生有地方读、有书读的问题；"一周一课"就是每周都要设置一节阅读课，解决学生有时间读的问题；"一天一首"就是学生一天背一首经典古诗词，解决学生有要求读的问题；"一月一册"就是学生一月自由阅读一册书，解决学生阅读量的问题；"一季一会"就是每校一季度开一次主题班会，解决学生有交流的问题；"一年一本"就是师生一季度共读一本书，解决学生阅读有指导的问题。这些制度的建立，是培养良好阅读习惯的有效保障。有人说："培养一种习惯，收获一种性格；培养一种性格，收获一种命运。"是啊！我们的孩子只有养成课外阅读的良好习惯，长期坚持阅读，才能获取更多知识，适应现代化的学习要求，才能在课外阅读的广阔天地自由翱翔。

徽派语文的最终的落脚点不在课内而在课外。一本书就是一艘船，能带人到远方，老师和家长带学生到达不了的地方，书可以带他们到达。因此，在课外阅读全面振兴的今天，如何把课外阅读向纵深推进，越来越引起人们的思考和重视。书海无涯，舟楫安在？对于小学生课外阅读而言，什么东西最应该被重视起来？语文教学应两条腿走路，课内课外并重。每个学期仅仅让孩子学习二十几篇课文是不够的。书香浸润生命，智慧启迪人生。小学阶段应该引导孩子大量阅读课外书，读整本的书，以此来磨炼学生的语感，锤炼学生的意志。徽派语文教师应激发学生的读书兴趣，引导孩子读好书，教给孩子阅读的方法。徽派语文课外阅读指导课的内容应满足孩子天性的要求，造成思维冲击，由文章结构到篇章到阅读欣赏，自然交流、真诚对话、启迪智慧。

第三节　徽派语文的语用实践

"工具性与人文性的统一是语文课程的基本特点。"在课改实践的岁月里，不少小学语文教学浮在"人文"教学的层面，语文课一直存在"纠缠"于内容，"缠绵"于理解，"沉迷"于意义等教学弊端，故错别字连篇，作文苍白无力，言之无物等现象屡见不鲜。指导学生形成正确理解和运用语言文字能力的小学语文教学的目的没有很好地凸显。"为师不识语文味，教尽经典也枉然。"那么，如何在工具性和人文性之间建立一个支点，让两者和谐统一，让语文教学散发浓浓的语文味，让我们的孩子"言意兼备"呢？我认为，"通过语言文字去体会人文内涵"才是一条正确的途径。

一、转变教学理念，夯实语文基础

错别字泛滥，书写质量参差不齐，一直是语文教学中的突出问题。语文教师在识字、写字教学中切实需要转变汉字教育理念，应该认识到学习汉字，不仅在于使学生掌握阅读的工具和书写的技能，而且有利于增强学生对祖国语言文字的热爱和对中华民族文化的理解，提高审美感受力，还有利于增强学生的规范意识，帮助他们养成良好的习惯和性格。《课标》特别强调：第一、二、三学段，要在每天的语文课中安排10分钟，在教师指导下随堂练习，做到天天练。要在日常书写中增强练字意识，讲究练字效果。所以，语文教师必须贯彻每学一字要坚持"四会"的做法，要在学生写字姿势、写字习惯和规范意识上下功夫，遵循"多认少写"的教学原则，在写字教学上投入更多的力量。《识字、写字教学基本字表》中的300个基本字要让学生多花些时间认识、体会，力争练好这些字，这有助于学习其他汉字。语文教师要在义务教育各个阶段的教学中尽可能先安排学习《义务教育语文课程常用字表》中罗列的2500个汉字，为学习语言文字夯实基础。同时，教师要充分利用《义务教育语文课程常用字表》进一步加强对识字、写字教学的评价。

二、高度重视积累，提高阅读品位

苏联教育家苏霍姆林斯基曾说："让学生变聪明的方法，不是补课，不是增加作业量，而是阅读，阅读，再阅读。"作为语文教师，要做到课堂教学、儿童阅读两手抓，两手都要硬。积极开展课外阅读活动，提高学生阅读量，将课外阅读挤进课堂，要做学生语文学习的启蒙者、儿童阅读的点灯人。因此，语文教学中教师要注重和学生携手多读书、多积累，要重视语言文字运用的实践，让学生在实践中领悟文化内涵和语言文字的应用规律。语文教学既要立足于课堂，又要超越课堂。语文教学一定要下大功夫认真抓好"读书"这一根本环节，要重视培养学生广泛的阅读兴趣，扩大阅读面，增加阅读量，提高阅读品位。教师要关注学生多层次的阅读，鼓励学生自主选择优秀的阅读材料，进一步加强对课外阅读的指导。要求学生读思结合，读写结合，积极开展亲子阅读，以进一步完善体验，积极创造展示与交流的机会、平台，营造人人爱读书的良好氛围，从而加强语文课程的建设。

第一，激情诵读，促进积累。有感情地朗读是理解语言文字的有效方法之一，叶圣陶曾誉之为"美读"。对于语文教材中文质兼美的课文，教师应该引导学生认真读、反复读，以此来让学生感受语言，积累文字。如《桂林山水》一文，作者以诗之笔触向我们展示了桂林山水的秀丽画卷，让学生陶醉在"江山如此多娇"的诗意中。教师在教学中可让学生听乐朗诵，并辅之图片、录像，让学生心通其意，产生身临其境之感，水到渠成地将自己与优美的语言文字联系起来，在朗读中顺理成章地积累语言。

第二，在朗读中理解词语，促进积累。学生在声情并茂的朗读中可以理解词语的内涵，进而领悟作者写作的情感及目的。如《中华少年》一文，要让学生理解文章的主题、内涵，就要让学生反复朗读，在读中明晰对"巍峨挺拔""强悍""璀璨"等词的理解，让中华少年的激情与理想在读中提升，从而达到以读悟情，以读解词，以词概文的目的。

第三，通过课外阅读促进积累。吕叔湘说过："语文学得好的人，无一不得益于课外阅读。"博闻强识能给大脑皮层多侧面的语言刺激，而在阅读过程中，能再次强化大脑皮层已有的语言信息，使大脑中业已形成的系统更为完整、严密。引导学生广泛阅读，扩大阅读量，其实也是在积累语言文字，充实语言仓库。因此，我们除了上好阅读课外，还要注意指导学生开展课外阅读，让学生从大量的课外阅读中汲取养料。我们可根据学生实际和教学的需要，向学生推荐适合他们的书目。比如，从学生年龄出发，向低年级学生推荐童话、寓言、卡通等生动有趣的读物；向中年级学生推荐情节动人、曲折的故事，如历史故事、民间故事、科幻小说等；向高年级学生推荐文质兼美、富有情趣的名篇佳作；也可以从教学需要出发，引导学生阅读与课文相关的文章。如在教学《将相和》时，我根据学生爱听故事的特点，绘声绘色地讲几段"将相和"之前的或之后的故事片段，当学生听得津津有味时，教师戛然而止，然后告诉学生，要知道故事发展如何，课外书里都有，只要自己去看书，就会知道更有趣的故事。接着趁热打铁，向他们推荐《史记》等。又如学了《蝙蝠和雷达》，推荐学生读一读儿童科普读物……这样不仅能激发学生课外阅读的兴趣，也有利于积累他们的语言文字。

第四，通过勤思勤记促进积累。教师要鼓励学生坚持写日记。这样既能帮助学生积累语言文字写作素材，又能锻炼学生运用语言文字的本领。日记的内容可以是学生一天中的所见、所闻、所感，也可以是他们看过的有意义的画片、糖果纸、门票、小照片等剪贴而成的剪贴式日记。在日记本上，他们可以根据自己贴、画的内容用自己的语言写几句话或一段话。通过以上的积累训练，学生的思路会逐步清晰，阅读能力会随之提高。多知才能多智，厚积才能薄发。学生在积累了大量语言文字后及时练说、练写再加以创造性想象，将来就能挥洒自如地应对考试、写作和辩论。在语文教学中，如果我们始终坚持以语言积累为轴心，让学生在理解、感悟的基础上，多读、巧记、乐说、善写，让记忆与感悟融合，积累与运用并重，储存与整合统一，趣味性与生活性兼顾，多管齐下，持之以恒，对于学生正确地理解和运用语言文字、培养语感、逐步形成良好的个性和健全的人格具有重要的作用。

三、注重语感训练，提升语文素养

语文课的最大问题，不是怎么教的问题，而是教什么的问题。著名的语言学家张志公先生曾指出："无论是阅读还是作文，首要的是字词。"叶圣陶先生曾说："字字未宜忽，语语悟其神。"词不离文，文不离词。毫无疑问，这里的文就是文本，这里的词就是文本中的语言文字。崔峦老师在《和"内容分析"式的阅读教学说再见》一文中提出语文教学要落实好"一个中心""两个基本点"。"一个中心"即以语言训练为中心，特别要加强语言的运用。"两个基本点"即培养语文能力（听、说、读、写），提高人文素养。但是现在有很多老师并没有在阅读教学中以语言训练为中心。的确，在此之前，我们的语文阅读教学走了一段弯路——将课文思想内容的分析理解作为语文课的主要目标，语文课堂教学围绕课文思想内容来组织教学过程。如今，我们要回归语文本真，应该将教学的重心落实到语言文字的理解与运用上。我们的阅读课堂教学应该是让学生对这些语言现象进行揣摩、理解、学习、模仿、运用。简言之，我们的语文教学应该有自己的真味——"语文味"，语文的教学就是要关注语言的学习。教师应该引领学生紧抓语言文字进行"品词品情品文本"，"咬文嚼字悟真味"。一节有实效的语文课，应该是以语言文字为"媒介"，通过教师对语言文字的充分挖掘和独到见解，引领学生深入剖析，领悟语言文字蕴含的真、善、美。

第一，比较品味，实现"情感"共鸣。古人云：语不惊人死不休。可见，古人对遣词造句非常重视。我们的语文教学应该培养学生的语感，引导学生对语言的感受和把握。语感是在长期的读写实践中，在对语言不断地进行比较、揣摩、欣赏中逐渐积累起来的。因此，在教学时，我们要从语言文字入手，紧紧抓住教材中的语言文字或看似平常的关键词语，引导学生比较、揣摩，细细品味，掌握其内在含义，体会作者在用词上的独具匠心。通过比较，感受词语"情感"差异，从而培养学生语言运用的意识。如《开国大典》一文中："三十万人的目光一齐投向主席台"，"这庄严的宣告，这雄伟的声音，使全场三十万人一齐欢呼起来"，"这庄严的宣告，这雄伟的声音，经过无线电的广播，传到长城内外，传到大江南北，使全中国人民的心一齐欢跃起来"，"三十万人一齐脱帽肃立，一齐抬起头，瞻仰这鲜红的国旗"。不难发现，这四句话中出现了五次"一齐"，教师问学生："这五个'一齐'可否改为'一起'？这两个词有什么区别？"学生通过比较，体会到"一齐"是表示动作一致，整齐划一，而"一起"则没有这种感觉。"为什么人们的动作是如此整齐划一？"教师继续问学生。学生进行比较后，品味到原来是因为人们对毛主席敬仰才会有这样的统一动作；宣告表明中国从此站起来了，人们对此无比激动、兴奋、欢喜的心情是一致的。如果我们在教学中这样引导学生对比，学生就能加深对"一齐"的体验。通过对比，学生对语言的敏感程度逐步提高，从而品悟到"一起"与"一齐"的情感差异。《开国大典》是一篇新闻通讯稿，讲的是1949年10月1日在首都北京，三十万人参加开国大典的事情。新闻通讯稿的用语比较讲究用词，而这一历史事件的意义非同寻常。细读文本可以发现作者笔端处处流露出那种激昂、兴奋、溢于言表的情感。学生通过比较品味，不仅能深入体会到人们那种激动、兴奋的心情，也能体会到作者为新中国的诞生而自豪的内心情感，这样学生与文本，学生与作者就达成情感共鸣了。

第二，对比品味，实现读写"迁移"。说明文的语言是非常严谨的，来不得半点马虎。这需要教师以独特的眼光去关注，去引领学生品味其用词的"严谨"，进而实现读写"迁移"。如《只有一个地球》，教参说它是一篇文艺性说明文，其实深究、品味语言文字，它给我们的感受是一篇保护地球环境的演说稿。大多数教师囿于教参的说法，将本文上成一篇说明文，为此，教师就围绕文本的说明方法深挖细钻，殊不知都走向了"死胡同"。因为，文本的语言意识被传统观念扼杀了。"慧眼再识文本，另辟蹊径解读"还需回到文本的遣词造句上。一个"只有"体会到地球很美丽，但是很渺小；一个"不加节制"体会到地球很无私，但是人类很贪婪；一个"本来"体会到资源可以再生，但是人类却非常愚昧；一个"至少"体会到设想移居，但是一切只是妄想。四个词形成强烈的对比，不仅概括了文本的内容，还向我们强烈暗示文本的表达方法其实是强烈对比！这是之前的教师无法看到的，也是无法解读到的。我们的读写迁移就可以这样设计了："地球……但是……"这种设计一方面是模仿文本的表达方式，另一方面是训练学生的逻辑思维。一举两得，这是巧借词语促进读写统一的妙处，更是教师创造性地运用教材的方式。我们的语文教学，不仅仅要关注语言文字的理解，更要关注语言文字的运用。要做到理解与运用，两手都要硬，两者都要练。唯有这样，我们关注语言文字才有实效，才能让我们的语文课凸显语文真味。

第三，联系品味，实现画面"真切"。文本的用语精准，需要教师的引领，更需要教师进行深入的文本解读。文本中，我们可以联系生活实际，去理解、品味重点词语在文中的意思。有的时候，那些重点词语就如一幅幅画面，如此真切地展现在学生面前。这就更需要教师在此做足文章，"煞费苦心"引领学生去感受那画面的真情美、意境美。如《搭石》一课中"每当上工、下工，一行人走搭石的时候，动作是那么协调有序！前面的抬起脚来，后面的紧跟上去，踏踏的声音，像轻快的音乐；清波漾漾，人影绰绰，给人画一般的美感"。我是这样抓住关键词，借"词"发挥引导学生抓住文本内容的：

师：（出示该语段）你们从哪个词语体会到这幅画面的美呢？

生：协调有序。

师：怎样的动作才是协调有序的呢？

师引读：每当上工、下工，一行人走搭石的时候，动作是那么协调有序！前面的——

生：抬起脚来。

师：后面的——

生：紧跟上去。

师：没有人踩脚，没有人跌入水中，该是有人指挥吧。（生摇头）对，既没有人指挥，然而那么默契，那么有序，这样的动作就叫作——

生：协调有序！

师：真美！这既像是一幅美丽的画，又像是一首清丽的小诗，你看——（点击变成诗的语段，音乐起）

师：谁来读？读出诗一般的韵律美。

（生读诗）

师：刘章爷爷在搭石上一遍遍走，一遍遍数，一天走上62遍，一共踏过了166 400多道搭石啊，他怎能忘记这样的情景？

（生再次融情朗读）

师：是呀，这一行人在搭石上走出了音乐美、画面美，这的确是家乡的（指板书）——

生：一道风景。

从字面理解，到联系上下文体会，学生对"协调有序"的感受还停留在"文"上。学生与老师反复合作读"前面的抬起脚来，后面的紧跟上去"，与走搭石形成通感，身临其境地体会"抬起脚来，紧跟上去"的和谐，体会没有人踩脚，没有人跌入水中的默契，既体现对语言的揣摩，又渗透人文的浸润，实现抓住关键词语，引导学生还原文本达到理解文本内容的目的，自然就能品味到作者用词体现出画面的"真切"美。

综上所述，语文课程是一门学习语言文字运用的综合性、实践性课程。语文教学的落脚点在语言文字上。语文课就应该扎扎实实做好语言文字的训练工作，做好语文能力的提高工作。语文教学只有从语言文字出发走向人文，使学生回归语言，才能培养出"善用语言讲话"的人。无论是语言文字的理解，还是语言文字的运用，语文课需要教师"咬文嚼字"，需要教师"玩味文字"。这里的咬文嚼字，不是让语文教学钻"牛角尖"，更不是干巴巴地将语言文字与文本隔离进行孤立的理解与运用；"玩味文字"更不能走入玩文字游戏的误区，而是将理解语言文字的方法转化为学生真正的阅读能力，将运用语言的能力转化为学生的读写能力，并最终为学生语文素养的提升奠基！

第四节　徽派语文的导读方法

《课标》提出："各个学段的阅读教学都要重视朗读"。在 1～2 年级阶段目标中要求学生做到"喜爱阅读，感受阅读的乐趣。学习用普通话正确、流利、有感情地朗读课文。"自古以来"读书百遍，其义自见"就被称为读书的一剂良方，实践也充分证明了朗读对发展学生的思维、激发学生的情感起着不可替代的作用。如果学生能够声情并茂、恰如其分地运用感情朗读一篇课文，那么说明学生对课文已经理解了，教师不需要再做烦琐且不必要的分析。如果朗读一旦成为学生的兴趣，那么阅读也随之被学生所深爱，成为他们无限的乐趣和不断的追求。因此，有感情地朗读课文在阅读教学中占有重中之重的位置。使学生正确、流利地朗读课文不难做到，但是使学生达到有感情地朗读则需要花费一些心思，讲一点教学艺术。我们要做到重视朗读的指导，必须在学生读正确、读流利的基础上，指导学生读出感情。这种感情不是教师强加给学生的，而是在教师指导读书的过程中，学生自悟、自得的。在教学中，应尽量避免单调枯燥的技术性指导，而是引导学生入境、入情，充分体会课文的情感因素，并在动情的基础上，通过朗读表达出自己体会到的感情。那么教师如何调动学生的情感，让学生走进文中，入情入境，有感情地朗读呢？我提供以下几种方法供广大同仁参考。

一、民主交流，换位促读

徽派语文的换位促读法就是创设情境，变换学生的角色，让学生身临其境，以不同的身份来朗读课文。

第一，我是"小小导游员"。这种方法适用于写景的课文教学。如《姐妹岛》一文，要求学生熟记背诵。我在完成这一教学任务时，创设了这样的情境："在我们的眼前就有两座宝岛，它们是台湾岛和海南岛，是否去游览呢？这要看导游的本领了。我们要请导游来为我们做介绍，介绍词就是'宝岛'中的风景。接下来是争当最佳导游员的活动，谁争取到的游客多，谁就获得了'最佳导游员'的荣誉称号。"学生的兴奋点被激活，他们喜读、乐读、争先恐后地读，朗读的质量自然在老师的点拨下不断提高。

第二，我是"小小解说员"。这种方法适用于介绍性或叙述性的课文教学。如《积累与运用七》看图写话一课，教学中可创设这样的情境："今天展览馆的领导要来我们班招聘解说员，要求解说员不仅能把讲述的内容清楚、流利地讲给观众，而且要声情并茂。你们有信心应聘吗？"这样，学生在大胆尝试中收获了成功的喜悦。

第三，我是"故事大王"。这种方法适用于故事性较强的课文教学。如《岳飞练字》一文，在学生读通文章之后，开展故事大王比赛，看谁能把这件事生动形象地再现给大家，读得好的奖给一个故事大王"证书"。学生对此乐此不疲。

第四，我是"小诗人"。这种方法适用于诗歌体的课文教学。如《春天来了》一文，教学中我设计了这样的朗读环节："（出示文中插图）同学们，这几个小朋友在满目翠绿的春天里，漫步郊外，寻找春天，他们在柳枝上找到了春天，于是脱口而出做出了一首小诗。你们能想象出他们当时的样子和心情吗？用你的朗读表现出来。"学生们都争当画中的小诗人，朗读自然有了一定的质量。

类似这样的活动还有很多，如"我是小记者""我是播音员""我是主持人"……总之，根据不同的课文内容，可设计出不同的换位朗读方式。

二、现代技术，媒体促读

多媒体直观生动的画面，悠扬舒缓的音乐，能唤起学生们无穷的乐趣；配乐朗读，给动态的画面配音，听电脑里的卡通人物点评朗读效果，这些是学生们最喜闻乐见的朗读形式了。如教学《夏天的夜晚》一课，在训练学生有感情地朗读、理解课文之后，就可采用给画面配音的方法教学。播放课文动画，让学生对照课文给画面配音。这能让学生尝试一下做配音演员的乐趣，学生当然求之不得，学生在轻松、快乐中读出了文中的美、文中的趣、文中的情。再如教学《荷叶圆圆》一课，在读的方式上采用了电脑评价的方式。把课文中的插图扫入电脑，做成动态的画面，在初读时让图中的小朋友来评价读的效果。在细读理解中，读到哪一段，就让对应的或是小水珠，或是小蜻蜓、小青蛙、小鱼儿做点评。读得好的，小水珠、小蜻蜓、小青蛙、小鱼儿分别说："谢谢你，表达出了我的情感。"读得不佳的，就鼓励学生："再努力，你一定能读好。"对课文中人物的话学生感到新鲜有趣，读起课文来兴趣盎然、意犹未尽。导入新课时，我常用投影引起学生的兴趣，再配以高低疾徐的音乐，加上教师饱含情感的范读，把学生带入新课的学习环境中。如教学《王二小》一课时，我先将王二小乔装成放牛娃帮助八路军放哨，王二小假装给敌人带路并惨遭杀害等情景用投影放出，然后播放哀婉的乐曲《歌唱二小放牛郎》，听老师有情感地朗读课文。这样，学生的学习兴趣一下子被调动起来了，为进一步学习课文打下了基础。

三、情趣再现，表演促读

布鲁纳说过："学习的最好刺激是对所学材料的兴趣。"要使学生想学、乐学，就必须想方设法调动其学习的兴趣。这一点，对于低年级学生尤为重要，角色表演就为低年级学生创设了一种轻松、活泼的学习氛围，使原本"静"的课堂"动"了起来，使原本"死"的课堂"活"了起来，把学生们"解放"了出来，深受他们的喜爱。如上一年级的《小壁虎借尾巴》一课时，我让学生带上头饰，加上动作在老师的指导下分角色表演。这样既激发了学生的学习兴趣，又提高了学生参与教学的能力，促使学生非常顺利地将课文学会，而且学得轻松、愉快。

怎样才能把小学生的朗读潜力挖掘出来呢？实践告诉我们，现场录音有特定的效果。如教《要下雨了》一课，先让学生看投影，让他们观察小白兔和燕子对话时的动作、神态，再让他们学着小白兔抬头大声喊的样子来读一读白兔的话，学着燕子边飞边说的动作来读读燕子的话，在学生准备的基础上，我指导学生读对话，并进行现场录音，读完让大家比一比，看谁读得好。当学生听到自己的声音从录音机里传出时，学生个个情绪高涨，想来试一试。由于小白兔和燕子的对话读得惟妙惟肖，所以，再读课文中的其他对话时就入境入情了。现场录音为学生创设朗读氛围，激励学生主体参与朗读的意识，更使那些原来胆小不敢读的学生跃跃欲试，学生体验到获得成功的喜悦，增强了乐学的愿望，朗读能力也得到提高。孩子是天生的表演家，特别是低年级的学生，对表演情有独钟。教师可充分挖掘学生的表演天赋，让他们边表演边朗读。这不仅调动了学生的朗读兴趣，而且培养了学生的创新意识。低年级的课文中童话故事较多，这一类的课文可采用此种方式在读中理解，在读中领悟。

四、激发情趣，表扬促读

心理学研究表明，每个孩子都希望自己能得到老师的赞赏。在朗读课文时，我们班有一个同学读得特别好，受到了表扬，没想到全班同学马上学他那样读，就这样，全班同学的朗读积极性被调动起来了。对于胆子小、性格内向的学生，当发现他们举手时，应该将回答的机会优先让给他们。就说我们班的琳琰同学，她是一个性格内向的孩子。当我发现她第一次举手时，立即让她回答，刚开始，她可能因为过度紧张而不知所措，我就走过去摸摸她的头和蔼地说："别紧张，老师相信你能行。"接着，她就大声地朗读了。从那以后，课堂上常常可以看到她举起的小手。

在教学中发现对于那些因为紧张而讲得断断续续，或者答非所问的同学，老师若能给他投去激励的目光，或点头微笑，或摸摸他的头，或拍手表示欣喜，或对他竖起大拇指，都能给予他极大的激励作用。不论学生答对与否，都对这些同学战胜自我的勇气大加赞赏，日积月累，这些同学渐渐地自信起来，并以更大的热情投入课堂朗读学习中，并乐于发表自己的见解。

五、阳光评价，评比促读

儿童是最愿意接受挑战、最不肯服输的，对比赛有一种特殊的兴趣。在执教《平平的手》一课时，我把赛读贯穿于课堂的始终，不仅将朗读方式定在了换位上，而且运用评比"最佳平平""最佳爸爸""最佳妈妈""最佳奶奶"的方法使学生兴趣倍增，学生的课堂表现非常活跃，受到听课教师的一致好评。任何一篇课文都可采取不同的赛读方式，教师要善于钻研，善于创新。朗读是一种能力、一种技巧，需要一定的训练，而且需要经常反复的训练。除课堂教学注重朗读外，还可开展丰富多彩的读书活动，让学生自读、多读，找出文中精髓，也让学生评读，评评哪里读得好，哪里读得差，应该怎么读。评读不仅提高了朗读的质量，而且为以后的朗读提供了规律性的朗读方法。学生只有具有了初步的朗读能力，才能体会朗读对理解课文内容、发展语言、陶冶情感的作用。

六、咀嚼语言，细读体验

有体验地读，就是指导小学生在阅读时能感受、体验到阅读过程带来的愉悦和乐趣，通过观察语言现象，思考语言文字的内涵，咀嚼语言文字的滋味，体验语言文字的情感。阅读教学的学习活动不仅着眼于如何取得良好的学习效果，而且注重学习者能够在学习过程中得到有效的体验，积累有益的经验，实现经验的再创造。有体验地读，就是引向自"悟"，发展个性；就是摒弃烦琐的分析，注重整体感悟。为了激发学生朗读的兴趣，调动学生朗读的积极性，提高学生朗读的能力，教师指导朗读的方式应该多种多样。如：范读、齐读、单读、自由读、指名读、对读、分角色朗读、表演读等。单调的朗读只会使学生失去兴趣、昏昏欲睡。要适当地创设情境、创造气氛让学生愿读、乐读、争着读。如教学《黄山奇石》一课时，在理解的基础上，我跟学生说："黄山风景秀丽，尤其是黄山的奇石中外闻名，经常有外宾慕名前来，一睹它的风采，谁能做个出色的导游，为外宾介绍?"学生情绪高涨，跃跃欲试，我顺势引导要想做个好导游，首先要把课文读熟，并读出感情来，读出黄山奇石的奇来。几句话激活了学生的读书欲望，连平时不爱读书的学生也有滋有味地朗读起来。如教学《火烧云》中的一段："天空的云从西边一直烧到东边，红彤彤的，好像是天空着了火"时，我引导学生注意阅读的体验，指导学生与文本进行对话：哪一个字用得好？为什么？有的学生认为"红"字用得特别好，有的认为是"火"字，有的认为是"烧"字。学生间展开了激烈的争论，于是我引导学生反复朗读这句话，最后大家一致认为是"烧"字用得好。学生们说："'烧'字让我们感觉颜色特别美，'烧'字让我们看出火烧云在变化："'烧'字让我们有天空的云从西移到东的感觉……"这种自悟自得的阅读体验，增强了学生的自主精神和创造精神，有利于发展学生的个性，使学生在阅读时依托语言文字的形象，加入自我的经验认识和想象，唤起鲜活的形象，体验到文章蕴涵的人类文化的精华、人文价值，以获取美好的感受。

十、细吟浅唱，传情趣读

《课标》明确指出："阅读教学应注意培养学生感受、理解、欣赏、评价的能力。"而这种"感受、理解、欣赏、评价的能力"只有通过深入的传情达意的阅读体验才能获得。即在理解的基础上，对课文中优美的形象、深刻的意蕴、丰富的情感以及用词造句的色彩、语言节奏的强弱、情调和风格特色等进行欣赏。"传情达意"的读要求读者融入作品，驰骋想象，与作者产生共鸣。通过欣赏，获得审美享受、陶冶感情、净化精神。因此，我在教学中积极引导学生传情达意地深读课文，沉浸其中，透过语言文字，与作者进行心灵对话，把握文章主旨，感悟做人之道；同时抓住典型语言信息（如内容精彩之处，语言运用经典之处），领悟语言文字表情达意之精妙，并积累语言。或低声读，领会所读作品的内容，在低诵中细细揣摩作者传情达意的文字技巧和表现方法；或高声读，通过高声诵读传达出作品的内在情感和蕴意；或模仿角色读，在阅读人物对话的课文时，引导学生模仿文中人物的角色，揣摩各种人物的语气、语调、心态和神情，使自己进入角色，高声、反复朗诵台词，找到身临其境的感觉。

八、教师示范，引领趣读

教师的范读，能激起学生的欲望。由于小学生的模仿能力强，所以教师适时的范读是语文课堂教学不可缺少的部分。教师的范读不宜做作，不能故意拿腔拿调，应从自身的情感出发，以情感人，使学生身临其境，引起共鸣，从而激发学生朗读的热情，使他们都产生一种跃跃欲试的心态。如在读《倔强的小红军》时，我让学生注意，老师读的与他们读的有什么不同，老师为何这样读。朗读中，老师那饱含激情的语言很快便把学生带入了文章的情境之中，一幅幅、一幕幕鲜活的画面浮现在他们的眼前，好几个女生的脸上挂着泪珠，同学们都涌起了强烈的表达欲望。读完后，一位学生说："老师读得很有感情。我课前预习，读'陈赓一把搂住小鬼，狠狠地打了自己一个嘴巴……'这一段时，怎么也抓不住感情，现在听老师读完后，我知道应该怎样读了。"当然，在学生朗读的时候，也不能让学生机械地模仿教师的语调，要让他们从自己的真情实感出发，使学生在理解课文的基础上，把一个个汉字变成一幅幅鲜活的画面，那样读出的感情才真挚、自然。

小学语文教材大多是经典之作，这些作品从各方面表现了人类的创造精神和审美过程，通过"语言的中介"把学生的精神世界与广阔的生活沟通起来，使学生从中获得生活的乐趣、情感的陶冶，受到美的教育。因而，教师要根据文学的审美特性，通过语言文字反复朗读，将文学作品中具体、生动的形象渗入学生的心灵，使学生在一种沁人心腑的情感陶冶中受到潜移默化的审美教育。关于激发学生朗读兴趣的方法还有许多，教师要不断地更换"调味品"。在小学低年级培养学生的阅读兴趣，应该形式多样、方法灵活，使学生不断有摘到新果子的感觉。这样就能做到在朗读的过程中，教师不强加给学生任何情感，而是真正做到自读自悟，入情入境，学生通过朗读来表达自己体会到的情感。应该积极倡导实践活动，拓宽语文学习的渠道，突出语文学习的实践性、应用性，激发学生学习语文的兴趣，促使学生在学习语文时口、耳、手、脑并用，不断提高学生的语文实践能力。

第五节　徽派语文的体验探究

　　语文教学的重点在于对学生阅读能力的培养。过去的语文阅读教学往往注重从作品的写作背景出发，联系作者的思想倾向，去理解作品的思想意义和艺术手法，或者以考试为标准将文学作品变成一道道问答题，引导学生冥思苦想所谓的标准答案。这样的阅读教学忽视了对学生的创新思维能力的培养，背离了语文教学的根本目标，也与时代对学生素质能力的要求相去甚远。所以在新课程改革中提出了基础教育的具体目标："改变课程实施过于强调接受学习、死记硬背、机械训练的现状，倡导学生主动参与、乐于探究、勤于动手，培养学生搜集和处理信息的能力、获取新知识的能力、分析和解决问题的能力以及交流与合作的能力。"探究式阅读是在语文阅读教学中培养学生创新思维能力的一种很好的教学方法。所谓探究式阅读，其本质就是运用探究性学习的方式进行的语文阅读活动和过程。它以问题为中心，以学生为主体，以人的发展为本，注重发现问题、分析问题和解决问题的动态过程，强调在探究过程中获得体验，积累经验，以培养创造性思维，形成积极的情感、态度与价值观。那么，怎样在探究式阅读中培养学生的创新思维能力呢？

一、过程方法是探究的扎根土壤

　　徽派语文的教育观认为，探究课作为一种新的课型，不仅要关注"知识与技能"，由于学生的探究活动具有多样性和不可预测性，所以探究课应该更加注重"过程与方法"，在过程与方法之中扎根的探究课才能开花、结果。例如，阅读人教版四年级下册《小英雄雨来》一文时，体会雨来机智、勇敢、热爱祖国的品质是本课教学的重点。教学时，可抓住小英雄雨来成长过程中一些细节描写的关键句子进行探究，让学生想，让学生谈。如"雨来没理他，脚下像踩着风，一直朝后院跑去"一句，可让学生想象此时雨来心里是怎么想的，想象后讨论：他为什么要这样做？这一系列动作的描写，形象地表现了雨来的机智、勇敢。因为年龄小，面对雪亮的刺刀，敌人以为雨来害怕，不顾一切朝后院跑去，实际上，雨来是为了把敌人引开，保护交通员。再如，"一滴一滴的血滴下来，溅在课本那几行字上"。这是一处细节描写。鲜血滴在"我们是中国人，我们爱自己的祖国……"几行字上，表明了雨来誓死保护交通员，和敌人斗争到底的决心与坚强意志；体现了中国人民不惜用鲜血和生命保卫祖国的决心。句子未加任何雕琢，意思却含蓄深刻。这句话既写了当时的场景，又将鲜血和爱国情感巧妙地联系在一起，使人产生丰富的想象和无穷的回味。

通过观摩，我发现不同教师对这堂课的教学重点定位有较大的差异。有的教师把教学重点定位在探究小英雄雨来的思想变化的过程上，通过对文本的多处细节描写，引导学生走上小英雄雨来成长的思路，以称呼雨来"小英雄"的具体过程引导学生领悟"我们是中国人，我们爱自己的祖国"的道理。接着设计了探究人物特点、探究景物描写特点的环节，教师和学生的互动在探究分析中达到了高潮，学生在动脑、动手中用眼、用耳感受到语言描写方法多样性和阅读体验的形象性带来的乐趣。有的教师则把教学重点定位在课文主题上，他们用分段分析等方法，设计不少情景性习题，如填空练习、一言心得、给雨来画像等，课堂教学在这里出现高潮，使学生在语文能力方面得到提高。

尽管前者在课堂上很少能够运用分段、填空等方法，但是课堂教学突出了思路的形成过程，突出了探究方法的设计过程，这对学生的后续学习是十分有利的。仅从这两堂课来比较，也许后者更能提高学生的解题能力，但是从长远的教学效果来看，掌握探究的思路与方法比掌握探究的结果要重要得多。特别值得指出的是，如果学生通过本课的学习，明白了"我们是中国人，我们爱自己的祖国"的道理，这对学生是终生有益的，这就是学生最大的收获。

二、阅读意识是探究的动力能源

徽派语文的教育观认为，由于探究方法的多样性和探究结果的复杂性，探究课应该有清晰的思路和灵活的策略，教师适时地为探究活动设计合理的台阶，学生的探究活动就具备了可操作性。学生温故知新，教师因势利导，师生的思维活动无论是纵向还是横向都有拓展，师生的思维方式因此都上了一个新台阶。如何迅速读懂一篇文章？如何正确地筛选整合信息？如何合理地组织答案？结合教学实践，我以为有几种意识是必备的，并且是应当大力强化的。

第一，整体意识。一篇文章是一个有机的整体。读一篇文章如果没有着眼于全篇的目光，没有整体把握的意识，其结果只能是事倍功半，甚至徒劳无益。而现在的考试也越来越侧重对学生整体阅读能力的考查。整体意识就是从大处着眼，通盘考虑，将文章诸多相关信息整合起来，从总体上对文章的结构思路和主旨有一个初步感知。整体把握文章，至少应该从对文章的整体结构思路和主旨两个方面入手。比如教学《美丽的小兴安岭》一课时，我们就可以引导学生在理解课文内容的基础上，归纳出"春、夏、秋、冬"的思路，使学生体会到作者所描绘的春、夏、秋、冬意境和情景，这样写景，思路清晰，条理分明，前后呼应，可以启迪学生领悟到祖国语言的美、大自然的春光美、生活中的情趣美。再如，《颐和园》一课文脉清晰、结构严谨，教学时可以围绕"作者是按怎样的顺序游览的，从课文的哪些语句可以看出来"展开讨论，引导学生探究。探究要着眼于文章的整体，注意厘清内部的关系，从宏观上居高临下地驾驭文章，领会文章的主旨内涵。因此，在引导学生探究的过程中必须牢牢树立整体意识，从作者整体思路的特点切入探究，用整体思路来统帅字、词、句、篇，指导听、说、读、写，这不仅有利于学生理解课文的内容，而且有利于学生领会作者的思想感情，有效地对学生进行思想教育。

第二，文体意识。不同体裁样式的文章，有不同的特点和重点。就"分析概括作者在文中的观点态度"这一考点来看，最基本的方法是根据文体特点对文章内容做具体分析。不同文体有不同的语言方式、结构方式、形象类型和表现手段。我们不能用读诗歌的方式来读小说，用把握散文的方式来把握剧本……因此，对诗歌的探究应以感受情感意境为主，对小说的把握应从人物入手，而对于剧本的欣赏则需要从矛盾冲突入手。例如，阅读纳兰性德的《长相思》，可从诗中六个意象（山、水、灯、风、雪、聒）入手，去触摸诗歌内在的情感意蕴：作者于清丽自然之中又不乏对边塞之雄奇风情的描述，细腻哀婉的人物内心世界和山高水长的场景及气势庞大的队伍形成了鲜明的对比，并且它们巧妙地结合到一起，升华了羁旅怀乡的主题，意境也由此更加深长。词的上下两阕开头对仗，"一"字的运用，有连续不绝的含义，使词风缠绵。从文体特点入手，是与文本有效对话的基本途径，也是与文本对话必须遵循的一般规律。

第三，语境意识。语境决定了哪些词语、句子、语段是关键的，哪些是次要的。要求学生探究解读文本，要把握文中提供的语境。语境分析法是在信息筛选的基础上进行的深入鉴别和评价，它是理解或赏析文本的根本。譬如，理解《匆匆》一文中"洗手的时候，日子从水盆里过去；吃饭的时候，日子从饭碗里过去……我掩着面叹息。但是新来的日子的影儿又开始在叹息闪过了。"文章可谓"啰唆至极"。若从此切入探究：朱自清先生为什么会在此废话连篇地描述一些生活琐事？引导学生联系叙事语境稍加思索探究，学生即可恍然大悟：这啰里啰唆的描述，看似是在写时间在一些小事中的流逝，但细想生活就是由一件件小事组成的，时间也是一点一点地流逝，文章其实是在让我们懂得珍惜时间。只有珍惜时间，懂得时光易逝，才不会荒废时间，要让它充实。还有"在逃去如飞的日子里……除徘徊外，又剩些什么呢？"在这里，作者表面上是在后悔自己过去不珍惜时间，没有更好地利用它，只是"匆匆"地跟着它，或默默地"徘徊"，实际上作者是想让我们更好地利用时间，做时间的主人，最大限度利用它，从而引导学生从此处起步即可走进作者笔下"匆匆"的思想深处和文本独特的艺术境界。

三、紧扣文眼是探究的点睛之术

徽派语文的教育观认为，"文眼"是诗文中那些最富有表现力、最能帮助读者理解整个作品的主题或脉络层次的关键词句。它往往是作者着力刻画和描摹的中心点、观察的出发点、选材的侧重点、内容的核心点、结构的衔接点、情感的升华点、思想的闪光点、主题的凝聚点。它像一个人心灵的窗户，映照出整个作品的精神风貌。

第一，题目是文章的眼睛，凝聚着作品文意之精华。它不仅是文章内容的总括，而且是文章宗旨的凝缩，其中寄寓着作者的情感和构思的丰富信息。因此，从文章的题目的特点入手进行分析，展开与文本的对话，往往会有意想不到的收获。如《鱼游到了纸上》，我们从题目中的"游"入手与文本展开对话：鱼本来在哪里游？鱼儿为什么会游到纸上？"鱼游到了纸上"与"鱼游到了心里"有什么关系？再如《丰碑》《再见了亲人》《钓鱼的启示》等课文的题目，就带有鲜明的感情色彩。我们在教学中若能准确地抓住题目中的题眼，如"丰碑""亲人""启示"等词语，引导学生推敲，就不失为最佳的对话时机。题目是作品灵魂的窗户，透过这扇窗户往往可以直达作者的心灵。通过对题目的审视可以和作者达到心灵的沟通，更好地理解作品主题，以及作者的创作意图和艺术匠心。

第二，重点字词是文章的关键之所在。在教学中充分依据这些重点字词积极对话，使学生通过对重点字词的理解，"随文潜入心"，就可以收到"润物细无声"的效果。例如在教学《颐和园》一文时，就可以抓住文章中的重点词语来展开对话，如写长廊的部分用具体翔实的数据来表现长廊"长""间数多"的特点；写佛香阁时，"耸立"一词可以使我们感受到佛香阁的"高"；"一排排"使我们感受到排云殿占地面积之大；从"颐和园的景色大半收在眼底"，又可以间接地感受到佛香阁很高；"黄、绿、朱红"等颜色，又使人感到古色古香的美……从这些词句中，我们能够领略到万寿山景观的壮丽。又如，作者用"镜子"和"碧玉"来比喻昆明湖水的静和绿，还用一个"滑"字衬托昆明湖的静，意味无穷，颇具匠心。

第三，课文中有一些能牵一发而动全身的句子，这些句子是文章的重点。我们从这些重点句子入手，积极引导学生进行对话，可以帮助学生有效地感悟文章，快速地探究文章的主旨，达到优化对话之目的。有的文章在开头用了一个概括性的句子，我们常称之为总起句。这是我们对话切入的最佳点。如《桂林山水》一文的开头引用名句"桂林山水甲天下"，点明桂林是闻名遐迩、令人神往的游览胜地，于是很自然地产生了荡舟漓江、观赏桂林山水的欲望。一个"甲"字高度概括了桂林山水的奇丽之景堪称天下第一，此句为全文的总领。下文就围绕这一名句，分别从山和水两个方面具体描绘。我们教学时可以从这一总起句切入进行对话："甲"是什么意思？"甲天下"是什么意思？桂林这个地方有什么景物"甲天下"？从题目中我们可以猜出课文中重点要描述的是什么内容。这样的对话，可以较快地引导学生进入文本，把握文章的主旨。

综上所述，只要教师能紧扣文眼，找到契合点，让学生"得法于课内"，再辅以精当的练习，定能起到举一反三、以一计十的良好效果，现代文阅读教学将不再尴尬。

四、动态生成是探究的丰硕成果

徽派语文的教育观认为，弹性预设是指教学方案为学生主动学习而预备充分的空间，为鼓励动态生成保留足够的余地。弹性预设就是要既有教学达成的大方向，又有高度的灵活性。教育的根本任务应是"促进学生的发展"。离开了学生主体性的发展，教育就失去了依托和生命力。我们每个教育者应从学生的个性出发，培养学生的独立人格，发展学生的个性才能，从而使学生沿着全面发展的轨迹健康成长。苏霍姆林斯基曾经有一个十分精彩的比喻：要像对待荷叶上的露珠一样，小心翼翼地保护学生幼小的心灵。这种保护就是一种教育。在课堂探究中，我总是用鼓励的语言让学生亮出自己的观点，允许学生独树一帜，随时质疑，保留看法，使每一节课都能成为学生施展才华的舞台，让学生个性尽情展现。答案不是唯一的，语文教学才是精彩的。譬如在教学《我的战友邱少云》一文时，有一个关键词"纹丝不动"。我预设了三个问题：①"纹丝不动"是什么意思？②邱少云真的是"纹丝不动"吗？你是否能从"不动"中探究出"动"来呢？③对于"纹丝不动"的描述，你还有什么疑惑吗？这其中，第二、第三个问题都属于弹性预设。我在指导学生理解"纹丝不动"之后，进一步启发学生用逆向思维的方法来悟邱少云"纹丝不动"中所蕴含的"动"：同学们，邱少云的身体是纹丝不动的，请你们想一想，邱少云的什么在动呢？学生思考片刻，很快说出邱少云的牙在动、眼在动、手在动、脑在动……我又进一步引导：请说说邱少云是怎样动的？这一悟的环节，引导学生由正面悟到反面，由纹丝不动悟到了"动"。这样的悟，让学生从邱少云的"动"中创造性地理解他的"纹丝不动"，从有字读出无字。学生都能从课文中捕捉相关的信息，然后加进自己的生活经验和感受。这样的感悟教学，充满了感性，调动了学生的直觉、感受、想象、情感，使学生在感性化的学习中领悟课文，完善人格，关注生命方式，得到发展。最后，我引导学生在充分读课文的基础上，提出自己不理解的问题。调皮的张辉同学率先发问："老师，燃烧弹燃烧之后，火为什么只烧邱少云，而没有烧'我'和其他战士呢？"我惊呆了，这可是我从来没想过的问题！我一时不知如何回答。大家都用期待的目光盯着我。我调整好自己的情绪，由衷地赞叹道："张辉提出了一个很有价值的问题，连老师也没想过这个问题，有水平！太不简单了！"全班学生都情不自禁地鼓起掌来。这时，我引导全体学生积极展开讨论。教室里气氛热烈，最后大家比较一致地认可岳鹿的结论。他说："可能邱少云趴在下风处，我们趴在上风处，火往下风处烧，所以没有烧到'我们'。"教育的技巧并不在于能预见课堂上的所有细节，而在于根据当时的具体情况，巧妙地在学生不知不觉之中做出相应的调整和变动。课堂上有很多更精彩的思想方法生成，教师如果说："这个想法不错，希望同学们课后去讨论。"那么这堂课的"精彩一刻"就会溜走。把这一问题提交全体同学讨论，就为提出问题的这位学生的智慧影响全班同学创造了条件。动态生成才是探究的丰硕成果，课堂因此而更加美丽。

综上所述，我们应该预设教学目标，但只是基本目标，预设的目标可以在教学中修正。我们应该预设教学重点，但只是基本重点，预设的重点可以在生成中调整。我们应该预设教学流程，但也只是基本流程，预设的流程可以在实施中变化。随时准备修正、调整、变化自己的预设是新课程对当代教师提出的新要求，具备这种教学素养的教师就能够促进生成，这样的生成是朴素的、真实的、生动的，因而也是有效的。课堂因探究而美妙，探究因生成而美丽。

第六节　徽派语文的练习预设

在生活中，人的一切活动都离不开语言的运用，语言的综合性体现了人们交往的能力。语文练习的过程不应迷失在单纯追逐应试功利的途中，而应成为引领学生联系生活、运用语言、提升智慧的过程。语文作业要从单纯的"知识追逐"中摆脱出来，根植于学生的日常生活，关注学生的生活方式，关注学生的生活状态，关注学生的可能生活。语文作业要亲近日常生活，以生活世界为依托，以生活世界为旨归；语文作业设计要融通日常生活，真正实现科学世界和生活世界的有效连接；语文作业还要超越日常生活，建构有质量、有品位、有意义、有灵魂的体验式作业生活，让学生在体验式作业生活中感悟生命的意义，发现成长的快乐，追寻智慧的源泉。

一、课堂练习，应该联系生活开发语文的资源

在当前阅读教学中，流行的教学流程是初读整体感知课文内容，品读感悟重点段落内容，悟读体验作者情感，课堂练习基本上是围绕课文内容来进行的。即使有解词析句，也主要是为理解内容服务的。徽派语文的教育观认为，身为语文教师，一定要明确：语文学习，就是通过语言的学习和运用，培养学生的语言素养和精神素养，从而培养学生的语文素养。

第一，课堂练习应活化生活。语文教师要在教学中用语文的方式实现

语文的教育意义，就必须保持不断的追求，形成语言的敏感，通过自己的语文实践，触动学生，让学生爱上语文，爱上理解和表达，爱上生活，保持着一种对语言在使用时的生动、丰富的关注。唯有如此，才能让学生进入那个用语言呈现的鲜活、丰富的世界，因文而有感，因感而欲言，因言而得意，因意而悟道，因道而成文、成人，从而实现语文学科教育的意义。听、说、读、写是语文技能的具体表现，要在课堂教学中有机训练。例如在《新型玻璃》的阅读课上，我让学生在充分自读的基础上，内化了"夹丝玻璃""变色玻璃""吸热玻璃""吃音玻璃"等的特点，然后作为一位新型玻璃厂的推销员，把这些玻璃在推销会上推销出去，并且把自己联想到的新型玻璃也一同推销，让学生在"转述""陈述"和"描述"等多种说的训练中提高记忆、想象能力和创造性"说"的能力。与此同时，我还定期组织故事会、高年级学生的辩论会等，进一步培养学生"说"的能力。

第二，课堂练习要做到读与写的有效衔接和迁移。叶圣陶先生说过："语文教材无非是个例子，凭这个例子要使学生能够举一反三，练成阅读和写作的熟练技巧。"现行小学语文教材的课文是最好的范文，为读写结合提供了良好的材料。如学习了《少年闰土》《金色的鱼钩》等课文中人物的外貌描写，让学生写一写班上同学的外貌。为了让学生更感兴趣，可要求学生在写的时候不写出人名，只写特征。在集体评改时，让全班同学猜猜写的是谁。还可以着眼于整篇文章，抓住课文某方面特点进行随文练笔训练，如表达中心、选择材料、突出重点、安排顺序、真情实感等方面。如学习了《桂林山水》，要求学生按"总分总"的写作顺序写一处景物，在抓特点描写景物的同时展开联想，抒发感情，在句式表达上运用比喻、排比等修辞手法，要做到读与写的有效衔接和迁移。这就要求我们要充分挖掘教材中"读"与"写"的结合点，对学生有目的地加以指导，进行读写训练，培养学生良好的读写能力。教材是我们最好的"榜样"，我们要根据教材的特点、写作训练的要点，精心选择读写结合点，为学生提供有效借鉴的对象和创造的依据，及时有效地模仿和创造性练笔，对于提高学生的习作水平是很有帮助的。教师要充分利用好课堂主阵地，创造性地运用教材之典范，凭借读写迁移引导学生把文本语言内化为自己的语言。

二、课后练习，应该在生活中练习运用语言

徽派语文的教育观认为，语文作业要从单纯的"知识追逐"中摆脱出来，根植于学生的日常生活，关注学生的生活方式，关注学生的生活状态。作业要亲近日常生活，以生活世界为依托，以生活世界为旨归；作业设计要融通日常生活，真正实现科学世界和生活世界的有效连接，建构有质量、有品位、有意义、有灵魂的体验式作业生活，让学生在体验式作业生活中感悟生命的意义，发现成长的快乐，追寻智慧的源泉。因此，语文作业的设计，应该从知识的练习走向语文课程资源的开发。如：积累类——摘抄自己喜欢的句段、充满浓郁地方气息的俗语、充满童趣的生活见闻等；阅读类——增厚知识底蕴的文本阅读和拓宽信息层面的视频（电视等）阅读等；书写类——采用恰当方法每天坚持写字，把规范写字练成一种习惯；口语类——坚持把感人的句段朗读给家人听，把有趣的故事讲给别人听，有意识地练习日常与人交流的能力；自然观察类——天文天象观察、地质地貌考察、村落历史考察、生态环境调查等；社会调查类——社会经济、生活变化、传统文化、民风民俗和某行业的变迁等。

第一，在生活中练习运用语言。《课标》指出：语文的"学习资源和实践机会无处不在，无时不有。因而，应该让学生多读多写，日积月累，在大量的语文实践中体会、把握运用语文的规律"。我们的语文作业应成为学生生活的一部分，使作业成为一种交流，与生活紧密联系起来。作业的内容与学生的生活紧密联系，既检测了学生对语文知识的实践运用能力，又培养了学生对现实生活的领悟和创新能力。如学校要开展"诗歌朗诵会比赛"，我设计了这样的综合习作题目：

【比赛前】
（1）填写一份朗读比赛公告，贴在教室的黑板上。
诗歌朗诵会比赛公告
时间：＿＿＿年＿＿＿月＿＿＿日上（下）午＿＿＿（几点）开始

地点：

赛程说明：

班级运动员名单与项目：

班级服务组人员分工：

（2）以班委会的名义给本班级服务人员写一份通知，告诉他们需要准备哪些物品和注意事项。

【比赛中】

（3）以《精彩瞬间》为大题目（小题目自拟），描写几个比赛的片段，张贴在黑板报栏里交流。

（4）以《我在朗诵比赛中》为题目，写一段或一篇自己参加比赛项目的体验。（参赛同学赛后必做）

（5）给学校广播室写一篇表扬稿，表扬你所见到的好人好事。（服务人员必做）

【比赛后】

（6）写一篇通讯报道在学校网站上发表，宣传这次比赛，题目自拟。

（7）根据自己观察记录的笔记，思考以下问题：①比赛的时间、地点、参加者的目的是什么？②比赛的环境怎样？③比赛的过程、优胜者的比赛情况怎样？④对比赛怎样评价？写一篇日记评论。如果你认为满意，就拿到班级习作园地交流。

（8）写一首小诗，赞美这次比赛或比赛中的人物。

（9）画一幅人像画，配上文章或诗句。

（10）给远方的亲友写一封信，介绍一下这次朗诵会的情况和自己的感受。

（11）最后给校长写一封建议信，谈谈自己对这次朗诵会的看法或自己的建议，投放到学生信箱中。

我提前一周布置以上题目，要求学生可以多写，但最少要自选三题，每一类至少选一题。这样，习作的内容与学生的生活紧密联系，既检测了学生对语文知识的实践运用能力，又培养了学生对现实生活的领悟和创新能力。

第二，开放语文作业的资源通道。学生们渴望丰富多彩的语文练习。

体验式语文作业的大量的信息、丰富的活动、美丽的大自然，对孩子们充满着无穷的吸引力。例如，人教版小学语文六年级下册第二单元的教材，选编这单元课文的目的，一是让学生了解一些传统的民风民俗，吸收民族文化智慧，感受这些独具魅力的民俗风情中蕴涵的民族文明和传统美德。二是让学生进一步了解文章的表达方法，体会作者怎样谋篇布局、准确用词、生动表达，并在习作中加以运用。在教学本组教材过程中，应注意拓展课程资源，加强学科整合。结合教学实际，我们开展了"亲近阜阳"的实践活动，促进学生了解阜阳、热爱阜阳、歌颂阜阳、保护阜阳。其具体活动包括：①诵读诗词。查找各种描写阜阳的诗歌散文，朗读并背诵其中的名篇佳作，感悟阜阳之美，领略古今文人墨客对阜阳的喜爱之情。②高唱赞歌。听一听、唱一唱赞美阜阳的歌曲。③实地考察。走到颍河边，看一看沿河两岸的环境，了解颍河的现状。④保护阜阳。访问环保部门，呼吁大家保护颍河。采访渔民，了解水产资源与渔民的生活状况。为了子孙后代，给渔民写一封公开信，呼吁大家保护水产资源。⑤体验生活。我们设计了"走进家乡的春节"综合性学习内容，开展了一系列活动。组织学生调查节日民俗，写一写有名的小吃；亲自当一回服务员，体验服务生活；探究阜阳城的物华之彩，神韵之髓，追寻家乡的历史文化底蕴；走近创业名人，了解他们的创业史；为家乡设计广告语，展望家乡的明天；等等。⑥抒发情怀。选一处自己喜欢的阜阳的风景名胜，写一句广告词，或者写一句环保广告语，或者尝试写介绍阜阳的解说词或者赞美阜阳的文章。学生们在调查、思考、交流、表达中进一步提高了语文综合素质，增强了对家乡的热爱。这些具有地方色彩的教学资源，使习作教学贴近生活，充满了童趣和灵性。这样的语文综合实践活动使习作课程发生了质的变化，使教师有了创造的新空间，让孩子们的习作视野走出了封闭的课堂，在广阔的天地里实践、探索、体验、创造……

三、习作练习，应该关注语文课程资源的开发

徽派语文的教育观认为，课本和课堂之外存在着丰富多彩、鲜活生动、

富有强大生命力的习作生活。习作教学应该"跳"出僵化的模式和狭小的天地，投入"大习作"的广阔天地中，"跳"出教材练习作，"跳"出课堂练习作，"跳"出习作练习作，体验习作练习作，师生互动练习作，快乐施教练习作，个性指导练习作，综合练习练习作，开放教学练习作，以人为本练习作，让学生愉快地观察生活、体验生活、感受生活，从而让学生尽情地享受生活、享受习作、享受生命的发展和成长，获得其未来生活所必需的写作素养。

第一，"跳"出课堂练习作。《课标》指出："养成留心观察周围事物的习惯，有意识地丰富自己的见闻，珍视个人的独特感受，积累习作素材。"生活是丰富多彩的，学生身边的事更是层出不穷，这是习作素材的大仓库，但小学生有意注意还处于萌芽阶段，往往缺乏主动观察与发现。为了"跳"出课堂练习作，培养学生善于发现身边事情的主动意识，"跳"出课堂练习作，可经常引导学生动手做做、玩玩、写写，引导学生在生活实践中练习作。注意培植学生对习作的自信心，鼓励学生写出富有童真、童趣的习作，必须得说自己的话，尽量使用童语，切忌写大人腔的习作。一是集体活动做了写。如班级、学校等集体组织的大型活动；运动会、个人特长赛、文艺汇演、公益劳动、参观访问、慰问孤寡老人等大型活动；班上开展的知识竞赛、游戏活动、野炊、放风筝等小型活动；学科教学中的实验小制作、课本剧表演等学科活动；等等。活动后练习写作，学生就有话可说，有事可叙，有情可抒。二是独特体验及时写。充分挖掘学生个体身边的点滴小事，积极引导学生有了独特体验后写一写。有些后进生既调皮基本功又差，但要他们写自己调皮的事，一般都写得生动有趣，文通字顺。经常引导学生写身边最熟悉的小事，学生也就成了生活的有心人，学习的小主人。三是逗着学生玩乐写。好玩是小学生的天性，学生中每隔一段时间就会流行一种玩意或玩法，如吹泡泡热、丢沙包热、集卡通片热、看漫画热、玩水枪热、剪纸热……流行什么就引导学生写什么。学生普遍感到无话可写了，就发动一次扳手劲比赛，或者请学生来个比笑表演，等等，现场观察，现场写小练笔。这样做，能够顺应学生好玩的天性，让学生在玩乐之中进行习作，更有童真童趣。

第二，立足发展练习作。习作的教学策略是树立学生主体意识，关注人的发展，关注学生的可持续发展，让学生的生命活动达到由内向外的表达和律动。基础习作的根本任务是将学生引领到丰富多彩的语文世界，感受和运用语文的能力，通过教学的创新，丰富学生的精神世界，健全学生人格，陶冶学生情感，发展学生的道德修养，提高学生的文化品位、审美情趣和鉴赏水平。指导小学生习作，就是要摒弃刻意的矫饰与编造，摒弃抄袭与套作，引导小学生学会用心灵去感悟人生，将自己真切的思想和情感了然于字里行间，情动于衷而形于文。比如指导学生收看《新闻联播》《焦点访谈》《东方时空》等优秀电视节目，利用网络搜集资料，要求学生写收看节目后的感想；组织学生走出学校进行社会服务，写出调查报告；鼓励学生假期外出旅游，领略自然、人文风光，陶冶情操……学生生活的外延扩大了，练习写作的空间也就相应地增大了，真正使写作与学生生活紧密结合在一起。通过习作的练习给学生营造一个属于自己的空间，搭设一个在写作中任他们自由驰骋的舞台，从而使他们在每一次的习作中经历思考、反省甚至痛苦的解剖，在习作中历练文笔。通过"求真"联系生活，联系阅读；通过"求美"展示个性，形成基本的规范，从而发展自己的人生，提升思想境界，塑造人的人格品质，积淀人的文化修养，抒发人的真情实感。

徽派语文的教育观认为，应立足应用，指导学生多写实用的练笔习作。语文作业的方式可根据自身的情况，采取"自助"的形式进行。比如漫长的寒假和暑假，是学生亲近自然、了解社会、锻炼能力的绝佳机会。因此，教师布置的假期作业也应不同于平时在学校的作业，要充分体现假期的特色。一方面，可让学生根据自身的特点及自己家庭的环境、条件等，投入生活实践中去，让学生把亲近自然、参加生活实践的感悟，以书面的形式写出来，待开学后在班内交流、实现资源共享；另一方面，可让学生对自己平时所学知识的短板进行补缺补差，集中精力、攻坚克难。

第四章　徽派语文的智慧技巧

第一节　徽派语文的有效引领

引领式的徽派语文生态课堂，是以教师引导为前提，以学生自主学习为主线，以学生终身受益为目的，将课堂由教师的"讲堂"变成基本上由学生自学的"学堂"。教师在引导学生自学时，既不能放任学生自流，又不能牵着学生的鼻子走，而是坚持"以学生为主体，以教师为主导"，"以促进学生全面发展为本，以提高学生语文素养为本，以练习应用为本"的策略，使学生在阅读理解课文的过程中，通过教师的科学引导，进行有目的、有顺序的读练。从而引导学生通过自育、自学、自助而助人，培养学生自我管理、自我教育、自我调控、自我激励、自我认识、自我发展、自我评价的能力，引导学生思想上自育、人格上自塑、学习上自研、生活上自理、行为上自控、心理上自调、方法上自炼、评价上自鉴，从而有效促进学生综合素质的形成。

引领式的徽派语文生态课堂教学模式体现"一个中心""两个基本点"："一个中心"即以语言训练为中心，特别要加强语言的运用。"两个基本点"即培养语文能力（听、说、读、写、书），提高人文素养。让课堂"活"起来，让课堂充满灵气，让课堂焕发勃勃生机，映射出生命的意义，从而让学生尽情地享受生活、享受学习、享受生命的成长，获得其未来生活所必需的知识素养。引领式的语文生态课堂教学模式从教学观念到方法、策略都进行改革创新，实现课堂教学"美丽的转身"。把"以促进学生全面发展为本"的理念，变成每位教师自觉的教学行为。如果教学做到适合每个学生，促进每个学生的发展，就基本实现了教育公平。由"教教材"变成"用教材教"，由"教课文"变成用课文学语言、用语言，由分析课文内容的教学转向以策略为导向的教学，注重读法、写法、学法的指导，以提升阅读理解能力、运用语言能力以及学习能力，实现观念创新、内容创新、教法创新。引领式的语文生态课堂教学模式强调用好课文，少分析，多揣摩，多感受，多体验。一定要带领学生深入文本的语言中，让学生感受语言，熟悉语言，理解语言，借鉴语言。先要让学生自己去跟作品打交道，避免把学生的思想赶到死路上去；进而生与生、师与生在重点、难点、疑点上进行思维碰撞，互动交流，利用课文要得意、得言、得法（不同年段、不同课文有不同的训练重点），努力实现课文的增值。指导的方法、策略，要体现"以学定教，顺学而导"，因文而异，百花齐放。

引领式的徽派语文生态课堂教学模式从"传授型教学"向"互动型教学"转型，要建立起新的教学观念和教学技术，需要高度重视四个方面。第一，重构知识概念，为教学转型奠定知识观基础。从性质上划分，知识包括事实性知识、方法性知识和价值性知识。其中，事实性知识以记忆为主要获取方式，方法性知识以"做中学"为主要获取方式，而价值性知识以"自我实现"的体验和感悟为主要获取方式。显然，当前的教学系统仍然过于重视事实性知识。第二，提高课程意识，为教学转型奠定课程观基础。在教学目标方面，不仅重视实现教学目标，更重视以合理的方式实现合理的教学目标。在教学效果上，不一味追求近期的外显结果，更注重长期的内在基础。第三，确立学生主体地位，为教学转型奠定学生观基础。学生的自主学习、合作学习和探究学习是"互动型教学"的重要前提和基础，因此，"自育自学"高效课堂教学模式设法让学生的问题、困惑、思考、见解、兴趣、经验、感受、智慧等要素真实地进入教学过程，成为师生对话的主体力量。第四，丰富"互动型教学"课堂模式，为教学转型提供技术支撑。当前尤其要改变学生的"三不一没有"待遇，即"不放心、不放手、不放权"和"没有自主学习"。"自育自学"高效课堂教学模式绝不是放任自流，而是结合具体教学实际，将"预习—交流—反馈"的课堂模式操作化和现场化，从而将"互动型教学"从理念转化为实施形态。

引领式的徽派语文生态课堂教学模式的课堂教学改革，不仅把被压抑、被控制的生命解放出来，而更重要的是一切为了学生，高度尊重和全面依靠学生，把大自然所赐的全部资源调动和发挥出来，从控制生命转向激扬生命。引领式的徽派语文生态课堂的教学最终目的就是把教师如何"教"转变为如何引领学生"学"，通过教师的引领，促进学生的自主、高效学习。引领式的徽派语文生态课堂教学模式跟"内容分析"式的教学彻底说"再见"！

一、兴趣引领，未成曲调先有情

在学生学习语文的过程中，比知识更重要的是方法，比方法更重要的是兴趣，兴趣是最好的老师。知之者不如好之者，好之者不如乐之者。提高学生的语文素养，只凭老师的压力强迫学生多读多写，往往事与愿违，南辕北辙。我认为，最有效的方式是积极激发学生的习作兴趣，使他们自觉地投入语文实践的活动中。引领式的徽派语文生态课堂的兴趣引领，是一朵云推动另一朵云，一棵树摇动另一棵树，一颗心灵唤醒另一颗心灵。

上课伊始，教师可通过创设教学情境，如结合学生熟悉的生活、生产实际，讲述与课题有关的自然、生活中的一些现象，通过一个小故事，出示一张图片，演示一个小实验，组织一个小游戏等方法生动地再现与教学内容有关的知识现象。组织引导学生有目的地从多角度观察、发现问题，并提出与教学内容有关的问题，从而激发学生强烈探究的欲望。尤其在习作教学中，有趣的兴趣引领是习作的催化剂。创设一定的情境，犹如给学生再现了生活，活化了人物形象，学生就有话可说，有情可抒，有境可想（想象）。比如在习作之前，我经常有意设计并组织一些小游戏、小表演、小动画、小音乐欣赏等活动，并相机启发学生注意观察、联想和想象。这样，就很容易调动学生习作的积极性，使他们有话想说，有话乐说。然后再对选材、开头、结尾等方面加以指导，学生很容易就能做到有话会说，有话趣说。

在引领式的徽派语文生态课堂的教学过程中，"用趣"要"行其所当行，止其所当止"，见"好"即收，功成"趣"退，绝不可滥用，"滥"则"贫"矣。一味地求趣"搞笑"不仅会冲淡教学的主旨，而且还会产生极坏的负面影响。"趣"是为"旨"服务的，只能以"趣"助"旨"，不能以"趣"碍"旨"。"万绿丛中一点红"，只要有一点或几点用得好，就足以"激活"课堂气氛，提高教学效率，获得良好的课堂教学效果。

二、目标引领，把握要点方向明

"做正确的事，而不是正确地做事"。如果一件事的方向是错误的，做得再用心，再努力，也是没有意义的。教学目标是教学的出发点和归宿，教学要有清晰的、合理的、易于评价反馈学习效果的目标。目标引领内容的实践，不是一种仅仅在认识结论支配下的机械操作，而是所有的人以全部信念、情感、认识、智慧和力量投入的具有丰富创造性的行动，认识只是其中的一部分。把实践领域的问题仅仅作为一个认识问题去解决，实践的过程，总是在发生着、展开着。这样一种理解，使引领的目标丰富、生动、鲜活地显现在我们面前。

引领式的徽派语文生态课堂，要求教师要认真研读课程标准，要经常性地反思，形成对教育教学宏观追求的理解；教师还要认真研读教材，理解教材的编写意图，最好是研读整个学段的教材，这样才能从整体上把握教材的结构。

第一，带着目标走进课堂。引领式的徽派语文生态课堂的教学目标要求落实两点：一是落实到学生具体的课堂学习行动上，比如"说出""阐述""写出""做出"等。二是落实到具体的知识点或技能上，比如需要思考和回答的问题，要会做的某个类型的习题，等等。这样一来，教学目标就转换成了学生围绕知识或技能的具体行动目标，这样的引领目标能有效指导学生在课堂上的自主学习，人人知道该做什么、怎么做、做到什么程度。我的目标引领内容的教育理念正在经历从认识到实践的转换。下面以《开国大典》第一课时为例设计教学目标：

（1）细读课文，找出课文的14个生字和新词，读一读，写一写。

（2）找出课文描述开国大典盛况的顺序，按照叙述的顺序分段，列出段落提纲。

（3）议一议，分析比较，找出课文中场面描写的段落，反复思考，学会点面结合的场面描写方法，练习写一个学校生活的小场面。

第二，带着目标观察课堂。对照教学目标观察课堂，应该关注知识教学的落实，关注学生的操作和合作能力，留意学生的学习兴趣，观察是否激活了学生的生活经验和情感体验，在个性化的阅读感悟中，学生在解决学习过程中的问题是否具有合作的精神，是否通过自主学习、探究等方式体验到成功的喜悦。

第三，带着目标自主实践。三维目标的灵魂在于它对生命发展的关注。一个精彩的案例不亚于一项教学理论的研究，经常精读那些来自名师课堂的典型的，又能引起内心共鸣的经典语文案例，能够有效地帮助自己找到语文教学研究的切入口和研究方式。尽管一些教师已经形成自我反思的能力与习惯，但仍存在反思的随意性与盲目性，而且缺少自我指导和发展的反思。因此，如果能够有针对性的就语文课堂中三维目标的达成进行深度的专题思考，其课堂教学效率将大大提高。

教学目标是课堂教学的灵魂，用三维教学目标引领语文课堂教学不失为一个有效的切入口。教学的成功与否，落脚点不在教师做得怎么样，而是学生最终学得怎么样。课堂上教师"给予"学生什么，并不等于学生就一定"收到"了什么。如果我们的立场错了，那么教师展示的深度和高雅，儿童会觉得玄奥莫测而难以接受，这样教的内容越多，学生因厌倦而导致教学效果越差。教学的盲目性与随意性最根本的问题在于没有树立真正的目标意识，其目标往往体现在"教"上，而不是落在"学"上。现在的一些课堂教学目标设置的问题非常多，在教学目标的描述中，"了解""理解""掌握"等描述学生个体内部心理变化的词汇用得最为普遍，但是这些目标的实现程度却是无法准确评价的，学习效果难以衡量。

其实，三维目标就在自己的课堂，就在自己的身边。我们应该把日常过于复杂的教案，转化为简约而不简单的"问题引领"，把教师的"教学目标"转化为学生可操作的"学习目标"。在目标引领的有效课堂中，追求复杂问题简单化，期待简约而不简单。以目标引领为主要板块的体例设计，凸显知识学习与能力培养，凸显核心知识；以问题的方式呈现知识，便于激发学生思维；简洁而有规律地呈现问题，为课堂勾勒一个简单、明了的路线图，这种目标引领设计极大地顺应了学生学习的内在需求，便于教师简洁、明快地把教学目标转化为学生可操作的学习目标。

三、问题引领，生态课堂新模式

文本研究如水，教学变革如舟。如果仅仅把课程改革停留在教的方式的转变上，那么这种改革就可能在浅水区搁置。引领式的徽派语文生态课堂教学模式运用问题引领，通过对文本的深刻解读，以高质量的问题呈现与习题呈现为操作平台，成功地实现培养素质与应试的双赢。

第一，问题引领。引领式的徽派语文生态课堂教学模式的导学案，把日常教学中问题的呈现由"口头形式"转化为"文本形式"。口头提问有直观、亲切的优点，同时具有相对随意、难以留存的不足，学生难以准确把握。引领式的徽派语文生态课堂教学模式把有价值的核心问题由"气态的语言"凝结成"固态的文字"，使课堂简洁、凝练，避免了教师口干舌燥、学生疲于应付的教学状态。例如《少年闰土》第一课时，我出示了这样的引领导学问题：

①默读课文，想想"我"和闰土是怎样认识的，发生了哪些事情。把你认为含义深刻的句子划下来，不懂的地方做上记号。

②划出作者介绍闰土外貌特点的句子，找出关键词体会闰土的特点。

③闰土和"我"在一起，给"我"讲了哪些事？

④课文中哪几件事重点描写了闰土的动作？

⑤在这几件事里，哪件事给你印象最深？为什么？

引领式的徽派语文生态课堂认为，一节课的好坏，评判标准不是停留在学生对课本知识的复制和学会上，更重要的是看课堂上学生的思维碰撞，对问题的质疑、文本的批判，动态的生成。引领式的徽派语文生态课堂模式导学案是学生学习的路线图、指南针，是学生学习的起点，也代表着需要达到的目的地。导学案应体现以"生"为本，以"学"为出发点。一份好的导学案既能承载学生的学习目标，又能强化知识之间的紧密联系，是一个学科知识的循环系统。它能保证学生通过自主学习掌握知识，并逐步升华为一种学习能力。如果用一个比喻来概括，导学案就是学生学会学习、学会创新、自主发展的路线图。导学案与传统的教案和讲稿不同。导学案的制定是基于学生的"学"，而非教师的"教"，所解决的重点问题是"学什么""怎样学""学到什么程度"，力求把学生放到主体地位上来。导学案是师生共同参与、良性互动的载体。而传统的教案和讲稿是从教师的"教"出发，重在解决"教什么""怎样教"的问题，强调的只是传授的结果而非学生"学"的过程。低效课堂常常处于这样的循环：教师课前准备不足—上课语序混乱、行为紊乱、丢三落四—对于教学效果不放心—留大量作业—花大量时间批改作业—新课准备不足……。引领式的徽派语文生态课堂教学模式以文本研究为切入点，在问题设置与习题编排上力求突破，直击教师备课之痛处，为学生的自主学习提供了得体适量的"半成品"（教师可根据自己的教学个性进行使用上的再创造），把日常训练中拼数量、拼时间、拼体能的"红海战术"转化为超越竞争、自主、自由、自在的"蓝海战术"。把日常课堂上教师的"临场发挥"转化为课前的"运筹帷幄"。

第二，课堂结构。引领式的徽派语文生态课堂教学模式通过创设特定的问题情境，引导学生在解决面临的问题时，主动获取和运用知识、技能。激发其学习主动性、自主学习能力和创造性解决问题的能力。该教学法以学生在教师的导学下自主合作完成学习任务，达成学习目标为宗旨。它不唯形而唯实，不唯新而唯效，求常态而不求包装，把课堂的聚焦由"老师教得怎么样"转向"学生学得怎么样"，明确了衡量有效课堂的三条标准，即以学生"愿学不愿学""会学不会学""学会没学会"为标准。一般操作步骤为：自主探究的问题—合作探究的问题—质疑再探的问题—拓展创新的问题。

引领式的徽派语文生态课堂教学模式把日常过于复杂的学案，转化为简约而不简单的问题引领，把教师的"教学目标"转化为学生可操作的"学习目标"。目前的教案复杂而空洞，在表达方式上，出现诸多学生不关心的文字，淹没了核心知识，缺乏激活思维的问题；以教学环节划分、以难度划分的排列，过于追求课堂形式。

引领式的徽派语文生态课堂具体到每一个引导问题的出现，围绕教学目标，创设问题情景，设置具体问题，大胆放手让学生自学自探。主要涉及三个步骤：

一是创设问题情景。教师在课前把自己的情绪调整到最佳状态，通过口头（肢体）语言、音像资料、实验操作等方法，迅速点燃学生思维火花，尽快形成问题氛围，使学生"生疑"，同时产生强烈的求知欲望。

二是设置具体自探问题。根据学科特点，自探问题可以由教师围绕学习目标直接出示；也可以先由学生发散性提出，然后师生归纳梳理，如果问题还没有达到目标的要求，教师再补充提出，最后将自探问题确定下来。在具体的使用过程中，无论采用哪种方式，教师都必须明白：自探问题的"主干"就是本节学生应掌握的学习目标，是引导学生自学课本的提纲，问题点设置是否准确、简明和恰当是一节课成败的根本。因此，教师要根据学生具体的学习基础和是否进行过课前预习，适当增加和减小问题的坡度，让学生跳一跳都能摘到"果实"。实践发现，教师直接提出自探问题，能直奔"主题"，节约课堂时间，但学生思维必须在教师设置的框架下运行，限制了学生的思维。如果让学生提出问题，大部分支离破碎，教师需要引导归纳，问题提不到"点子"上还要补充，占据了课堂时间，把握不好可能影响到教学任务的完成。我们认为，学生能主动提出问题，说明学生有问题意识，这是"创新"的开始，因此，我们主张自探问题的设置，如果课型允许，应该先让学生提出，因为提出一个问题比解决一个问题更重要。

　　三是学生"自探"。这里的"自探"是学生完全独立意义上的自探。自探前，教师一般要适当进行方法的提示、信心的鼓励和时间的要求。自探中，要让每一位学生都能感到教师对自己的热切关注和期望（通过巡视的方式关注学困生，通过赞许的目光关注提前完成任务的优等生），无论关注的形式怎样变，有一个底线不能变，那就是不能打断或干扰学生独立学习的思路。其课堂微型板块如图4-1所示：

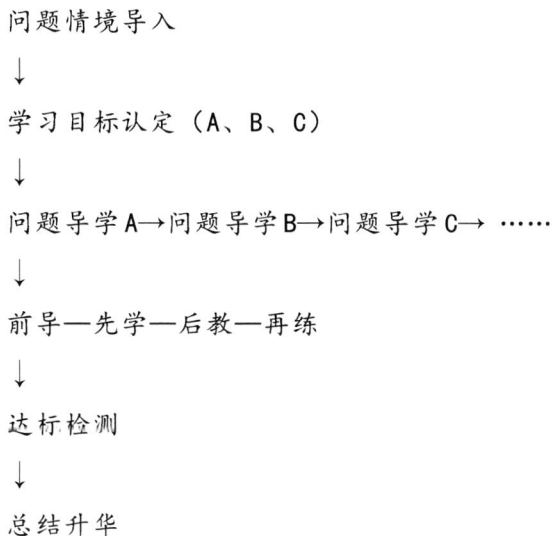

问题情境导入

↓

学习目标认定（A、B、C）

↓

问题导学A→问题导学B→问题导学C→……

↓

前导—先学—后教—再练

↓

达标检测

↓

总结升华

图4-1　学生"自探"课堂微型板块

　　例如在第二课时"总结升华"这一环节，我设计了这样的问题引领：

　　请你结合课文内容，给闰土编写一张履历表。

姓名	闰土	性别		年龄	
外貌特点					
特殊本领					
个人特长					
我的评价					

大道至简。引领式的徽派语文生态课堂教学模式以问题引领与专题训练为主要板块的体例设计，凸显知识学习与能力培养，凸显核心知识；以问题的方式呈现知识，便于激发学生思考；简洁而有规律地呈现问题，为课堂勾勒了一个简单、明了的路线图，便于教师简洁、明快地把教学目标转化为学生可操作的学习目标，这种设计极大地顺应了学生学习的内在需求。

四、方法引领，比较对比智慧生

古人云："授人以鱼，仅供一饭之需；授人以渔，则终身受用无穷。"语文是一门基础工具学科，从某种意义上说，学生掌握语文学习方法，甚至比掌握语文知识更为重要。引领式的徽派语文生态课堂，自学是培养学生自学能力，主动获取知识的有效途径。引领式的徽派语文生态课堂的探究教学以问题为导向，在教师指导下学生运用科学探究的方法获取知识、发展能力，学生由被动接受知识变为主动获取知识，在教师的引导作用下使学生成为学习的主人。教师引导探究学习的问题应与教学目标、重点紧密相连；问题明确、有层次、有启发性，能引起学生有效思考。我们在学习中要注意把课本所学内容与现实生活联系起来，把理论和实践结合起来，把知识与热点联系起来，把教材知识同现实生活中的问题联系起来，在平时的学习和复习中引导学生注重联系实际，掌握扎实的基础知识，是引领式的徽派语文生态课堂教学取胜的基础。

第一，引领式的徽派语文生态课堂，注重教给学生自学的方法。引领式的语文生态课堂，通过引导自学，让学生学会自主学习。在自学中学生学会了看问题—提问题—想问题—解决问题，思维活跃起来，能够从不同的角度分析、看待一个问题，能够结合实际解决一些简单问题。自学能力逐渐建立起来，就能为终身学习奠定发展的基础。

（1）发现问题。让学生在通读新课的基础上，动手画画、圈圈知识要点、主要内容。在这个过程中，学生可以从整体上了解新的语文知识，把自己认为重要的概念、结论画一画、圈一圈，使得新课中的主要内容显现出来，以引起自己的注意，为理解和掌握知识做准备。对自学中遇到的疑难之处，要做好标注，因为有了问题，学生对新课的学习才有目标，才会达到事半功倍的效果。

（2）看懂例题。学生不是一张白纸，他们有一定的学习经验，对于新知识应该建立在他们已有经验的基础上。例题就是提供了自学的平台，它汇集了知识要点，可以解决许多语文问题。所以，要认真、仔细读懂例题，从中体现出知识的难点和重点，到了课堂上，我们就可以专心致志地解决学生在自学中还没有解决的问题。可以把知识学得更深、更广。

（3）尝试练习。教材往往会以例题创设一种解题情境，而剩余的几种情境则为学生提供了尝试练习的机会。通过尝试练习以检验学生自学效果，这是语文自学不可缺少的过程。语文教学有别于其他学科的一大特点就是要用语文知识解决问题，学生经过自己的努力初步理解和掌握了新的语文知识，要让学生通过做练习或解决简单的问题来检验自己自学的效果。这样既能让学生反思自学过程中的漏洞，又能让老师发现学生学习新知识时普通集中的问题，以便课堂教学时抓住重难点。

第二，引领式的徽派语文生态课堂与传统课堂的比较。从教和学的方法上看。对老师来说，过去主要的精力放在上课和批改作业上面，最困惑的是"我"讲得这么明白，学生为什么就学不会呢？"引领式教学"可使老师把主要的精力放在备课上面，思考最多的问题是如何通过巧妙的教学设计引领学生自主解决问题。对学生来说，过去主要的任务是上课要认真听讲，课下完成老师布置的作业。"引领式教学"，上课首先要自己看书学习，在老师的引领下，通过小组合作自己解决大部学习中遇到的问题，只有少量的时间听老师讲解。课下，大多数学生再也没有写不完的作业。以前，老师要等到学生学不会时，出现问题时才花费大量的精力补差，弥补课堂上没有解决的问题。"引领式教学"，老师在备课时就要进行问题预设，所有的问题尽量在课堂上解决，力争课后不遗留问题。

从评价上来看。其一，以前老师们评课时，最喜欢讨论哪个老师讲得最精彩，大家听得聚精会神；"引领式教学"，老师们评课时，说得最多的是谁的课堂学生思维最活跃，哪个学生的发言最精彩，哪个老师的引领最巧妙。其二，以前谁在放学后留学生改错最多，谁就最敬业；"引领式教学"，谁能让学生在课堂上把作业写完，让学生放学后一身轻松地回家，谁才最有能耐。其三，以前学情分析活动就是一场差生批斗会，大家说得最多的是自己教的学生是如何差，抄作业的人如何多；"引领式教学"，大家研讨的主要是如何进行教学设计，如何设计引领的方法和技巧。

五、习惯引领，奠基终身重养成

"学生的语文学习过程是一个自主构建自己对语文的理解过程。"学生带着自己原有的知识背景、活动经验和理解走进学习活动，并完成自己的主动活动，包括独立思考、与他人交流和反思去构建对语文的理解。

第一，兴趣引领。众所周知，在学习过程中，"兴趣就是最好的老师"。学生的自学兴趣是自学效果的关键，在自学习惯养成的过程中，教师要充分掌握学生的潜能，增强学生的参与意识和竞争意识，使学生在轻松愉快的环境中自觉地养成自学的习惯。兴趣的培养就是要鼓励学生课外阅读，从资料中找答案，给他们空间去说、去交流、去争论，充分发挥他们的个性。因此，他们就体会到了自学的快乐，也体会到了解决问题的喜悦。

第二，快乐引领。引领式的语文生态课堂自学，充分发挥了学生学的自觉性，他们就能感受学习的快乐、探索的快乐、增长能力的快乐。

未来的文盲，不再是不识字的人，而是没有学会怎样学习的人。学生学会学习将终身受益。引领式的语文生态课堂，要让学生养成自学的习惯，提高他们的自学能力和探索能力，以适应时代的需要。因此，要让学生会学语文，首先应从引导自学开始。学生一旦掌握了自学方法，一开始就占据领先位置，有助于形成学习的良性循环，使学习变为主动，既培养学生独立思考的能力，又养成了良好的学习品质。

六、状态引领，情趣激扬动态生

引领式的徽派语文生态课堂，除了对学生知识和方法上的引领，还要做到状态引领。学习绝不是纯粹的智力活动，学生的习惯、情绪等非智力因素也参与其中，而且在很大程度上决定了学习的最终效果。同时，积极的学习行为也在很大程度上锻炼学生的非智力因素，锻炼学生的专注力、意志力，使学生做事持之以恒、不骄不躁等。所以，引领式的徽派语文生态课堂对学生自主学习的引领还包括状态引领。

第一，精神引领。"学生的教学学习活动应当是一个生动活泼的，主动的和富有个性的过程。"引领式的徽派语文生态课堂，通过引导自学，让学生学会探索和创新。引领式的徽派语文生态课堂的自学绝不像看小说那样浏览一遍，而是引导学生有明确目标地自学，积极开动脑筋，善于从课本中发现问题。自学时要边读，边想，边做记号，边做笔记。在这个过程中，学生进行自主探究，有时会有新的发现。

第二，信心引领。通过引导自学，让学生树立自信。引领式的徽派语文生态课堂，要时时引导学生践行"我能行，我会学，我会想"。实际上，当老师提出一个问题时，敢于回答的学生往往比不敢回答的学生来得自信，假如学生在自学之后，那么他对内容的熟悉程度要比没有自学的来得强，回答问题正确的概率一般也比较高，课堂上的表现也得心应手。这就说明了引领式的徽派语文生态课堂，确实能增强学生的自信心。

如果说"知识引领与方法引领"有更多的理性与科学成分，那么，在引领式的徽派语文生态课堂的现场，教师对学生的状态引领则有了更多的经验和艺术成分。状态引领更多的是教师"教学经验和教学艺术"的成分在发挥作用，引领水平的提升主要依靠教师对课堂教学细节的不断反思、优化来实现。这就要求教师平时一定要关注课堂教学细节，不放过学生的任何一个不良学习习惯，纠正之，强化之。并且潜心研究自己的课堂评价和引领艺术，引领学生的学习情绪，使课堂活而不乱，让学生一门心思思考问题，愉悦地、专注地、有效地学习。让自己的教学行为在服务学生自主学习的同时，成为学生自主学习的示范或向导。

目前，一些教师的"引领"主要是学习方法上的引领和问题解决思路的引领，状态引领的内涵还有待进一步探索，提升空间还非常大。这也是教师教学素养的提升过程。

第二节　徽派语文的思维培养

当前阅读教学有效性不高的原因有：教师文体意识不强，语文教师应该在日常文本阅读教学中，强化文体意识，加强对不同文本功能定位的研究；教师文本解读水平不高，教师要强化自身文化底蕴，加强文本解读能力。读懂文本是课堂生成的根本，如果连课文都读不明白，谈何生成？我们的教学应该挖掘教材内涵和拓展外延，使学生不断生成问题，在相继生成的过程中，逐渐养成用怀疑和批判的眼光审视问题，实现质疑与生成的完整化归。现在的小学语文教学正处于一个教学改革发展的关键时期。作为小学教师，如何引领学生在课堂上发散思维，更好地进入良好的学习氛围？如何在小学阅读教学之中打好扎实的基本功，让语文教学达到事半功倍的效果？让自己自觉地成为真正的阅读者，让自己从小树立终身阅读观，这是至关重要的。爱因斯坦说过："提出一个问题比解决一个问题更为重要。"因此，要想培养学生的创造力，教师必须更新自己的教育理念，培养学生的发散思维。

一、民主施教，更新发散思维训练的教育观念

徽派语文的教师要改变教学方式，杜绝"三唯教学"，引导学生参与讨论。在传统的课堂教学中，教师往往采用"唯教材，唯教参，唯教案"的"三唯教学"。教师总是把教材中的内容当成金科玉律，把教参中的提示当作颠扑不破的真理，把预先设计好的教案当作按部就班的向导。教师先根据教材、教参准备好自己的教案，然后拿着教案走进教室去严格执行。要激发学生的积极思维，教师就要改变这种教学方式，正确引导和鼓励学生参与问题的讨论，使他们勇于提问，积极主动地去寻找答案，探求知识的奥秘。

第一，徽派语文的教师要善于创设发散思维训练的氛围。教师要为学

生创造一个敢于提问、善于提问的课堂。给学生话语权，打消学生的疑虑，鼓励学生说话，提出问题。教师要做到平等地对待每一名学生，要尊重学生的自尊心和个性特点；要打破自己权威的角色，让课堂充满问题，倡导"没有错误的问题，只有不完善的答案"。这样学生才能解除紧张、恐惧的心理负担，才会提出老师想不到的、有价值的问题。有时为了让学生有问题可问，教师还可以故意出"错"，给学生留下"钻空子"的机会。例如，在理解《自己种的花是给别人看的》一课的语句："走过任何一条街，抬头向上看，家家户户的窗子前都是花团锦簇、姹紫嫣红"时，我故意用课件出示几束花，让学生对照句子体会花的特点。这时，同学投来了疑惑的目光，我顺势问："哪儿不对呀？你看，各种颜色、各种形状的鲜花都有。"有学生站起来小声地说："'花团锦簇、姹紫嫣红'是说鲜花很多很密，而课件出示的画面却只有几束花，不是课文中所描绘的样子。"我表扬他敢于指出老师的错误。这样，才能让学生结合实际理解课文内容，提出疑问，参与语文句段的剖析。

第二，徽派语文的教师打破常规、弱化思维定式，大胆质疑。法国生物学家贝尔纳说过："妨碍学习的最大障碍，并不是未知的东西，而是已知的东西。"真理有其绝对性，又有其相对性，鼓励学生大胆怀疑，引导学生提出与老师不同的见解，鼓励学生敢于和同学、老师争辩。在质疑过程中，学生创造性地学，教师创造性地教。只有在思考时尽可能多地给自己提一些问题，才能强迫自己换一个角度去思考，想自己或别人未想过的问题。训练学生沿着新方向、新途径去思考新问题，弃旧图新、超越已知，寻求首创性的思维。

第三，徽派语文的教师寻找多种答案，注重求异思维的培养。魏书生说过："世界上任何一件事都有可能有一百种做法。"小学生发散思维的重要特点就是敢于大胆想象。教师要有意识地引导学生突破常规，启发并引导学生从不同角度去想象、去思考，培养学生的发散思维。我们在语文课上分析课文内容时，让学生说说从中体会到什么，或者想想还有没有别的答案。只要学生思路正确，回答得有道理，老师就应该给予肯定，答案可以百花齐放。例如在教《乌鸦喝水》时，老师这样问："乌鸦真聪明，想出好办法喝到瓶子里的水。我们小朋友更聪明，我们一起来动动脑子，想一想，还有什么别的办法能让乌鸦喝到水啊？"小朋友们踊跃发言，各抒己见。有的说："我有一个更好的办法。乌鸦可以找来一根塑料管，插进瓶子里就可以像我们喝饮料一样喝到水了。"有的小朋友说："乌鸦可以在瓶底啄开一个小洞，把嘴伸进小洞里就可以喝到水了。"又如在教学《捞铁牛》时，课堂中设计了这样的问题："如果你是'捞铁牛'工作组组长，你准备怎样来打捞铁牛？"学生们七嘴八舌地讨论起来。经过思考后，有的人认为，用捞沙船直接把它挖出来，然后用传送带弄到船上，运回到岸边就可以；有的认为把吊车开到船上，用吊车来捞比较好；有的说用大吸力的磁铁把它从河里吸出来，拖着到岸边就可以了。答案五花八门，这样通过鼓励求异，有助于学生发散性思维的培养。

第四，徽派语文的教学设计让学生学会反向思考。反向思考作为思维的一种形式，孕育着创造思维的萌芽，它是创造性人才必备的思维品质，也是人们学习和生活中必备的一种思维品质。有些人提出疑问：从小学就开始进行反向思维的训练会不会太早了啊？其实，我们在教学过程中经常遇到反向思维的例子，只是我们没有注意罢了。语文课堂应该是学生心情舒展、个性张扬、情感释放的场所，语文课堂应该是培养学生发散性思维，形成新知的肥沃土壤，能让学生自由表达见解，能有自己的想法的场所，语文课堂就会焕发出绚丽的色彩。我们更要充分利用课堂教学，利用各种教学手段，培养学生的发散思维，培养学生的创新能力。

二、精益求精，探索培养发散思维的有效策略

徽派语文的教育观认为，思维的最高境界是创造性思维，而创造性思维是由发散性思维和集中性思维结合而成，其中发散性思维起主导作用。发散思维又称求异思维、辐射思维、开放思维等，它是不依常规，寻求变异，对给出的材料、信息，从不同角度、向不同方向、用不同方法或途径进行分析和解决问题的一种思维方式，是创造性思维的一种主要形式，是创造力的核心。它具有生动、活泼、富有独创性的特点。小学生由于受知

识水平和思维定式的影响，思维较狭隘，表现在语文学习中，就是答案的千篇一律和作文惊人的相似性。因此，在教学中，我不但注重培养学生的思维习惯，还深入挖掘教材，努力寻找思维训练点，引导学生创新，鼓励学生多动脑筋，表扬、肯定他们的别出心裁和与众不同，从而保护学生的好奇心、求知欲和想象力，使学生真正摆脱思维的僵化、刻板和呆滞，激发学生的创新热情，使他们敢于思考、善于思考，最终使问题得到圆满解决。

第一，徽派语文培养学生良好的发散思维习惯。好的思维习惯，不囿于见闻和现有的结论，不迷信教条，不盲从权威，更不轻易附和一般人的见解；敢于超越传统习惯的束缚，摆脱原有知识范围的羁绊和思维定式的禁锢，对众人通常认为完美无缺的结论，能从新的角度去思考、分析和审查，找出欠缺和不足，加以修正或扬弃，从而有所创新。要培养学生良好的思维习惯应从以下三方面入手：

（1）教师应致力于和学生建立一种平等、民主、亲切、和谐的关系。教师要充分相信每个学生都有创造的才能，要尊重与保护学生的好奇心，始终把学生看作共同解决问题的伙伴，在课堂教学中变"师道尊严、教师权威"为"师生平等、以诚相待"。这样，师生关系融洽，学生在毫无顾虑、毫无压力的氛围下，才能以愉悦的、自由的心情积极、主动地参与学习的过程，才能敢想、敢说、敢做，创新的见解才会不断地涌现出来。多用激励奖赏的办法，允许不同意见相互争论，培养学生"不唯师，不唯书，只唯实"的良好学风。

（2）在教学过程中，教师要善于运用诱导语言，引导学生从新的观点和新的角度去思考问题，敢于突破常规，敢于提出大胆的设想和独特的见解。如"你认为他这样做好吗？为什么？""换个角度想想，你还有不同的看法吗？""你有什么疑问吗？""你还有什么不同意见吗？""比较一下，这几种看法哪种更为合适？"鼓励学生积极参与，做到敢于补充、修正他人的意见，能发现他人的长处和短处，不盲从，能大胆发表自己的不同见解，敢于质疑问难。这样，教师始终处于从旁指点的地位，起着穿针引线的作用，学生则始终处在主体实践的地位，易形成浓厚的创造研究氛围。

（3）教师在教学过程中，要不断激发学生的创新热情，小心呵护学生的思维火花，坚持以表扬和鼓励为主。尽可能多地发现每个学生的聪明才智，尽力捕捉、开发他们身上潜在的创造力，充分利用奖励和赞扬机智，使每个学生都能体验到成功的喜悦、创新的乐趣，树立"我能行"的自信心和进取心。长此下去，学生就会产生敢于向一切人、一切事物挑战的勇气，变得越来越有创见。

第二，徽派语文充分利用教材的思维训练点培养学生的发散思维。语文学科不同于其他学科，在阅读中涉及的问题答案往往不是唯一的，为发展学生的发散思维提供了有利的条件。我在教学中精心钻研教材，寻找思维训练点，进行独具匠心的设计，引导学生从不同角度去思考，破除思维的单一性、直线性，激发学生的求异思维、发散思维，寻求多种答案。如学习了《荷叶圆圆》一课后，我是这样启发学生的："荷叶不仅仅是小水珠的摇篮、小蜻蜓的停机坪、小青蛙的歌台、小鱼儿的凉伞，还有很多小动物、小昆虫也都很喜欢荷叶。请同学们想一想，荷叶还会是谁的什么？谁会把它当作什么？"教师的语言点燃了学生发散思维的火花。学生想象大胆合理，用词准确、生动，充满了童真童趣。

第三，徽派语文结合课文内容培养学生大胆想象，促进发散思维。想象是人脑在已有知觉材料的基础上经过加工改造产生新形象的心理过程。想象力是发散思维的重要基础。没有想象，就不能理解所有文学作品中那优美的自然风光和浓厚的风土人情；没有想象，就不会作文、绘画。而在阅读教学中培养学生的想象力更是培养学生发散思维的良好契机。教师要善于抓住有丰富内涵的故事情节和场景，把重点放在学生积极思维的点拨与诱导上，启发学生进行大胆、丰富的想象。课文中有些地方描写比较简略，这是作者写作技巧的运用，我们可以利用这些空白激发学生想象。例如，《黄山奇石》一文，对众多的奇石只重点介绍了几块，而对其他的只提了一下名字，有的甚至连名字也未提。教学时引导学生仿照作者的描写方法，对文中没有作具体介绍的岩石"天狗望月""狮子抢球""仙女弹琴"等做创造性的描述，还让学生想象那些叫不出名字的奇形怪状的岩石的样子，让学生给它们取个名字并进行描述。学生的创造热情空前高涨，想象力得到了极大的激发，描述得栩栩如生，入情入境。

第四，徽派语文通过强化练习来训练发散思维。教师指导学生做练习时要摆脱传统的教育观念的影响，绝不能以"能应付考试就行"为目的，面对学生的定向思维熟视无睹，满足于浅尝辄止，而应千方百计地激活学生的求异思维，使学生的思维不断从一个角度转向另一个角度，培养学生的创新意识。如：引导学生造"我坐在什么地方干什么"的句子时，要求每个学生开动脑筋，造出与众不同、新颖的句子，别人说过的就不再重复，鼓励学生"标新立异"。教师引导学生："下面我们离开教室，到公园、郊外、田野、海边去，同学们想象一下，我们会坐在什么地方干什么。"学生的思维活跃了，造出的句子范围广了，内容丰富了，也显得生动了。如：我坐在山坡上看风景，我坐在草地上写生，我坐在河边钓鱼等。在练习中，我不仅仅满足于学生答案的正确，还要激发学生去寻求多种答案。如在括号里填上适当的词语：（　　）的金鱼、（　　）的贝壳，大部分学生都填"美丽""漂亮"。这两种答案是正确的，但显示了学生词汇的单一和贫乏。我们应提示学生："除了'美丽'和'漂亮'，还可以填上更好的词吗？从颜色、形状、姿态等方面想一想。"在老师做出示范之后，学生的思路打开了：活泼的金鱼、可爱的金鱼、机灵的金鱼、五颜六色的贝壳、各种各样的贝壳、千奇百怪的贝壳……丰富多彩的答案不断地涌现出来。通过这样的训练，既帮助学生积累了丰富的词汇，又有效地培养了学生的发散思维。

三、匠心独运，探究培养发散思维的具体方式

徽派语文的教育观认为，思维的最高境界是创造性思维，而创造性思维是由发散性思维和集中性思维相互结合而成，其中发散性思维起主导作用。发散性思维，亦称求异思维，它要求学生拓展思路，从不同途径和角度对已获得的信息进行分析综合，最终使问题得到圆满解决。作为一名小学语文教师，我在多年教学实践中，有意识地引导学生突破教材的限定范围，尝试多途径、多方法对学生进行发散性思维的培养，取得了较好的教

学效果，现阐述如下。

第一，徽派语文的教师通过鼓励求异培养发散性思维。在语文教学中，注重培养学生的求异思维能力，启发并引导学生从不同角度去思考问题，有利于培养学生的发散性思维，激发学生的创造能力。因此，我经常有意识地引导学生突破常规，从多种角度、用多种方法探讨解决问题。如在教学《再见了，亲人》一课时，我利用"大娘，停住你送别的脚步吧"这一句话，鼓励学生多角度领会作者要表达的意思。同学们各抒己见，有的说这是志愿军战士知道老妈妈腿疼，所以心疼她不让她远送了；有的说这句话充分反映了老妈妈对志愿军战士的亲密感情，所以分别时依依不舍；还有的说，这句话如果改成"大娘，请停住你送别的脚步吧"，不是更显得尊重老妈妈吗？这样通过鼓励求异，大大提高了学生的发散性思维素质。

第二，徽派语文的教师通过因势利导培养发散性思维。学生对事物的差异往往产生一种突如其来的领悟和见解，保护和发展这种直觉性思维是培养发散性思维的重要前提。如在教学《威尼斯的小艇》一课时，一位同学就向我提出：威尼斯既然是水上城市，那些建筑是怎样在水里建成的呢？这个问题已经超出了大纲的要求。我抓住这个机会，让他们自己查找相关的资料。后来同学们通过查找资料并进行讨论，很容易就明白了其中的道理，也加深了对威尼斯这个水上城市的认识。通过对这名同学的问题因势利导，大家积极思考，查找资料，解决了问题，既满足了学生的求知欲，又培养了同学们的发散性思维。

第三，徽派语文的教师通过激发想象培养发散性思维。小学生发散性思维的重要特点就是敢于大胆想象。在语文教学中，要善于利用学生已有的生活体验调动学生的想象力，拓展学生的思路。如教学《狼和小羊》一课时，我问同学们："大家说，小羊就心甘情愿让狼吃掉吗？"结果同学们的思维非常活跃，有的说，狼扑过来，小羊一闪，狼就掉进河里淹死了；有的说，小羊退到悬崖边，小羊一躲，恶狼掉进了万丈深渊……通过激发同学们大胆想象，各抒己见，一只聪明而勇敢的小羊活灵活现地出现在同学们的脑海里。

第四，徽派语文的教师通过联系实际培养发散性思维。语文教学中，结合课文联系实际有利于培养学生的发散性思维，并能充分调动学生的学习激情，达到事半功倍的效果。如在教学《小站》一课时，我根据课文上描述的设备简陋的小站，请同学们展开想象，五年后的小站可能是什么样子。同学们的思维一下子被打开了，有的对车站的设备大胆幻想，包括修假山、造喷泉；有的则根据自己曾见过的火车站来进行加工，比如添加了电视机、饮水机等；有的同学还特别提出在加强车站设备建设的同时，提高车站的服务质量才是关键。通过联系实际培养学生的发散性思维，可以让学生对课本上的知识加深印象和了解，并产生独特的体验。

第五，徽派语文的教师通过重组语言培养发散性思维。让学生重新组织课文语言，可训练学生的发散思维，可加强学生发散性思维的变通性，使学生领悟到好文章的创作方法。例如在教学《草原》一文时，我在第一段设计重组语言的练习："谁见过大草原？谁能用自己的话说说草原是什么样的？"同学们争相述说着草原在他们眼中的样子，有的说草原一望无际看不到边，有的说草原上的草像一床绿色的盖被，等等。在同学们说完后，我又继续引导："让我们一起阅读课文的第一段，感受一下，你们刚才描述的和书上描述的草原，哪一个感觉更好？为什么？书上是抓住草原的哪些特点来写的？"通过讨论，同学们一致认为，课文用短小精炼、形象生动的语句，向我们展示了一幅美丽的草原图景。通过重组语言的练习，既让学生体会到这篇课文写作上的精妙之处，又提高了学生写作时遣词造句的能力。

第六，徽派语文的教师通过课外拓展培养发散性思维。传统的语文教学，仅仅局限于以书本为中心，如果结合语文教学定期引导学生开展实践活动，对培养学生的发散性思维意义重大。如在教学《皮球浮上来了》一课时，有学生不明白皮球浮上来的原理，我有意识引导学生做各种水的浮力实验，如向水里放纸船、石子、乒乓球等，让学生通过动手、动眼、动脑观察与思考，教学效果很好。课外拓展能使学生开阔视野，在大量查找资料及做试验的过程中培养了学生的发散性思维。

徽派语文的教育观认为，发散性思维不受课本知识的束缚和局限，允许学生思考问题时标新立异。作为一名小学语文教师，授课时要结合语文的学科特点，通过多途径、多方法培养学生的发散性思维，发展学生的创造能力，为社会培养出更多具有创新开拓能力的人才。发散思维能力的培养和形成绝不是一朝一夕之功。教师在教学中要注意抓住时机，循循善诱，采取灵活多样的教学方式，加以正确的指导和训练，善于发现学生创造性思维的火花并及时引导。只要持之以恒，就一定能促进学生思维的发展，提高学生的发散思维能力，培养学生的创造能力。作为一名小学语文教师，授课时要结合语文的学科特点，通过多途径、多方法培养学生的发散性思维，发展学生的创造能力，为社会培养出更多具有开拓能力的创新人才。

第三节　徽派语文的课程开发

徽派语文教学设计的智慧之计在课外阅读的开发。课外阅读应当是师生互通、心灵感应、共同成长、享受幸福的阅读。"腹有诗书气自华"，我们应该积极营造良好的阅读氛围、激发浓厚的阅读兴趣、培养正确的阅读习惯，努力使书香浸润生命，通过阅读有效提升学生的语文素养。

《课标》要求："1至2年级学生课外阅读量不少于5万字，3至4年级学生课外阅读量不少于40万字，5至6年级学生课外阅读量不少于100万字。"试想，如果一个孩子热爱读书，善读好书，那么他会从书籍中寻找到生活的榜样，汲取滋补心灵的营养。事实证明，课外阅读越好，课内学习的背景就越广阔，知识技能就掌握得越牢固，自我感觉就越轻松。

作为一线的语文老师，怎样才能让孩子们爱上课外阅读，从而提高语文素养呢？我从以下几个方面做了一些尝试。

一、激发阅读兴趣，让学生体验书香环境

徽派语文的教育观认为，教师在教学中培养学生的阅读兴趣，是调动学生阅读积极性的关键。首先要从认识阅读的好处入手，给学生讲述古今

中外名人刻苦读书的故事，如高尔基想方设法躲避老板的干涉，借助月光读书到深夜，最终成为举世闻名的大作家。其次开展形式多样的读书活动，如举办读书故事会、新书介绍会、诗歌朗诵会、读书心得体会大家谈、课外阅读大比拼等，以此激发学生的读书兴趣。教师应了解学生的兴趣，帮助他们选择有关的书籍，让学生在书海畅游中收获精神食粮，满足情感所需。最后还应该给学生充分的时间，让学生有读书的空间，以保证学生阅读兴趣的持久，养成爱读书的良好习惯。教师还应重视平时与学生的交谈，从谈话中倡导读书，为学生构建一个"课外阅读室，书香伴童心"的学习环境。

第一，营造良好的阅读氛围，让学生想读。利用教室的墙壁和黑板出示一些名人读书成长的挂图、诗词、名言、故事等，力争让教室的每一面墙壁、每一块黑板都会说话，将孩子置身在浓浓的书香中。同时，利用校讯通、家校联系卡等方式开展亲子阅读活动，让家长引导孩子选择合适的读物，和孩子共读一本书，共议一本书。同时，开展"好书大家看"活动，和孩子们一起动手布置"好书角"，发动学生向班级捐赠自己看过的最喜欢的课外书，向学校图书馆借阅优秀图书，把班级的每个角落都设计成图书角，教室墙壁上也挂满了各种课外书籍、报刊，力争让学生随时随地可以享受到阅读的乐趣。

第二，激发浓厚的阅读兴趣，让学生要读。兴趣是推动孩子课外阅读的巨大动力。因此，激发学生的阅读动机，让他们愉悦地进行课外阅读，快乐地享受经典的魅力。有意识地向学生介绍一些名人热爱读书的故事，同时通过介绍他们的成才之道，告诉学生读书是多么重要，孩子们自然会明白古今中外，凡大有作为者，无不是博览群书、博采众长。常用生动的语言介绍文章的梗概，也常利用故事中精彩、紧张的情节创设悬念，让学生产生寻根问底的好奇心。如教学《丑小鸭》一文后，我向他们介绍《安徒生童话》；结合《将相和》教学，推荐他们阅读《史记》……实践证明，学生课外阅读的兴趣一旦被激发，变"要我读"为"我要读"，就水到渠成了。

二、培养阅读习惯，让学生会读、想读、爱读

徽派语文的教育观认为，小学语文教学应立足于促进学生的发展，为他们的终身学习、生活和工作奠定基础。教师理所当然要强化学生课外阅读意识，培养他们良好的阅读习惯。当学生有了读书的兴趣和阅读的欲望之后，就要重点培养学生良好的阅读习惯了。良好的阅读习惯应该包括以下几方面内容：

第一，读好书。一本好书可以影响学生一辈子，一本坏书有可能把学生引入歧途。我们必须教会学生一种本领：选择最有价值、最适合自己年龄特点并与现实生活相贴近的书籍，让学生在一本本优秀书籍的引领下积淀人生的智慧，提高自身的素养。一旦学生品尝到了课外阅读给自己带来的成功与喜悦，就会开始主动找书读，自主阅读意识越来越强，不知不觉间广泛课外阅读的习惯就慢慢形成。

第二，常读书。就是要求学生把阅读习惯化、生活化，每天都要阅读。像对待作业一样完成阅读任务，做到早晨、中午、睡前都挤出一点时间读书，哪怕每次只读一点，积少成多，天天坚持，在读书习惯形成的同时也会有很大的收获。任何人都有惰性，每一种良好习惯的养成都必须通过自己潜意识地培养，或在外力的监督作用下才能形成。通过开展各种各样的活动检查、了解学生课外阅读的情况，并督促学生完成阅读任务。大量且广泛的课外阅读对于提高学生语文综合素养的重要性毋庸置疑。对小学生阅读能力的培养，要根据小学生身心发展的客观规律，巧妙把课内与课外有机结合起来，运用多种教学方法让学生真正喜欢阅读，学会阅读，养成良好的阅读习惯，从而引导学生向课外阅读更深、更广处溯行。"厚积而薄发"，为学生的人生打好底色，为学生终身学习奠定坚实的基础。

第三，会读书。首先要注重培养学生良好的阅读卫生习惯，教育学生阅读时坐姿要正确，不趴，不躺，距离适中，光线适合；默读不出声，不指读；读书要专心致志；等等。其次要培养小学生使用工具书阅读的习惯，多创造机会让学生感受使用工具书的好处。这样既能增强学生的成就

感，又能帮助低年级学生尽早进入课外阅读。最后还要培养学生"不动笔墨不读书"的习惯，引导学生阅读时边思考边动笔，在书中关键处、精彩处勾画、圈点、批注，这样有助于抓住重点，深入理解，积累语言，丰富内涵。还可以鼓励语文素养较好的学生写读书笔记。这其中一定要遵循先易后难、循序渐进的原则，不能给学生带来过大的压力，否则会欲速则不达。

三、巧用激励方法，让学生掌握阅读技巧

徽派语文的教育观认为，课外阅读应当是师生互通、心灵感应、共同成长、享受幸福的阅读。没有教师积极参与，学生的课外阅读往往会缺少榜样和激励。教师带头读书，既能切实提高自身素养，又是一种无声的号召、有形的感染。我经常与学生一起读书，一起诵读古诗，每天为他们推荐一首古诗或一句名言警句。早读课上，学生读我也读，读到精彩处，我读给他们听，他们也读给我听。在与学生的交流互动中，老师所流露出的热情、兴趣和快乐，对学生有着强烈的感染力，学生在浓浓的读书氛围中，体会到老师对阅读的喜爱和重视，一定会更加自觉地阅读。

第一，延伸课内阅读教学，激发课外阅读乐趣。借助课本知识，结合文章体裁的多样性和知识面的广泛性，多层次、多角度地开展生动、有趣的课外阅读指导。如在学习了《卖火柴的小女孩》一文后，指导学生选择安徒生的其他童话进行阅读，然后进行展示、汇报，在阅读展示时可以把《皇帝的新装》改编成课本剧，让学生自编自演。这样，同学们既感悟了其中的道理，掌握了知识，又培养了他们的合作、思考能力，而且提高了他们主动去阅读课外读物的兴趣。在教学《汤姆·索亚历险记》一文时，有的学生认为：汤姆·索亚年纪尚小，独自去这样冒险是不好的。有的则认为：这样可以从小养成独立自主的习惯。面对学生的争议，我便顺水推舟让学生课后收集相关的知识，下节课展开大辩论。这样，既能培养学生口头表达能力，又能提高学生课外主动阅读的乐趣。虽然最后没有留下共识，然而留有余地，让学生自己去思考，培养了学生自主学习的能力。相

信长此以往，必定会使学生养成主动阅读、乐于阅读的习惯和兴趣。

  第二，合理选择共读内容，增强课外阅读情趣。师生共读的内容首先应该从儿童文学作品起步。儿童的特点是好奇心强，喜欢新鲜事物，活泼而富有想象力。呆板的形象、生硬的道理、空洞的说教，与童心无缘。要让孩子喜欢上阅读，首先要寻找切合他们心理特点的书。解放儿童的心，保护儿童的想象世界，承认游戏是重要的，满足儿童潜意识中的需求……儿童文学作品的这些特性，正与小学生的心理需求吻合。其次，师生共读应该选择优秀的儿童文学作品。儿童喜欢的，并不一定都是优秀的，比如《鸡皮疙瘩》《冒险小虎队》之类的流行书。这些书，无须禁止，但不够优秀，就没有共读的价值。什么样的作品是经典或者优秀的？法国著名文学史家保罗·亚哲尔提出了适合儿童阅读的好书的标准，其中提到好书是忠实于艺术的书，就是诉之于"直观"，而得以培养儿童观察力的书；是孩子们读了，也会觉得它具有质朴之美的书；是可以解放儿童的心，使他们喜悦的书，这种书可以保护儿童，让他们守住想象世界的幸福，避开现实法则的束缚；是能把人类高贵的感情吹进儿童心灵的书，使儿童尊重一切生命包括动物的生命、植物的生命；是承认游戏是重要的、不可或缺的活动的书；是启发儿童知识的书，帮助孩子认识人性的书，它们能促进孩子们成长，使他们的精神丰富，绽开睿智的花朵；是含有高尚道德的书，这种道德是永远不变的真理，能让人类的心灵活泼起来、激奋起来，愿奔向真理的道德……再次，师生共读应该选择有一定阅读坡度的作品。与一般消遣和娱乐性书刊所不同的是，有一定阅读坡度的书，读起来相对吃力，但吃力也有好处。如果选读作品的内容过于浅显，学生不感兴趣，也缺乏共读价值；而内容过于深奥的话反而会打击学生的信心，扼杀学生阅读的兴趣。读半懂的书，对学生来说意义最大——他在动脑子，他在不断疑惑和探索中，获得豁然开朗的乐趣。低年级师生可阅读《小猪唏哩呼噜》《王一梅童话系列》《了不起的狐狸爸爸》《大个子老鼠小个子猫》《爷爷一定有办法》《大卫，不可以》《逃家小兔》等书；中年级师生可阅读《夏洛的网》《时代广场的蟋蟀》《爱的教育》《大林和小林》《汤姆索亚历险记》等文学作品；对于高年级的师生，共读《草房子》《小王子》《城南旧事》

《假如给我三天光明》等文学作品和中国古典名著是不错的选择。为了让学生读更多的书，更加乐此不疲地读书，我不但定期更新、充实班级图书角，还开展了丰富多彩的活动给孩子们提供展示自我的平台，如讲故事、演讲、知识竞赛、班级读书成果（读书笔记、读书卡、读书报、优秀习作、书画作品）展示等，通过小组互评、推荐，班级评比，评出我们班的"小书迷""读书星"。学生在体验阅读成功的喜悦后，又会以更大的热情投入到阅读之中，良好的读书习惯也就随之形成。当然，不同的学生是存在差异的，具体的选择应该以各个学生的阅读能力和阅读兴趣为依据。读这样有一定坡度的书，可以帮助学生形成阅读技巧，获得心智的成长。

"日积月累，方能生悟。"通过师生共读，尤其当语言积累到一定的量时，往往就能文思泉涌、妙笔生花。由此，学生就会更喜欢阅读并享受阅读的乐趣，进而养成阅读的习惯。而学生一旦把读书视为生活的一部分，就一定会受益终生。当然，阅读兴趣和良好阅读习惯的养成，并非一日之功，不可能一蹴而就。只要教师持之以恒、坚持不懈、方法得当、正确引导，就一定能让课外阅读成为学生内在的需求，成为学生生活中的一种乐趣，成为学生不断更新知识的源泉，并伴随学生一生。课外阅读贵在坚持，激发学生兴趣，让学生有兴趣去阅读是整个活动的关键，同时，怎样让学生一直在有兴趣的"保鲜期"里坚持阅读又是一项艰巨的任务。课外阅读是一个长期的、反复的、艰巨的过程，在这过程里既需要我们教师的点拨指导，又需要学生的努力和拼搏，让课外阅读成为一种习惯，让这种习惯伴随我们一生，伴随孩子们一生。然而，让孩子们爱上阅读并非一件易事，不可能立竿见影。作为老师，我们要克服急功近利的心理，只要坚持不懈地注重激发学生的读书兴趣，培养良好的阅读习惯，掌握正确的阅读方法，读书就会逐渐成为自觉行为。

第四节　徽派语文的教材理解

由教育部组织编写的义务教育小学语文教材经国家教材委员会审查通

过后，2017年9月在全国各地中小学开始统一使用。从习作教学的角度而言，薄薄的几本教材，连接起了成人与儿童的认知世界，实现了从"有意思"到"有意义"的跨越。新版语文教材的习作题目的设计可以从六个"度"来概括：主题的亮度、体验的深度、文化的高度、视角的新度、习作的效度、内容的活度。这六个"度"仿佛插上了隐形的翅膀，飞到每一位教师的眼前和耳畔，为教学方法和教学设计提供了全新的思路。

一、主题的亮度

新版语文教材的习作题目的设计，充满儿童生活情趣，采取"语文素养"与"人文精神"双线结合的编排方式是一个创新，达到了语文教育工具性与人文性的统一。例如4年级上册第1单元《推荐一个好地方》的题目设计：

水乡小镇让我们赏心悦目，游乐场让我们兴奋不已，书店让我们流连忘返，住家附近的小树林是我们的快乐天堂……每个人都有自己喜欢的地方，你愿意和大家分享吗？推荐一个好地方给同学吧。

你打算推荐什么地方？这个地方在哪里？它有什么特别之处？写出推荐的理由，吸引大家去看看。如推荐一个古镇：这个古镇很美……在那里可以了解以前人们的生活……这个古镇有很多好吃的……

写完了，自己先读一读，看看有没有把这个地方介绍清楚，有没有把推荐的理由写充分，再读给同学听，请他们提出修改建议。

举办"最受欢迎的好地方"推荐会，看看哪些地方吸引大家。

这样的设计，主题鲜明，目标明确，既关注了"语文素养"的提升，又与"人文精神"双线结合，达到了语文教育工具性与人文性的统一。类似这样的题目很多，如3年级上册第6单元《这儿真美》，4年级上册第5单元《生活万花筒》、第7单元《我有一个想法》，5年级上册的第8单元《推荐一本书》，6年级上册第4单元《笔尖流出的故事》，等等。我们看到题目后，对主题一目了然，既方便了教师教，又方便了学生学。

二、体验的深度

不变，是传承；变，是创新，是发展。变与不变背后所遵循和体现的，正是新版语文教材编写的三个原则：坚持德育为先，全面融入社会主义核心价值观，传承和弘扬中华优秀传统文化，强化革命传统教育；坚持以学生为本，遵循青少年认知发展规律和教育教学规律，联系学生的生活经验，将知识、能力与情感、态度、价值观的培养有机结合起来；坚持继承发展，教材内容要保持相对稳定，使经典篇目世代相传，又要与时俱进，在教材中反映经济社会发展、科技进步和马克思主义中国化的最新成果，同时要有前瞻性和国际视野。新教材习作题目的设计，关注生活体验，积极引导学生从笔尖流出的生活体验。例如4年级上册第2单元《小小"动物园"》习作题目：

小明说："我的爸爸胖胖的，很憨厚，像一只熊。"小红说："我的姐姐游泳特别好，在水里像一条自由自在的鱼。"小兰说："我的爷爷很威严，就像一只大老虎。"如果你把自己的家想象成一个"动物园"，是不是很有趣呢？

想一想：你的家人和哪种动物比较像？什么地方像？每天生活在这个"动物园"里，你感觉怎么样？

给家里的每个人都写上一段。写好了读给同桌听，看看有没有不通顺的句子。回家读给家人听，请他们评评写得像不像。

再如4年级上册第3单元《写观察日记》的习作题目：

叶圣陶经过一段时间的观察，了解了爬山虎向上爬的秘密；法布尔观察了很久，终于看到了蟋蟀筑巢的全过程；比安基更是用日记的形式，记下了燕子窝的变化。我们也可以试着进行连续观察，用观察日记记录自己的收获。

我在花盆里种下几粒种子，观察种子发芽的过程。

秋天到了，有的树叶开始变色了，我要记录树叶颜色的变化。

月亮有时圆圆的，有时弯弯的，我要观察月亮变化的过程。

我要观察家里养的小猫。

观察日记，主要是记录观察对象的变化，还可以写下是用什么方法观察的，观察的过程是怎样的，观察者当时的想法和心情，如果能附上图画或照片就更好了。

整理观察日记，在小组内分享。评一评谁观察得细致，内容记得准确、形象。

"注重体验"是《课标》重要的教育理念之一。在"前言"的"正确把握语文教育的特点"中明确指出："注意课程内容的价值取向……同时也要尊重学生在语文学习过程中的独特体验"；在"总目标"中，则把"具有独立阅读的能力……注重情感体验"列为其中一项；在"实施建议"中又强调"要珍视学生独特的感受、体验和理解"。可见，"注重体验"不仅是语文教育的"特点"，而且是语文教育的"目标"，是语文教育的实施方法。这样的习作题目设计，全面关联着语文课程、教材改革的新理念、新精神：一是操作的实践性。体验的"亲历"，就意味着要在生活中去亲身参与并且动手操作，这就离不开语文的实践运用。二是形象的直观性。让学生亲身经历，便不可能完全是理性的、抽象的认识，大量的应当是形象的、直观的，这才会有体验的产生。显然，这很符合语文教学的基本特点。三是情感的共生性。学生的亲历总是与情感同生共存。因为"亲历"最容易激发情感。"体验"更多的是指在亲历中获得情绪的感染和情感的体味，这与语文教学注重熏陶、感染是一致的。四是自主的选择性。体验是极具个性化的行为，可以最充分地享受自主选择权。语文教学也只有尊重了学生的主体地位，才谈得上效率和效益。五是自由的创造性。体验具有最鲜明的个体特点，最尊重个性的张扬。在体验活动中，学生享有很大的自由空间，所有这些方面都会有助于强化学生的创新意识，培养创新精神。习作教学是学生、文本、教师多边互动、融合、提升的复杂过程，而学生主体的体验，正是使这一过程能进入最佳状态的重要保证。

三、文化的高度

新版语文教材的习作题目设计，注重汲取全人类的优秀思想文化精华，开阔学生视野，培育科学精神，增进文化理解力。具体内容、知识点是"形"，育人价值是"神"，形散而神聚。教师在教学中，一定要充分发掘其育人价值，找到它与学科知识之间的文化结合点。

6年级上册第3单元的习作题目是《＿＿让生活更美好》（美食　旅行　梦想　创意　集邮　阅读　种花　诚信）。

你有没有想过，什么让你的生活更美好？

我想到的是音乐。听听音乐，唱唱歌，会让我放松、开心。

我的答案是种花。把种子种下去，等它们发芽，看它们慢慢长大，真有成就感。

旅行让我们看到了和家乡不一样的美景，还增长了见识。

这次习作，让我们围绕上面的话题来写。写之前，可以想一想：是什么让你的生活更美好？它是怎样影响你的生活的？可以通过哪些事件来体现这样的影响？

写完后，开展一次"共享美好生活"的主题班会，共同分享各自的心得、体会。

"课程目标"指出："写作要感情真挚，力求表达自己对自然、社会、人生的独特感受和真切体验"，"多角度地观察生活，发现生活的丰富多彩，捕捉事物的特征，力求有创意地表达"。而在"基本理念"中又明确指出："语文课程丰富的人文内涵对学生精神领域的影响是深广的，学生对语文材料的反应又往往是多元的。"因此，在教学过程中应该重视语言的联系、运用，注意习作教学内容的价值取向，同时也应尊重学生在学习过程中的独特体验。《＿＿让生活更美好》这样的题目设计，文化气息浓厚，引导学生从生活体验入手，关注对美好生活的向往，尤其是"写完后，开展一次'共享美好生活'的主题班会，共同分享各自的心得、体会"环节，显示了文化的高度，引导学生在培育想象能力的同时，积极关注乡土人文文化的厚重。类似这样的题目还有4年级上册第1单元《推荐一个好地方》，5年级上册第1单元《我的心爱之物》，等等，不一而足，文化气息扑面而来。作为一种完美的习作指导，必须具备三种境界：其一，历练悟性，使学生心动；其二，训练文采，使学生笔动；其三，引导落实，使学生行动。没有心动，只有笔动，写出来的只能是假大空废"四话"泛滥的灰色文章；既有心动，又有笔动，才能写出健心润笔的绿色文章；而"心动""笔动"之后，追求"行胜于言"，做到"三动"兼备，方能登上习作练习的最高境界。新教材习作题目设计的训练过程，既是文字章法的训练过程，又是思维逻辑的训练过程，还是促进人的全面发展的文化陶冶过程。

四、视角的新度

在习作教学过程中，视角的新度从哪里找？《课准》指出："写作教学应贴近学生实际，让学生易于动笔，乐于表达"。这为从根本上解决作文难题找到了一条出路。何为贴近学生实际？就是写作教学要加强与学生生活的联系。叶圣陶先生说："生活就如泉源，文章犹如溪水，泉源丰盛而不枯竭，溪水自然活泼泼地流个不歇。"叶老的这段话形象地说明了作文与生活的关系。那么，写作教学究竟怎样贴近学生实际？首先，要立足于学生生活，少写或不写那些让学生无话可写的命题作文。教材中的作文练习与学生的实际相联系就写，远离学生实际的可以不写。北京光明小学特级教师武琼有一个很好的做法：提倡学生写日记，日记写得好的学生可以免写课本中的作文。日记是学生生活的直接反映，学生写起来束缚少，自然也就容易动笔、乐于动笔，这样长期训练，学生的写作兴趣会逐渐被激发起来。其次，教师要有一双慧眼，善于和及时捕捉学生生活中的亮点。

因为小学生有意注意还处于萌芽阶段，往往缺乏主动观察与发现，生活中的一些亮点便会如流水般悄悄溜走。为了培养学生善于发现身边事物的主动意识，教师要做捕捉素材的能手。教师要带领学生到大自然中去，到生活中去，陶冶他们的性情，净化他们的心灵，丰富他们的情感，引导学生观察生活、体验生活、感受生活，从而发现生活之美、生活之乐、生活之味，从而让笔下流淌出潺潺的清泉。第三，教师要有一颗慧心，做写作教学资源的开发者。开发学校生活，联系家庭生活，抓住社会生活；安排随文练笔，设计课堂练笔，捕捉时事练笔……先让学生"心动"，再让学生"笔动"，学生才能有内容可写，有话可说，有情可抒。

五、习作的效度

作文的过程是师生共同的成功体验，是充满情趣、发展生命的过程，是"以激情为本、以设趣为经、以导窍为技"的三位一体的综合的系统的开放式的练习过程。有效的习作教学应该以促进学生的生命发展为核心，着眼于学生的情智发展，着力于语文实践活动，着重于语言的内化进程。新教材习作题目的设计，十分关注习作的效度，努力做到以人为本，以智慧启迪智慧，以情趣激发情趣，指导学生为做人而作文，在内容上求真；以作文促做人，在章法上求活；以作文述做人，在语言上求美。

譬如5年级上册第7单元习作题目《＿＿＿即景》：

朝阳喷薄而出，夕阳缓缓西沉；林中百鸟齐鸣，园中鲜花怒放……大自然的变化让我们感受到世界的奇妙和美好。

观察一种自然现象或一处自然景观，重点观察景物变化，写下观察所得。根据自己的观察对象，把题目补充完整，如"雨中即景""日落即景""田野即景""窗外即景"。

写的时候注意以下几点：

☆按照一定的顺序，有条理地描写景物。如，窗外即景，可以按空间的顺序，由近及远地写一写窗外的景物。

☆注意写出景物的动态变化，使画面更加鲜活。如，写日落即景，可以写一写太阳落下时形状的变化以及夕阳下的景物色彩的变化。

写好后读一读，看看是不是写出了景物的变化，对不满意的地方进行修改。

从字面上看，本次习作要求我们描述一种自然现象或一处自然景观，如"雨中即景""日落即景""田野即景""窗外即景"等。要注意写出景物的变化状态，写出自己的喜爱之情。其实，这是一个集合式题目，意在要求我们进行复合式习作练笔活动。如果学生学会了写"雨中即景"，就能举一反三，练习写作"日落即景""田野即景""窗外即景"等，大大地提高了习作练习的效度。这样开放性的题目设计，在以往的教科书中是不多见的。

六、内容的活度

新版语文教材的习作题目设置重视综合性、突出实践性，采取显性与隐性相结合的方式进行整体设计，以学生生活为基础，创造性地设计了一些富有特色的活动，引导学生学思并举、知行合一。按照由近及远、由浅入深、螺旋上升的教材总体设计原则，教材从"家庭—学校—社区—国家"生活场域逐步拓展。

譬如想象训练序列，就是呈阶梯上升、形式灵活多样，充分体现了内容的活度。

先看3年级上册第3单元习作题目《我来编童话》：

童话的世界多么神奇啊！我们也来编童话故事吧。

国王　黄昏　厨房　啄木鸟　冬天　森林超市　玫瑰花　星期天　小河边

看到上面这些词语，你脑海里浮现出了怎样的画面？你想到了什么样的故事？发挥想象，把故事写下来。

写之前想一想：故事里有哪些角色？（可以从上面任选一个或几个。如果有需要，也可以添加你喜欢的角色，如："小公主""月亮"。）事情发生在什么时间？是在哪里发生的？他们在那里做什么？他们之间发生了什么故事？

写完之后小声读一读，看看句子是否通顺，然后小组交流他们的故事。

这个题目是从最基本的想象作文训练开始。孩子虽小，但随着自身的成长，他们对许多事情已经有了自己的想法和见解。人的童年时代是最富于幻想的时代。因此，题目设计着力为学生提供想象的情境（国王　黄昏　厨房　啄木鸟　冬天　森林超市　玫瑰花　星期天　小河边），让学生多写一些来自内心想象的东西，哪怕是异想天开。有了兴趣，学生想象的空间扩大了，课外作文就变得有内容可写了。激发想象，可以使孩子们在不知不觉中，开开心心地踏上"自主作文"之路。

再看4年级上册第4单元习作题目《我和_____过一天》：

我们看过很多神话和童话，里面的人物有的本领高强、爱憎分明，如哪吒、葫芦娃；有的机智聪明、惩恶扬善，如神笔马良；有的美丽纯洁、温柔善良，如嫦娥、白雪公主。你了解他们吗？喜欢他们吗？你还喜欢哪些人物呢？

如果有机会和他们中的某一位过上一天，你会选择谁？你们会一起去哪里？会做些什么？会发生什么故事呢？

把自己的想法和小组同学说一说，再写下来。写完后，听听同学的意见，认真修改，最后誊写清楚。

本次习作，要求我们谈谈阅读童话故事后的感想、感悟或想象。如果你暂时没有阅读童话故事，也可以谈谈阅读其他故事的感想、感悟或想象。注意要写出自己独特的体验来，要写自己的心里话，要写出自己的奇思妙想的故事来。

这个习作题目的设计贴近儿童的学习、生活、思想实际，符合儿童兴趣爱好、心理特点，设计新鲜、富有吸引力，能够启发学生思维，能够引起学生联想和想象，充分体现了内容的活度。题目把表达的自由交给学生，充分体现了对学生的尊重，是以学生为学习主体，承认个体差异，重视个体体验的具体表现。因为即便同一件事，不同的学生也会有不同的体验与感悟，有不同的兴趣点，因此他们会选择从不同的角度、不同的侧面入手，写出来的作文自然也会各不相同。让学生自主拟题，也使学生易于动笔，乐于表达。

再看5年级上册第4单元习作题目《二十年后的家乡》：

家乡是一个人的出生地，也是每个人成长的地方。二十年后我们的家乡会是什么样的呢？让我们来一次时空穿越，到二十年后的家乡去看一看。

首先要大胆想象，二十年后的家乡会发生什么巨变，如，环境有什么变化？人们的工作、生活有什么变化……

然后参考下面的例子，把想象到的场景或事件梳理一下，列一个习作提纲，明确自己要写什么，从哪些方面来写。

【习作提示】

【题目】二十年后的家乡。

【开头】穿越到二十年后，看到了我的家乡。

【中间】1.环境的变化：河水清澈，绿树成荫。

2.工作的变化：机器人在照料着果园。

3.生活的变化：遇到老同学开着3D打印的汽车去郊游。

【结尾】表达我对二十年后家乡生活的向往之情。

按照自己编写的习作提纲，分段叙述，把重点部分写具体。

写完后，跟同学互换习作，提出修改意见，再根据同学的建议认真修改习作。

本次习作题目，既有针对性，又有灵活性。可以写家乡发生了哪些变化，哪些地方引起了你的回忆，可以写与亲人或同学见面的情景，也可以写你想写的其他内容。回忆一下课文中作者表达感情的方法，并试着在自己的习作中加以运用。让我们来一次时空穿越，大胆想象二十年后家乡的新变化。如生活环境的新变化，人们工作环境的新变化，衣食住行的新变化，等等，从而编写一个有趣的故事。

纵观三个想象题目，以生活为线索，由点及面，引进适时、适度、适人的知识，达到既增长知识、开阔眼界，又开发学生潜能的目的，使学生有更多、更新的收获。

综上所述，新版语文教材的习作题目设置，是解决当今习作教学的各种难题，消弭课堂教学中各种乱象的"钥匙"。在使用新教材的过程中，我们要让师生在习作课堂的六个"度"高空飞翔，积极构建"五个课堂"：坚持师生对话协商，建设一个民主交流的习作课堂；坚持生活寻趣体验，建设一个个性发展的习作课堂；坚持师生合作共赢，建设一个共同进步的习作课堂；坚持师生交流互鉴，建设一个开放包容的习作课堂；坚持绿色低碳的有效教学引导，建设一个清洁美丽的习作课堂。我们有理由相信，新版语文教材的习作教学将为学生成长打下中国底色，延续红色基因，引领他们成长为"德智体美劳全面发展的社会主义事业建设者和接班人"。

第五章 徽派语文的智慧感悟

第一节 徽派语文应师道自然

徽派语文的教育观认为，教育的中庸应该是"森林式"教育。"森林式"教育为学生的求知与进步提供了最广泛的自主性，为学生多元化的发展开拓渠道，不唯高考马首是瞻，而重在培养学生成人、成才。教育的目的是真正做到根据学生的特点，挖掘学生的潜力，引导和促进每一个学生的终身发展，培养终身学习的能力，并惠及学生的一生。"森林式"教育关注教育对象的主体性，从不同学生的差异出发，有的放矢地进行有差别的教学，使每个学生都能扬长避短，获得最佳发展机会，这与孔子提出的"因材施教""有教无类"相一致。"森林式"教育提供给了每一个教育对象以尊严、个性、平等的空间。森林为鸟儿葱茏了绿荫，涵养了水源，汇聚了营养，它为鸟儿准备好一切，包括必需的挫折和创伤。虽然比鸟笼更适合成长，但是森林仍不是鸟儿最后的天堂。教育应该注视鸟儿飞向更高、更远、更美的地方，森林会永远守望鸟儿的智慧，放飞鸟儿的希望。教育的课堂就应该像森林一样，为学生提供适合其发展和需要的教育。教育应该是广袤的森林，为了每一只鸟儿的啁啾、休憩与飞翔提供多种所需，保护它们，养育它们，放飞它们。

由此，我想到基础教育是不是更应该中庸一些？我们给孩子的知识是不是可以更少一些，对他们的学业要求是不是可以更低一些？更多的时候，我们是不是要敢于理直气壮地说"这方面差不多就可以了"的话，为孩子们解压。如果他们一直学不会，我们是不是可以放他们一马："不行就慢慢来"，"既然你已经尽力了，还不行就算了吧"……同时，中庸也要求我们补齐短板，给孩子更多的时间去玩、去享受。

其实，基础教育不只是学校教育中的那些科目，更应该像是一片广袤的森林，为鸟儿提供葱茏的绿荫、充沛的水源、丰富的食物。鸟儿成长所需要的一切都应该有，还包括一些必需的挫折和创伤，甚至还包括那些"没有用"的游戏与快乐。而基础教育的方式，应该像大鸟和小鸟的关系那样，大鸟在前面，小鸟在后面，慢慢地跟着，小鸟就什么都懂了，什么都会了。

徽派语文的教育观认为，教育应该是一个唤醒生命的缓慢过程。教育教学面对的是一个个形态各异的生命，它必须符合生命本来的规律。教育教学也需要启蒙，需要回到原点，向真善美回归。唯此，教育教学才会成为一个缓慢而优雅的过程，教育教学才会变成一种幸福而完整的生活。教育的立德树人是一项人心工程，最有效的途径是以心印心、以心塑心、以心传心。所以言教不如身教，身教不如心教。慢工出细活，放慢脚步，我们才能给孩子们真正的教育，才能使教育成为培育心灵的活动。心智的觉醒比什么都重要。但是，学生心智的觉醒往往在一刹那间，常常昙花一现，转瞬即逝。这时，就需要教师的智慧。教师的教育智慧，就在于有意识地去开发它，敏锐地发现它，尽可能多地留住它，还要想各种办法去丰富它。心智的唤醒与开发，需要通过生动的情景和宽松的氛围，激发兴趣，激活学生思维，让学生敢想、敢问、敢争论。心智觉醒时刻的留住，在于教师对学生的肯定、鼓励、保护，还有点拨和指导。假如留住了心智觉醒的那一刻，那么它肯定还会在今后人生旅程中不断出现，而心智的不断觉醒，意味着智慧不断地开发和生长。爱护和保护，是心智觉醒的守护神。学生的心智难免稚嫩、柔弱、浅薄，教师要让它在阅读中、在亲力亲为中、在与人对话中、在思考中，慢慢充实、丰满、成熟。只有心智的丰满才可能有学生智慧火花的迸发和燃烧。如果每一个教师心中总是点亮着那盏智慧之灯，总是明亮着智慧的双眼，学生就会处于开智的兴奋状态，那么，课堂上那神圣崇高的时刻就会一直伴随着你。日常生活中，我们常常欣喜地发现某个孩子开智了。开智，指的是心智的觉醒、智慧的萌发。教师的使命，不仅仅在于让学生学到了多少知识、背诵了多少课文、解答了多少数学题，也不仅仅在于让学生懂得了多少规则、拾起了地上一张废纸、爱护了一棵小树，而在于知识和规范行为背后的东西，那是他的好奇心、想象力、理解力、创造力，是他的心智的觉醒、智慧的生长。试想，课堂上，在教师的指导下，学生的心智之门突然间开启了，智慧之芽萌发了，这是多么神圣的时刻啊！可惜，有多少次学生心智觉醒的时刻与我们擦肩而过，因而教学常常显得平庸、枯燥。

一个新的生命来到这个世界，就是一个成为"他自己"的过程。他固然要学习做人、学习知识、学习礼仪之类，但在这个教育过程中，他尤其是一个独立自在的生命体，他的自我、兴趣、个性要得到尊重，他的潜能、智慧、优点要得到生长。我固然知道人的成长不全是快乐，这里面也有必经的训练和磨砺，更知道即使是知识的获得，通常也是一个困难、艰苦、缓慢的过程；人的成长更是曲折、艰难，有自己的规律，一点也勉强不得。有时候，我们简直就没有办法使一个人学得更多、学得更好，也没有办法让他迅速形成所谓"良好的"习惯；我们经常无法对自己的教育行为做出恰当的判断，也无法洞悉一个成长中的孩子最需要的究竟是什么……但我深深地感悟到，教育教学是为了唤醒孩子的灵魂，而不是置孩子的天性于不顾，一味给孩子上"笼头"。

徽派语文的教育教学应该是"如春起之苗，不见其增，日有所长"。教育更应该是一个促进人生发展的缓慢过程。教育教学就是一种互相寻找、发现，彼此增进理解的成长过程。在知识的传承和教学绩效的考核过程中，教育者常常会遇到一些所谓的"差生"。那些"差生"更需要教师的关爱和帮助，更需要教师耐心引导、悉心指教、平等看待、严格管理。所谓的"差生"的心灵难免脆弱、自卑、失意，他们的学习暂时是落后的，但他们不乏一颗善良的心和对未来生活的追求和梦想。教师有责任和义务让那些所谓的"差生"重拾生活的信心和对未来的梦想，用智慧和艺术的方式给他们圆梦，解决他们的各种心理问题，完善他们的品格，弥补家庭、社会等原因给他们健康成长带来的缺憾。也许他们在中考、高考中不会给老师和学校带来荣誉，也许他们在未来的人生中也不会一鸣惊人让学校引以为豪……但教师有责任使学生以完整的人格过未来的人生。教育教学应该是大众化、平民化的教育，必须为社会的需要培养各种人才，而不仅仅是针对极少数人的精英教育。

徽派语文的教育观认为，教育的变化是极其缓慢、细微的，它需要生命的沉淀，需要深耕细作式的关注与规范。教育的慢艺术是以尊重人、理解人、满足人、服务人、发展人、成就人为出发点和归宿的，促进师生全员发展、自主发展、个性发展、和谐发展，让学生拥有智慧的童年，使教师享有职业的智慧，用智慧引领教育，让教育充满智慧。以人为本是慢智慧的灵魂，积极心理是慢智慧的支点，优良品德是慢智慧的先导，快乐有成是慢智慧的真谛，热爱劳动是慢智慧的源泉，满足特需是慢智慧的天平，生命健康是慢智慧的本钱。我们应该让丰富多彩的童年在慢智慧的课堂中快乐地飞翔，让阳光诗意的生命在慢智慧的校园中得到温馨地滋润，让汹涌澎湃的情感在慢智慧的河流中自由地奔腾。教育教学给予学生最重要的东西，不仅仅是知识，而且是对知识的热情、对自我成长的信心、对生命的珍视，以及更乐观的生活态度。因此，教育是一种慢艺术。

水滴石穿，春华秋实。我们要耐心地等待一个人的成长：智慧的觉醒、力量的增强、某种人生信念与价值的确定。在这个过程中，被教育者需要教育者针对具体的人而给予帮助——温情的理解、真挚的同情、诚意的鼓励、恰当的提醒。所以也许教师最重要的品质，就是耐心、敏感、克制、清醒的边界意识，同时还有乐观的态度、积极行动的临场智慧。我们应该让真的教育成为心心相印的活动，从心里发出，达到心灵深处。我们的教育应该关注学生的精神生活，让学生在学校生活中有刻骨铭心的经历，学生在和同伴、老师的交往中能体会到快乐，有自己施展才华的领域，个性特长得到充分发展。现在，我们需要给自己的教育教学生活找寻一个生命的原点、一个思想的源头、一个美好的上游，让自己有清醒的头脑和从容的心情，去面对那些可能熟悉得厌倦了的教育场景和各种意料之外的教育事件。我们的教师更需要把自己从时下"效率至上"的机械运转及由此带来的精神困顿中解放出来，进入"慢"的教育教学情境中，恢复教育教学本来的"慢"性。

第二节　徽派语文的教师智慧

怎样才能让自己的语文课堂激起学生的兴奋和共鸣，更加富有魅力和成效呢？作为一名语文教师，不仅应思路清晰、逻辑严谨、生动风趣……还有更重要的一点，那就是教师要满怀智慧地投入课堂教学活动。因为情绪是传染的，一个人的情绪对他周围的人有很大的影响，不是消极的，就是积极的。

徽派语文的智慧教学是语文本身的呼唤，也是当前语文人文性的要求和情感教育的呼唤，更是语文有别于其他学科的本质。法国启蒙思想家狄得罗曾说过："没有情感这个因素，任何笔调都不能打动人心"。我国新课程标准早已把情感教育提到一个空前的高度，"知识与能力，过程与方法，情感态度与价值观"是新课程标准明确规定的课堂教学的三维目标，可见"情感教学"在教学中的重要地位。那么，作为一名语文教师怎样才能富有教学智慧，并用它去点燃学生高昂的热情呢？

一、徽派语文的智慧教师要有爱满天下的情怀

爱满天下的情怀是智慧教师爱岗敬业精神的真实体现。一个人只有尊重并热爱自己的职业，他才能以满腔的热情投入自己的工作之中。因为敬业爱业，就会对自己的工作永远乐此不疲；因为敬业爱业，就会干起工作来浑身是劲、活力无限；因为敬业爱业，他浑身散发的才是正能量，对学生的影响才是积极的，而不是消极的。因此，从某种层面上说，一个教师工作是否有智慧，也是衡量他职业道德高低的尺度之一。

爱满天下的智慧情怀是一种精神，可以鼓舞士气，去战胜敌人；爱满天下的智慧情怀是一种力量，可以鼓舞斗志，去战胜困难。同样，爱满天下的智慧情怀在课堂教学中的艺术运用，有其特定的价值取向和作用。要

使一节课有良好的教学效果，教师首先要创造一个良好的情感氛围。而这种良好氛围的营造，首先来自教师的精神风貌。一个教师带着怎样的精神风貌或者说带着怎样的状态和情绪走进课堂，就给这节课定下了怎样的情感基调。一个精神饱满、容光焕发、面带笑容、充满智慧的教师走进课堂，他传达给学生的是坚定、乐观、积极进取和自信，学生无疑会受到积极的影响和刺激，就会马上变得智慧高涨、思维活跃、兴趣浓厚，师生关系也会变得和谐、融洽、愉快。

二、徽派语文的智慧教师要当言行的楷模

一节语文课的成功与否很大程度上取决于教师的言行是否富有智慧。一个好的语文教师的教学语言，一定要富有感染力：首先要声音洪亮，吐字清晰、表达准确。其次，要注意语速的节奏，语调的抑扬顿挫，语言的幽默、风趣和艺术感染力。这就要求教师在备课时一定要用心去感受课文的美，体会课文的情，全身心地投入，认真吃透文本，切身感受文本，然后通过自己的语言艺术地表达出来，学生才会感觉到你的语言有真情、有智慧、有魅力、有磁性、有感召力，从而唤起学生的共鸣。智慧的语文教师也要指导学生多听、多读、多说、多写，听一听新闻播报，听一听配乐解说，听一听诗文朗诵……这些表达都是富有情感和充满语言魅力的范例。读和说是培养学生语言表达和语言情感的良好方式，教师应通过各种有趣的针对性的语文实践活动，对学生加以训练。在听说读写中让学生去发现美、感受美，从而提高自己的语言情感、语言审美和语言表达能力。

一个智慧的语文教师，他在课堂上的肢体语言要富有智慧和感染力，每一个教学动作都应展示得优雅得体，力争让自己的教学言行成为相辅相成、统一和谐的整体。智慧应是来自内心的真情实感，而不是造作，否则不仅感染不了学生，还会让学生感受到老师的虚假和空洞。作为语文教师，上每一节语文课，都要根据文章的内容和感情基调有感而发，切不可无病呻吟。一名好的语文教师，就好比一个乐队的指挥，既能调动学生的情感，又能控制学生的情感，要让学生的学习情感随着自己的指挥棒张弛

有度，收放自如。

三、徽派语文的智慧教师应关注课堂教学目标

教师需要根据语文要素确定相关教学内容，智慧教师应树立准确的目标意识，关注目标的层级性，把握目标的整体性。

同一个语文要素的学习是螺旋递进的，一年级上的学习为一年级下打基础，同一单元中后一篇课文的学习以前一篇课文为基础，因此在教学中一定要做到前后联系、循序渐进。语文要素从"找出课文中明显的信息"到"根据信息作简单的推断"在教科书中的体现是层层递进的。一年级上要求圈画课文中明显的信息，后期要求找到课文中明显的信息说一说，是一次发展。到了一年级下，继续学习找到课文中明显的信息说一说，促进阅读理解，比如《要下雨了》，课后题中提问"想想燕子、小鱼、蚂蚁下雨前都在干什么"；后期要训练"根据课文信息做简单推断"这个能力，集中在第七单元的课文中。从课文《一分钟》开始，课后题要求根据课文内容说一说：

要是早一分钟，就能赶上绿灯了。
要是能赶上绿灯，就＿＿＿＿＿＿。
要是能及时通过路口，就＿＿＿＿＿。
要是能赶上公共汽车，就不会迟到了。

这是要求学生在读懂课文内容之后，用"要是……就……"的句式说话，训练逻辑思维，把握内容之间的内在联系，做出简单的推断；下一篇课文《动物王国开大会》中，要着眼在课文几个反复的情节上，四个相似的情节构成故事内容，教学中要引导学生根据读到的情节内容对后面的内容做出推断，建立信息完整性的意识，继续进行逻辑思维的训练；最后一篇课文《小猴子下山》的要求有进一步的提高，在读懂课文的基础上要整合信息，抓住故事的主要情节进行表达，并在理解课文的基础上对"小猴

子最后为什么会空着手回家去？"做出推断。由以上可以看出，教学目标一步步发展，难度一层层提高，在教学中，我们一定要遵循这项目标的层级性，有针对性地实施教学。

一个单元语文要素的编排不一定都会在这个单元的每一篇课文中明显提及，但在教学中，教师们需要建立单元整组意识，语文要素的学习要贯穿整个单元，并且要逐步推进。例如，第三单元的语文要素"联系上下文了解词语的意思"，教科书中只在第6课《树和喜鹊》中提出要求：读第一段，了解"孤单"的意思。这并不等于只要用这种方法学习"孤单"这个词语就可以了，也并不是只要在这篇课文中学习运用这种方法，而是要前后联系，在前一篇课文中要涉及这个语文要素，在后一篇课文中要继续巩固运用这种方法来了解词语的意思。

在前一课《小公鸡和小鸭子》中，通过朗读比较，联系上下文，了解"吃得很欢""偷偷地""飞快地"等词语的意思，体会加上描述动作情状的词语使句子更生动、形象。教学时要和课文的学习融合，如"偷偷地"，可以在学习第3自然段时进行。先朗读两个句子：

小公鸡跟在小鸭子后面，也下了水。
小公鸡偷偷地跟在小鸭子后面，也下了水。

然后对比这两个句子的不同，通过联系上下文揣摩小公鸡的心理，了解"偷偷地"这个词在句中的意思：小公鸡不让小鸭子发现，暗暗地跟在他后面下了水。这样一写，我们仿佛看到了小公鸡调皮、淘气的样子，所以这里不是贬义用法。到了《树和喜鹊》这一课，学习课文第1、2自然段时，要引导学生联系上文了解词语的意思。引导学生到第1自然段中去找一找哪里可以看出"孤单"，联系"一棵树、一个鸟窝、一只喜鹊"，了解"孤单"表示只有一个。通过读句子，抓住连续三个"只有"，让学生想象喜鹊的心理，感受无人陪伴的"孤单"。通过前两篇课文的学习，学生已初步学会了用联系上下文的方法来了解词语的意思，在第7课《怎么都快乐》的学习中，"独自、静悄悄、有劲"等词语的意思都可以引导学生用这种方法进行学习。

这样，通过一个单元几篇课文的学习，语文要素的内容在学习过程中有序推进，稳步落实，逐步形成能力。

四、徽派语文的智慧教师应打造自己的教育信仰

教育在于境界，而非形式：形式只不过是通往境界的一种方式而已。教育如治水，人性若水性。水性以滋润万物为本，人性以丰富多彩为境。所以，真正的教育是去追寻企及孩子灵魂的境界。

智慧教师对教育的信仰就是要回归教育规律，慢慢地、静静地、悄悄地做，不要浮躁，不要显摆，一定会有我们想要的结果，那个时候我们的孩子不管是分数、才能，还是能力都很好，他们的灵魂也很丰满。古希腊有个哲学家叫西塞罗，他说："教育的目的是让学生摆脱现实的奴役，而非适应现实。"学习或者教育对学生本身来说最核心的应该是为己的，不是为别人学的，不是为父母学的，而是为丰富自己学的，这才是真正的教育。

柏拉图说过一句话："教育非他，乃心灵的转向。"那么请问转向哪？往哪转？引导孩子转向分数、转向才能、转向才干、转向本事？都不是。印度哲学家克里希那穆提写了一本《教育就是解放心灵》。解放心灵，按柏拉图的语境来说，心灵究竟应该转向哪里？我研究的结果是转向爱、转向善、转向智慧。在西方哲学里面"爱、智慧"就是哲学，我加一个善，一个人的灵魂深处有爱、善、智慧这三样东西，你说这个人今后又能差到哪里去呢？教育就是"慢"的艺术，教育就像养花一样，一边养一边看，一边静待花开，要慢，不要着急。

让我们带着崇高的敬业精神，带着神圣的使命和责任，带着对学生的满腔热爱，满怀智慧地用心上好每一节课，学生一定会精神饱满、兴趣浓厚地去学习。如果这样，我们的语文教学定会事半功倍，成效显著！

徽派语文的教育观认为，语文教师的智慧与否不在年龄、学历和职称，而在于他们有怎样的教育思想和睿智，是师中心还是学中心，是教服务于

学还是屈从于教。

智慧的语文教师在教学过程中是引领者、促进者和新课程的建构者。在教学中，善于脱离"以纲为纲、以本为本"的传统思维的禁锢，由课程的执行者转变成课程的建构者；善于开发、利用各种教育资源，尤其是课堂中生成性的教育资源；善于发现、捕捉甚至放大一些课堂生成问题，并转化为教育资源，丰富课程内容，使教学过程真正成为师生富有个性化的创造过程。

智慧的语文教师主张教育以人为本，学生是学习的主人，学生的学习注重自主、合作、探究。其教育教学思想变革不只是在传统应试教育基础上的某些细枝末节的修修补补，不是传统教学方法在教学艺术和技术上的不断精进，而是对传统教育思想和教学方法从根本上重新认识和思考，敢于对传统教育思想包括教学方法进行根本上的改革、颠覆性的改革。

智慧的语文教师把学生当作教学的第一资源，把自己当作班级里的第一名学生。智慧的语文教师相信学生、解放学生、利用学生、发展学生。他心中明白教学是一切的教都必须服务于学生的学，以学定教、以学评教、以学促教。智慧的语文教师强调育人为本，以学生的发展为木，关爱学生的生命，不把学生当成"容器"；从单向的知识传授走向教学互动，变"记忆型教学"为"思维型教学"，变"应试型教学"为"素养型教学"；使学生从被动走向主动，把学习的主动权真正还给学生，促进学生的创新意识和实践能力。

智慧的语文教师在教育教学过程中能够做到教师变学长、讲堂变学堂、教室变学室、教材变学材、教案变学案、教学目标变学习目标，站在学生的立场上思考和设计教学。智慧的语文教师不仅为了让学生学会，还要通过动手、交流去培养学生的语言表达、书写，乃至沟通、合作的能力。

智慧的语文教师能够放下架子、俯下身子，走到学生中间，不再成为挡在学生和知识之间的那堵"墙"，让学生能够直接和知识亲密接触。

智慧的语文教师把"相信学生"的口号落实到行动中，让学生在摸爬滚打中学会自己"走路"。当然，这期间难免会有磕磕绊绊，难免会遇到"急流险滩"，但也正是在磕磕绊绊中，在与"急流险滩"的"搏击"过程中，学生会学了，学会了。

　　智慧的语文教师和学生共学、共享、共进，积极主动地参与学生的学习研究活动，与学生形成一个真正的"学习共同体"，和他们一起面对困难、解决问题，分享学习成果，感受成功的喜悦。在师生交往互动中，在彼此思维火花的碰撞中共同进步，使教学不再是一件苦差事，让课堂真正成为孩子们的幸福乐园，师生共同成长的幸福摇篮。

　　智慧的语文教师，一定是敢于"让学习发生在学生身上"的那个人，他知道课堂不是自己的舞台，是属于学生的学习场。其作用的发挥应该"该大的时候大，该小的时候小"。什么时候该大？在教材方面，教师应该发挥"融入教材、整合教材"的作用；在学生方面，教师应该发挥"激励学生、吸引学生"的作用；在教法方面，教师应该发挥"解放学生、指导学生"的作用。什么时候该小？教师不要给自己背上"灵魂的工程师""无私的奉献者""学生的救世主"的包袱，教师的作用没有那么大。这样的包袱，不但压垮了学生，而且压垮了教师自己。

　　智慧的语文教师具有构建和谐课堂生态的能力，积极建构师亦生、生亦师、师生相长，兵教兵、兵练兵、兵兵互动的课堂生态。在这样的课堂生态里，让学生获得情感体验和心灵感悟，从而有效地实现"传"，让学生获得经验、能力。

　　智慧的语文教师把知识当作实现理想的过程中使用的工具，其作用等同于人们熟悉的螺丝刀、扳手，"传"而遵"道"，"传"而有"道"。而自己则扮演好四个角色："哑巴"——管好自己的嘴巴少讲；"忍者"——不随意批评学生；"懒汉"——敢于把学习问题踢还给学生，不过于勤快；"观众"——最大作用体现在对学生的鼓励、激发上。智慧的语文教师知道让学生拥有一个远大的理想并鼓励他们去实现，远比给他们灌输知识更为重要。他时时牢记，处处呵护，及时引领、点燃学生想象力和创新的火花。

　　智慧的语文教师做火柴而不做蜡烛，做裁判员而不做运动员，做农夫而不做园丁，做导演而不做演员。语文课堂中的智慧教师，既是精神的同道，亦是学习的伙伴，而不是裁判兼警察，左手握真理右手握大棒；语文课堂中的智慧教师，是服务生，要俯下身子为学生服务，将姿态降低，将心胸放宽。

智慧的语文教师应该培养学生主动学习的习惯，在未能独立学习的孩子刚刚起步的时候扶他一程，不至于使他付出跌落悬崖的代价。智慧的语文教师只要知道悬崖边上危险的道理就可以，正常的跌打滚爬之事还是要由学生自己来完成，并且要学生自己去体会怎样能走得稳健、走得远。教育就是要引领创新，教育该删繁就简。高深的传授不如让学生从简单中领悟高深，给学生自主，也就给了学生由简单到高深的机会；给学生时空，也就给了学生自主实现成功的机会。

智慧的语文教师既要发展学生，又要满足自身的发展，其教书不是在"掏空"自己，而是在增补和完善自身，以达教学相长的境界。

智慧的语文教师是靠自己的内涵、积淀加上持之以恒的努力和反思历练成的。

第三节　徽派语文的书香生活

苏霍姆林斯基说："只有能够激发学生去进行自我教育的教育，才是真正的教育。"徽派语文的教育观认为，语文教师只有体验到书香生活情趣，享受到语文学习快乐，才是真正的语文教师。引领学生在快乐体验中阅读，教师应面向每一个学生的个性发展，尊重每一个学生发展的特殊需要，加强对阅读活动过程的引导，可以让学生在阅读的过程中体验到生活的乐趣，让学生在阅读的过程中学语文、用语文、发展语文能力。而在此过程中，语文教师要积极打造自己的书香生活，通过阅读来提升教育人生的思想境界，塑造教育人生的人格品质，积淀教育人生的文化修养，抒发教育人生的真情实感。

一、读书的六个层次

读书没有止境，却有层次。所谓层次，是指修养、造诣等各种不同的阶段。读书是生命的需求，是一种修身养性，陶冶品行、情操的方式。作为一项净化、丰富、扩展人生的崇高事业，读书有六种层次。

第一层次：书心合一。

书籍作为人类智慧的结晶，本身就源于浩瀚的历史，源于大千世界五彩缤纷的风景。只要你全心投入，就会于字里行间读出种种神奇，读懂无数坎坷，读明世间哲理，读透那些让人为之高兴、为之忧愁、为之生、为之死的种种内涵和真谛。譬如读一篇美文，欣赏一首诗歌，文中那感人的细节，诗中那拨动心灵的艺术，都会引起你对生活的回忆和对生活的幻想，一种灵感和冲动便油然而生。

读书要静心，守住心灵深处的宁静和纯真，耐住寂寞，甘于孤独，要潜心铸剑，专心致志，聚精会神，心无旁骛。柳宗元诗云："真源了无取，妄迹世所逐"，"淡然离言说，悟悦心自足"。在明媚的春光里，小桥流水，白云悠悠，在树荫下，就是一本书、一把椅子、一杯清茶，读起来，你感到那样清静，那样优雅；在寒冷的冬夜，夜阑人静，万籁俱寂，在书房里，一本书、一个人、一盏孤灯，手不释卷，"孤舟蓑笠翁，独钓寒江雪"。你又觉得那样幽静，那样惬意。这就是一种板凳甘坐十年冷，"书心合一"的读书层次。

书心合一的阅读不会一帆风顺、一蹴而就，而是会有急流险滩，不进则退。这就要求一个人必须持之以恒、循序渐进，这样才会有进步，有收获。书心合一的阅读者，应该是走在路上读路，或直或曲，或宽或窄，或平或陡，世上路最多，却无一条完全一样，路之"书"最"厚"，谁也读不到最后一页。走一程，读一程，悟一程，思而悟，悟而行，行必高远，脚印就是你发表在路面上的一篇篇或深或浅的读后感。

第二层次：书人合一。

读书和观景一样，有距离一说，聪明人常站在书外读书，且选取恰当角度。苏轼的"横看成岭侧成峰，远近高低各不同"，就揭示了认识事物规律需跳出局限，走出狭窄的心境去"一览众山小"。读书不仅要坐下来，还要能读进去。书间如梦，一尊还酹明月。书读进去了，就会沉醉其中，废寝忘食，乐而忘忧。人与书就会融为一体。这是一种书人合一的读书层次。

书是人的精神支柱。不管是刮风之夜，还是孤独时光，打开一本美妙的书，就会心存感激，就会让一切喧嚣归于平静。教师的读书要带着目的、带着思考、有的放矢、全身心投入。理论素养高有助于读懂作者、读懂作品，站在较高的视角审视文本、审视生活，最终在遇到教育问题时不至于束手无策。拥有了一定的理论素养之后，就会有一种豁然开朗、登高远望的感觉。

第三层次：物人合一。

物人合一的阅读，应该是天上读云。云是挂在无边天幕上的一张张或白或红或黑的稿纸，写满了天上的秘密。阴、晴、雨、雪、霞、露，全悄悄写在云里。你若不去读，何时才能获知它的奥秘呢？应该是晚上读夜。夜博大深邃，无边无际。没有夜，何来满天星光，千古明月，万家灯火！谁读懂了夜，谁就等于读懂了这世间最美好的梦境。应该是灯下读灯。灯里装着的是另一个世界，是一本透明的杂志，是一部点亮夜的书。全书只写着一行字：只有燃烧自己，才能成为灯。读懂了灯，你的生命便如灯，你的人生便不再会被黑暗笼罩。

物人合一的阅读，应该是风中读风。风是山的呼吸、海的呼吸、田野的呼吸、城市的呼吸、大自然的呼吸、地球的呼吸。读懂了风，你就触摸到了大地的脉搏，你的呼吸才能融入它的呼吸。应该是下雨读雨。雨是来自天上的特殊使者，或大或小或急或缓，不知已经下了多少万年，总还在不遗余力地洗刷着世界上的不纯净。读一次雨，得到洗涤滋润的不仅是大自然，还有你的心灵。

物人合一的阅读，应该是林中读树。树是世界上发行量最大的绿色杂志，常读树才能读懂成长，读懂枯荣，读懂盛衰，读懂叶黄叶绿，读懂果酸果甜。应该是花间读花。花是天底下最早诞生的彩色杂志，常读花方可聆听花开的声音，破解花的密码，捕捉花香的基因。花若无人读，它为何要开，它开给谁看？应该是人间读脸。见人先见脸，品人先品脸，脸是一扇窗，人情脸上写，人变脸先变，心在脸上显。脸是一部没有结尾的系列剧，永远也演不完，一生也读不完。但可貌相也不可貌相，可读脸又不能全读脸，更须读心。

物人合一的阅读，应该是生活中的阅读，读爱才知爱，读恨才知恨，读物才知物，读人才知人。读高尚读真诚，如在钢琴上漫步，每一步都会发出优美旋律；读虚伪，似在沼泽中行走，每一步都让你警惕脚下就是泥潭。

第四层次：慧人合一。

传统的人们对"读"的界定十分狭窄，仅仅局限于对文章的阅读。"读"的作用是什么？是吸收、感悟、借鉴，是信息的摄取过程。窄范围的读，使作文信息获取的量严重不足，借鉴面狭小。阅读的这条小胡同，早就应该走出来！"读"，是一种生活体验，是一种广义的阅读体验。具体地说，应该是读小说，读散文，读诗歌，读文章；应该是读电视，读电影，读网络；应该是读音乐，读美术，读体育；应该是读人，读事件，读景物，读事物。一句话，是阅读生活，体验生活，感悟生活。"读"的过程应该是一个体验、学习、感悟、借鉴的过程，在这种体验中的启迪感悟而生成智慧，就是"慧人合一"的阅读层次。

"慧人合一"，读如春，你心便无冬；读如秋，你胸中便挂满果实。从阴雨读出晴日，从暗夜读出霞云，从枯黄读出翠绿，从沙漠读出绿洲，你就读出了常人所读不到的意境。"慧人合一"的幸福阅读者，应该是读的最高层次，是读出灵魂，把被读的生命与自己的生命读在一起。能读懂寂寞的人最不寂寞，能读懂孤独的人最不孤独，能读懂忧郁的人最不忧郁，能读懂痛苦的人最不痛苦，能读懂爱的人最会爱，能读懂快乐的人最快乐，能读懂幸福的人最幸福。

第五层次：时人合一。

"时人合一"的阅读者，应该是"千江有水千江月，万里无云万里天"。人生有限，学海无涯，山外有山，天外有天，永无止境。"路漫漫其修远兮，吾将上下而求索。"读的书越多，就越感到自己的渺小和知识的博大精深。杜甫诗云："读书破万卷，下笔如有神。"这正如"食桑"与"吐丝"。试想，蚕在吐出银丝之前，要食多少桑叶啊！同样的道理，我们要成就学业，就必须博览群书。白居易16岁写就"离离原上草，一岁一枯荣"之不朽诗篇，与他自幼好学，读书读得"口舌成疮"，写字写得"手肘成胝"分不开。北宋欧阳修曾说："余平日所作文章，多在'三上'：马上，枕上，厕上也。"莎士比亚由于大量读书，掌握了一万多个词汇，所以笔下的人物才那样多姿多彩，对话是那样妙趣横生、富于哲理。鲁迅的杂文尖锐泼辣，宛如投枪、匕首，令友称快，令敌胆寒，绝非一日之功。他六岁起攻读诗书经传、旷史杂记，年轻时博览中外名著，故能运笔自如，文若流水。这正是"破卷炼得一锦句，一担桑叶一缕丝"啊！我们要毕生践履，求精图新，倡导一种不断攀登、永远向上、积极进取的精神，终身学习，把读书作为人生的内在需求，成为生命的一部分。天长地久有时尽，此读绵绵无绝期。这是一种"时人合一"的超越空间的至远至臻的层次。"时人合一"的阅读者，应该是一生读，读一生。人的一生，是读的一生。从小读到大，从大读到老。知识是一本大书，岁月是一本大书，自然是一本大书，人生更是一本大书，一天也离不开读，一辈子也读不完。走到哪儿读到哪儿，活到何时读到何时。只有不去读的，没有没啥读的；只有读不完的，没有能读尽的；只有读之有悟的，绝少读之无益的。

第六层次：天人合一。

古今中外多少事，一切都付书本中。书籍犹如巍峨的高山，绵延不尽，读书到一定的程度，就会高屋建瓴，对事物的认识就会更深更透，人的心胸就会宽阔，显示出一种博大的胸怀和宏伟的气魄。站在书前，仿佛觉得一座山、一条江、一棵树、一种阅历、一种想象、形态各异的人，蓦地站在你的面前，此时此刻，你已进入了读书的层次之中。这是一种超越自我、超越现实、超然物外的"天人合一"的至高至上的层次。让我们的心灵在读书中升华自由之境。

"天人合一"的阅读，应该是蓝天下读天。你大，在地球上不过是粒尘埃；地球大，在太阳系不过是粒尘埃；太阳大，在银河系中不过是粒尘埃；银河大，在整个宇宙中不过是粒尘埃……你还大吗？应该是中秋读月。月亮就此一个，千万人都在读它，每个人都希望读到自己心中的那一轮月亮。读月，一人一月亮，千人千婵娟，万人万版本。甜月、酸月、苦月、辣月、悲月、欢月、离月、合月、阴月、晴月、圆月、缺月，你的月是哪个版本呢？应该是黄昏读夕阳。"夕阳无限好，只是近黄昏"，这是古人李商隐说的，物人合一的阅读，夕阳从这儿看是夕阳，若是从地球的另一端看，它却是日出……

"天人合一"的阅读，应该是海边读海。博是因有容，阔是因有怀，大是因纳小，多是因聚少，深是因聚浅，宽是因汇窄，巨是因积微，广是因缆狭，无边无际是因吸收了有边有际。常读海，多读海，才能把自己也读成海。应该是过河读河。读到深处，河里流淌着的不再是水，而是一滴滴秒，一瓢瓢分，一桶桶小时，一缸缸日子……千万别让这时间的长河"决口"，否则你的人生会很快 "流"尽的。应该是上山读山。山是一部立体大书，脚登着山，不如说脚"读"着山，脚上也有眼睛。山不过来，我就过去，山不读我，我就读山。登山，其实是在读山。读透了山，再高再险的山也会趴在你的脚下。应该是山上读石。石是山这部大书中的一个个立体汉字，大小高低形状各异，每一块也许都藏着一个个千古之谜，要想读懂山，须先读懂石，石头无言自春秋。

"天人合一" 的阅读，自然会抓住生命的分分秒秒，勤奋地读书，奋力地拓展，朝那知识的无线幽微空间蒙蒙之境一步步迈进，力争最大限度地开拓自己的知识视野，去领略那 "读万卷书"的 "满腹珠玑"的乐趣，做一个博闻强记、洞察古今、无所不通、无所不晓的知识富翁，在世俗的偏见面前坚定不移，在挫折和失败面前坚强不屈，在探索知识的过程中坚持真理，在艰苦的逆境中坚忍不拔。

二、读书应有好心态

徽派语文的教育观认为，读书可以让空虚的人变得充实，可以让怯懦的人变得勇敢，可以让无知的人变得渊博，让狭隘的人变得开阔，让肤浅的人变得深邃。我认为要想读书效果好，就必须具备良好的阅读心态。在读书之前要把混乱的、烦琐的念头全部拭去，使心境如一池清水，才能学有所得。读书人之幸福全在于心之幸福。阅读的成功皆源于心态，把握你的心态，就能开启你心理能量的宝库。环境不易改变，不如改变我们自己；性格不可以改变，但是心态可以调整，激发你的潜力，改变你的一生。因此，我们现代人读书，应该有十大良好的心态。

第一，天光云影共徘徊——纯洁的心境。即在阅读之前把一切芜杂的、混乱的、烦琐的念头全拭去，使心境如一块水晶、一池春水。这样阅读，印象才会清晰，记忆才会深刻，理解力和吸收力才会更强。唯有如此，才能耐得住寂寞，守得住清贫，经得住诱惑，才可以完成人生的升华，把自己培养成一个博学之士、有用之人。当然人各有志，不能强求，但是无聊之时，手握一卷，于湖边树下，小读片刻，也有趣得紧。疲劳之际，看看武侠，聊聊言情，得一刻轻松，也是人间美事。

第二，腹有诗书气自华——安静的心绪。读书时，要心平气和，循序渐进，切忌急躁、浮虚，急于求成，浅尝辄止，一知半解。心绪安稳平静，才能克服慌乱和烦躁。这种心境、这种阅读心理要靠教师去创造。有了这种安静的心绪，才能耐得住寂寞，经得住诱惑。阅读时才会把全部精神倾注在阅读对象上，加强感受器官和思维器官的活力，造成大脑皮层的优势兴奋中心。读书的价值不在于它的功利和实用色彩，而在于修身养性，陶冶情操，增长见识，全面提高一个人的综合素质。在读书这条道路上，绝没有"速成"的捷径可走，很多东西需要我们静下心来，长时间地去思考、去领悟；要我们潜下心来，踏踏实实感悟。

第三，学海无涯乐作舟——乐观的心态。将读书看作一种愉快的享受，一种高尚的娱乐，一种崇高的精神生活，而不是把阅读当作消遣、解闷或仅当任务来完成，以致压得自己喘不过气来，甚至带来失落和无尽的烦恼。作为21世纪的现代人，对环境、处境，应该有一种惬意的顺向心理，而不应该有反感的逆向心理，应该对生活充满理想，充满热情和信心。读书是读者与作者的心灵交融，不识外国字母，却可与伊索、柏拉图这样的哲人交谈，感受他们的智慧；没经历过文艺复兴，却可与莎士比亚这样的巨匠交谈，感受他的文学魅力；未到过苏联，却可与列宁、高尔基这样的伟人交谈，感受他们的思想威力。他们不向你索取什么，却给你无穷的乐趣、安慰和鼓励。

第四，咬定青山不放松——渴求的心态。在知识经济的大背景下，作为新世纪的公民，应具有如饥似渴的求知欲望，咬定青山不放松，在生活中手不释卷，宁静致远；在书海里泛舟遨游，其乐融融；在阅读时的整个过程中，要有一个念念不忘的目的，要有一种如饥似渴的求知欲，要有浓厚的兴趣和爱不释手的感情。我们在阅读过程中，有了此三者，就能变压力为动力，变苦恼为享受，便会产生一种废寝忘食的积极性和棒打不回的意志力。古人说："世事洞明皆学问。"要做到世事洞明，就必须下一番苦功，以渴求的心态去学习、钻研，从而获得真谛。读书要结合自己的工作特点和个人兴趣，把某一方面的专业知识学深、学透，这样才会产生更加强大的学习动力，工作起来才会更加得心应手。如果今天看到这个新潮就读这个，明天感觉那个热门又读那个，蜻蜓点水、一带而过，那么我们就可能始终停留在一知半解的水平上而难以具备真知灼见。

第五，举一反三善思考——畅通的心路。读书释疑，要求思路畅通，注意从多角度、多方位进行立体反向思维，切忌钻牛角尖，进死胡同。心路畅通，才能及时博采"他山之石"，由表及里、去粗取精，及时更新知识结构；才能迅速了解当代最新成果，尽快地站在教改的"最近发展区"，就能左右逢源，得心应手地"跳一跳、摘果实"；才能既立足现实，又高瞻远瞩，既规行矩步，又瑰意琦行；才能闪念频频、联想翩翩、由此及彼、由表及里、举一反三、触类旁通；才能善于汇集、分析各类图书信息，建立反馈和情报流通渠道，打破学科的"壁垒"，把"触须"伸进其他学科之中，建立起学科教学之间的"互联网"，从其他学科中吸取营养；才能善于思索，"爬罗剔块，刮垢磨光"，从而选择出真实准确、新颖实用的有价值的智慧，指导教学各个环节的工作。

第六，不屈不挠不服输——好胜的心理。有这样一个故事：夜幕下的草原，一头狮子在沉思：当明天太阳升起的时候，我一定要拼命地奔跑，追上跑得最快的羚羊；与此同时，一只羚羊也在琢磨：当明天太阳升起的时候，我要拼命奔跑，逃脱跑得最快的狮子的追赶。亲爱的朋友们，在现实的生活中，你愿意做狮子还是愿意做羚羊呢？争强好胜长期以来被人们视为一种不屈不挠的斗志和一种积极向上的奋斗精神。看书求知，要争强好胜，永不满足书中已有的结论，勇于探索、开拓、创新。我们正处在一个变革的时代，现实的生活确实需要好胜的心理：要么胜利，要么成为野兽的午餐。普通人的阅读心理往往是沿着好奇心理—乏味心理—无所谓心理或者是沿着好奇心理—好胜心理—自满心理或者是沿着自卑心理—无所谓心理的顺序变化的。所以，虽然读了很多书，心里却如一潭死水。你要做一个优秀的人，你就得有读书的好胜的心理。这样，你的情绪一直处于亢奋状态，在欣慰、愉悦中接受、消化知识。在社区里，我们和优秀的人一起生活、学习，对自己既是一种压力，又是一种机遇。压力使我们深知强中自有强中手，不敢懈怠，总是尽最大的努力做得最好；机遇让我们得以认识自己的不足，学会从别人身上学习自己不曾有的东西。虚心地将别人的优点全吸收过来，"择其善者而从之"。追求卓越，永无止境。挽弓当挽强，用箭当用长。

第七，教研结合得益彰——攻关的心力。学习中遇到问题，要敢于碰硬，知难而进，不要在难题面前绕道走，不达目的誓不休。读书莫怕难，攻城莫畏坚；科学有险阻，苦战能过关。阅读只是一种手段，目的在于利用各种知识进行攻关，进行研究和创新。有了攻关的心力，就可以由浅入深，由简单到复杂，由低级到高级，由点到面，由实践到理论地整合推进。

第八，百尺竿头更进一步——积极的心志。也许你在读书中遇到了很多困难，可是我们应该看到克服这些困难后的一片蓝天。积极的人像太阳，走到哪里哪里亮；消极的人像月亮，初一十五不一样。当某种阴暗现象、某种困难出现在你面前时，如果你去关注这种阴暗、这种困难，那你就会因此而消沉，但如果你更加关注这种阴暗的改变、这种困难的排除，你就会感觉到自己的心中充满阳光，充满力量。作为教师，只要想读书，什么时候都不会晚。有这么一个小故事：一个人从一个生性懒惰、办事拖沓的财主手里买了一块地，等到办完一切手续后，已经是四五月份了。邻居告诉他，现在已经错过了春天，除了种些蔬菜之外已经没有任何希望了。这个人经过思考，种了一些生长周期较长的谷物种子，获得了大丰收。因此，只要你有播种的心理准备和耕耘的积极心态，不管在任何时间、任何地点，你都能收获希望。积极的心态不但会使自己充满阳光，而是会给你身边的人带来阳光。积极主动是为了给自己增加实现自我价值的机会。社会、学校只能给你提供道具，而舞台需要自己搭建。演出需要自己排练，能演出什么样的精彩节目，有什么样的收视率，决定权在你自己。成功与失败之间的差别是：成功人士始终用最积极的思考、最乐观的精神和最辉煌的经验支配和控制自己的人生。失败者则刚好相反，他们的人生是受过去的种种失败与疑虑所引导、支配的。

第九，虚怀若谷不自满——敞开的心扉。虚怀若谷，虚心好学，永不自满，孜孜以求，诲人不倦，这也是奠定人生成功的基石。江海不拒细流，方能成其深；泰山不择土壤，方能成其大。只有虚心地敞开心扉，才能有进步，有成就。在读书的生活中，唯有虚心的人才能取得真正的成功。凡事都不要把自己看得太高，应虚心向别人请教，只有低着头的麦穗才是好麦穗。我们更应该做一个谦虚的人，学十当一，常思己过。也许你在某个学科已经满腹经纶，也许你已经具备了丰富的教学技能，也许你已经成为业务骨干、部门新星，但是对于新的社会、新的生活，需要你用空杯的心态去重新整理自己的智慧，去吸收现在的、别人的、正确的、优秀的东西。城市有城市的文化，社区有社区的发展思路、管理方法，只要是正确的、合理的，我们就必须去领悟，去感受，把自己融入社区之中，融入团队之中。否则，你就永远是生活的局外人。虚心地敞开自己的心扉，谱写开拓的旋律，才能更好地迎接一个个充满希望的、美好的明天！

第十，理想风帆心中扬——明确的心志。明确的心志就是说读书要有理想。读书有了明确的心志，才有专一的心力。在读书时，才会精神集中，心情平和，充分调动神经中枢，激发大脑功能，活跃思维，悟有所得。读书要有追求、有目标，最忌朝秦暮楚，见异思迁，好高骛远。读书没有明确的心志，就好比一只没有翅膀的飞鸟，一台没有马达的机器，一盏没有钨丝的灯泡。有这样一则故事：三位砌砖工人在工作，有人问他们在做什么，他们的回答各不相同，一个说是"砌砖"，一个说是"赚工资"，而第三个却自豪地说："我正在创造世界上最富有特色的房子。"正是这位工匠有了这一远大的理想，后来才成为有名的建筑大师，而另两位则一生默默无闻。这个故事告诉我们：人活着要有远大的理想。阅读人生的真正快乐是致力于一个自己认为是伟大的目标。理想是舵，信心是帆，勤奋是桨，成功是岸。有弯曲才有雄壮，有起伏才有波澜。把理想化作舵，把信心化作帆，把勤奋化作桨，把成功化作岸。握紧你手中的舵，张开帆，滑动桨，总有一天能驶到岸边。但在知识的大海上，遇到狂风暴雨是不可避免的，你只要敢与狂风暴雨做斗争，总有一天会驶到岸边，而岸的那一头，是一个全新的世界，象征着成功，象征着喜悦……加油吧！扬起理想的风帆，成功属于你和我！

三、读书要有智慧

徽派语文的教育观认为，书是智慧的源泉。许多老师"读书破千卷"，却"下笔如千钧"。究其原因，是缺乏阅读的智慧。面对新课程，教师应该用自己的阅读智慧智慧地阅读。

书是智慧的源泉。书是有灵性、有感情的。你智慧地读书，书也智慧地"读"你。作为教师，只有智慧地阅读，才能在教学中具有"千里眼""顺风耳"，才可以神通广大，四通八达，长善救失。然而，许多老师"读书破千卷，下笔如千钧"。究其原因，是缺乏阅读的智慧。古人云，"取法乎上，得法其中；取法乎中，得法其下"。阅读，不同的智慧和方法，收获也不一样。智慧地读书应该是活读、悟神、练技。读书是为了开阔眼界，是为了掌握知识体系；悟神是为了精雕细刻、横纵联系、立体分析、归纳总结、吸收精华；练技是为了运用，三种方法缺一不可。

第一，活读运心智，不为书奴仆。

阅读的目的是获取知识和智慧，通过智慧的阅读来触摸文化的深邃。什么是智慧的阅读，叶圣陶先生的体会是"活读运心智，不为书奴仆"。就是通过阅读而把人生"读"活，把智能"读"活，使知识手挽着手，鲜鲜地、美美地优化人的一生。智慧的阅读，应该是通晓古今、中外兼容，文理兼通而不偏执，门派兼收而不拘囿。透过书中那理想神采的文字，感受生活的富丽堂皇、多姿多彩、富有情趣。智慧的阅读，不应该只喜欢道家，不喜欢儒家；只喜欢鲁迅，不喜欢胡适；只喜欢白居易，不喜欢李商隐；只喜欢苏轼，不喜欢李煜；只喜欢古典诗词，不喜欢流行歌曲；只喜欢京剧，不喜欢歌剧；只喜欢哲学，不喜欢小说；只喜欢曹雪芹，不喜欢蒲松龄；只喜欢中国，不喜欢西方；只喜欢文字，不喜欢漫画……

智慧的阅读，应该是善于在人和事的比较分析中，科学地提升自己的智慧；用事求世，超凡脱俗，知道自己的目标，更知道自己的价值。人有多重价值，是需要多层开发的。有的人止于形，以售其貌；有的人止于勇，而逞其力；有的人止于心，只用其技；有的人达于理，而用其智。诸葛亮戎马一生，气吞曹吴，却不披一甲，不佩一刃；毛泽东指挥军民万众，在战火中打出一个新中国，却不受军衔。大音希声，大道无形，大智之人，不耽于形，不逐于力，不持于技。他们智慧地读书，静静地思考，执着地进取，直进到智慧高地，自由地驾驭规律，而永葆一种理性的美丽。

教师智慧的阅读，是用教书的人生理解书，或用书来感悟教书的人生。真正有价值的智慧不是在名利场上，不是在物欲的角逐中，而是在生命的体验之中。读书读得智慧，才能读出世道人心，读出悲天悯人，读出光明正大。当你面对浩瀚的知识海洋，认识到个人多么渺小，人生多么短暂，多么需要充实自己的时候，你的悟性就会有一个质的飞跃。阅读有了智慧，空间和时间的阻碍荡然无存，使人有一份独来独往的自在，心灵达到最大的开放度和自由度，才会给人带来无穷的乐趣。智慧的阅读，不急功近利，过多地去贪图身外之物，即所谓"正其谊不谋其利，明其道不计其功"。读书之大忌乃沦为活书柜、复印机；在于生吞活剥，不求甚解；读书人最可悲的莫过于把自己的脑海蜕变为著作家们的跑马场、资料库。教师智慧的阅读之秘诀，在于融会贯通，消化理解，吸收营养，进而释放能量；在于把书作为捕捉信息、激活智能的一种利器；通过它进行扫描（即博览）、聚焦（即专攻），深得"蜂蝶兼采、嘉膳之和"的要津，使自己的智能结构始终处于社会适应力的最佳状态。

第二，读中悟其神，方显智慧根。

智慧的阅读，读书面要广博宽览。不管是文史哲，还是政经商，或是书诗画……凡有条件都应读一些。博览，应认真地做好选择滤化工作，在阅读时能结合学情教情，从实际出发，本着"洋为中用"、外为本用、他为我用的原则，中外兼顾，古今博采，当用则用，当合则舍。如果不加鉴别和选择，照搬照用，就会闹出"东施效颦""邯郸学步"的悲剧来。我们在教学中对占有的阅读信息必须勤于分析，善于思索，从而选择出真实、准确、新颖、实用的有价值的信息，指导教学的各个环节。从而畅游知识的海洋，分享知识，分享快乐！

教师智慧的阅读，应能在读中善悟，通过悟而寻找、选择、整理和储存各种有用的教学信息；言简意赅地将所获得的教学信息从一种表述形式转变为另一种表述形式，即从了解到理解；针对问题，选择、重组、应用已有教学信息，独立地解决教学问题；正确地评价教学信息，比较几种教学的说法和方法的优缺点，看出它们各自的特点、适用的场合以及局限性；利用教学做出新的预测或假设，能够从教学中看出教改变化的趋势、教学变化模式并提出表示变化的规律。我们应把阅读的智慧及时应用于教学之中，关注新生活，走进新生活，创造新生活；应以实用为本，从实际出发，运用阅读的智慧灵活地指导教学工作，"活水行舟"，张"帆"（信息）助航，使教学的过程朝最优化的方向疾行。

读中悟，就是运用自己原有的知识经验去与书中的内容沟通，从而加以理解，吸取其精神内涵。孕育创造性的萌芽，使思维不断渐进，观念日臻更新。否则，纵然你"读万卷书""听万家言"，倘若不会消化，不会更新，甚或不会转化、释放，充其量也只不过是一樽"两脚书橱"而已。敢于怀疑，善于思考，才能促使你在更广阔的领域里去学习、去读书、去理解，从而不断地获取新的能源，并将学过的知识尽快转化为启迪他人创造智慧的源泉，促进教育人生的可持续发展。果真悟到情境自如时，就会油然顿生"昭昭然若日月之代明，离离然若星辰之错行"的超凡脱俗的审美感受，使人为之倾倒。

第三，纵横能拓新，卓而有成效。

智慧的阅读，在于准确地筛选和把握时代通过书籍这个工具所发布的益智信息，活化智慧，以更大限度地开掘和发挥自己的潜能素质。以有助于端正人生的要义，激发人生的潜力，在实践中纵横能拓新，继往以开来。如果仅仅为了读书而读书，仅仅为了拿别人的良言警句作为卖弄学问的资本，装点门面的点缀，那还有什么价值可言呢？书是历史的见证、文化的赋形、心灵的钟声。读书就像开矿，是在沙里淘金。对于深得读书要领、善于从书籍中筛选出"金子"的读书人，才是智慧的阅读。教师智慧的阅读，能够在好作品里构建出一个精神家园。在这个家园之中，你能够找到真正的知音，你与他们交流，分享着他们的喜怒哀乐，陪伴他们走过风雨人生，与他们一同实现梦想，也与他们共同承受挫折。

第四节 徽派语文的卓越人生

徽派语文的教育观认为，一名卓越的小学语文教师在教学工作中要正确处理好五个辩证关系。

一、教书与读书的辩证统一

作为教师，由于读了几本书而教书，由于教书而要再读几本书；因为爱教书所以爱读书，因为想教好书所以好读书。越教书越知道自己要读书，越读书越知道自己的知识少。于是乎，联系实际，读书自学，学以致用，指导教学，不断创新，构成了教师生命的乐章。

教师的教书生活需要常读书。书到用时方恨少，事非经过不知难。《礼记·学记》曰："虽有嘉肴，弗食，不知其旨也；虽有至道，弗学，不知其善也。是故学然后知不足，教然后知困。"对于我们教师而言，要学的东西太多，而我们知道的东西又太少了。有人说，教给学生一杯水，教师应该有一桶水。这话固然有道理，但一桶水如不再添，也有用尽的时候。

我以为，教师不仅要有一桶水，而且要有"自来水""长流水"。"问渠那得清如许，为有源头活水来"，"是固教然后知困，学然后知不足也"。因此，在教学中，遇到不懂的问题，我就虚心地问老师、问朋友、问书本。书本是无言的老师，读书是我教学生活中最大的乐趣。40多年的人生感悟甚多，但最重要的只有一条，那是快乐地读书。读书使人生更智慧，智慧使人生更美丽。读书成了润泽我生活的最积极、最有意义的生命活动，使我的学习、生活和工作融为一体。在现代社会中，读书是一种生活，读书是工作，读书是责任，读书是创新的基础和途径。读书是人的生命的重要组成部分。只有读书精彩，生活才会精彩；只有成功地读书，才会有成功的生活。

教师们获取某种知识和接受某种新观点比产生新观点更容易，读书者，要学会提出创新意识和创新观点的有效方法，要激励自己发现问题并寻求解决之道。通过广泛地阅读各种书籍，在教学工作中，逐渐地能居高临下地处理教材，左右逢源地开发教育教学资源，以听、说、读、写为抓手，以字、词、句、篇训练为主线，以情趣思维训练为突破口，以学法指导为手段，在教学中正确处理继承与发展的关系，坚持传统与创新的协调。在语文教学设计和操作的过程中，力求做到八个转变：即从小语教学观转向大语教学观，从以教师为主转向以学生为主，从传授知识为主转向方法指导为主，从注重结果为主转向注重过程为主，从平均用力转向突破性教学，从单一讲解转向组合优化，从课内为中心转向课内外结合，从传统手段转向现代手段。力求实现教学资源和教学手段的最优化，激发学生更积极、更主动地投入语文学习活动。

新课程要求我们老师要终身学习。面对知识更新周期日益缩短的时代，彻底地克服过去那种把教师知识的储藏和传授给学生的知识比为"一桶水"与"一杯水"的陈旧观念，而要努力使自己的大脑知识储量成为一条生生不息的奔流的河，筛滤旧有，活化新知，积淀学养。一个教师，不在于他读了多少书和教了多少年书，而在于他用心读了多少书和教了多少书。多年来，我始终把读书和教书结合起来，创新教、创新读、创新用，在用中创新。

读书使我们学会了感悟。教书和读书生活，使我明白了人生的道理：教师应该有绿叶的奉献品格。"谁言寸草心，报得三春晖"。人生的价值在于奉献，在商品经济大潮中，作为一名光荣的人民教师，应该认准自己的人生坐标，找准自己的价值空间，向焦裕禄等模范人物学习，在本职岗位上奉献，在工作实践之中奉献，追求人生真谛，升华教师形象，展示拼搏风采，甘为"人梯"，甘做"春蚕"，甘当"螺丝钉"，甘做绿叶，奉献在岗位，建功在岗位，成才在岗位。教书和读书生活，使我感悟出了人生的真谛：教师应该有绿叶的精神——年年春草绿，年年草不同。要做"代表先进文化方向"的创新型教师，爱岗敬业是创新型教师应具备的首要条件。创新型教师不但具有无私奉献的师魂，诚实正直的师德，全面发展的师观，教书育人的师能，严谨求实的师风，而且应具有开拓进取的锐气，蓬勃向上的朝气，勇于拼搏的英气，甘愿奉献的"傻"气，自强不息的骨气。以培养新世纪之英才、振兴中华为己任，虽生活清贫，但仍以春蚕的精神、红烛的风格、蜜蜂的作风、绿叶的品格和孺子牛的志向，奋力拼搏，无私奉献，努力塑造其情、其志、其节。

读书使我们学会了思考。常读书和常思考，使我勇于和善于对自己的教育教学做出严格的反省和内省，既要不惮于正视自己一己之短或玉中之瑕，努力探究补救途径，更要擅长总结自己的或同行的成功经验，从中提炼出可供借鉴的蕴含着推广价值的精华。优秀的教师应把追求完美的教学艺术作为一种人生目标，把自己生命的浪花融入祖国的教育教学改革的大潮之中。

二、独行与合作的辩证统一

优秀的教师应该具有健康的"情商"，在生活中做到独行与合作的辩证统一。所谓"情商"，就是认识管理自己的情绪和处理人际关系的能力。情商包括5个基本内容：①认识自己的情绪，主要是自知、自信。②管理自己的情绪，主要是自我调节、自我控制。③自我激励，主要是设定目标，保持激情。④同理心，就是认识、感知他人的情绪，了解别人的感受，与人融洽相处。⑤人际关系管理，就是处理人际关系的能力与技巧。这些知识和能力是运用人类已有知识处理人际关系的问题，是做人的问题。

人际关系是人生事业成败的重要因素。情商高的智慧型教师，人见人爱，总是能得到众多人的拥护和支持，有利于人生成功。王鼎钧说过："人生不仅是近朱者赤，近墨者黑，而且极可能是近大者大，近小者小。"我们一般人对"近朱者赤、近墨者黑"比较重视而对"近大者大"却认识不足，其实这是成才的捷径。为什么"近大者大"？主要是在"近大"的过程中，价值观、知识和能力可以"移植"。

"情商"高的智慧型教师，具有一颗宽容的心，有宽容自有人生精彩。四川乐山脚下的弥勒佛寺庙前有一副对联："大肚能容容天下可容之事，笑口常开笑天下可笑之人"。会宽容自有精彩的人生，有宽容自有精彩的生活。智慧的教育就是引领人们从狭隘走向广阔的过程。智慧型教师，能使自己变得胸襟开阔、气压恢宏；智慧型教师，心智不那么闭塞，头脑不那么固执，思想不那么僵化，眼界不那么狭隘；智慧型教师，尽可能地尊重多样性、珍视个性，尽可能地从多种角度看待万物，尽可能习惯"一个世界，多种声音"。而要做到如此这般，就必须不断地学习，领悟人类心灵的广袤与深邃，理解世界的多样与神奇，明了世事的无常与诡异。俗话说得好，"人心不同，各如其面"，由于每一个人的社会关系是千差万别的，每一个人的生活境况、生活道路也各不相同，世界在每一个人的眼中所呈现的样式，所展示的精彩，也就不尽相同，因而每一个人对于同样的事情有不同的态度、不同的看法，就再正常不过了。智慧型教师，能创造一个宽松的心理氛围，能很好地和校长合作，和同事合作，和学生合作，和家长合作。

著名成功学大师卡耐基说："苦难是人生最好的教育"。古今中外大量事实说明，伟大的人格无法在平庸中养成，只有经历熔炼和磨难，愿景才会激发，视野才会开阔，灵魂才会升华，才会走向成功。一个人吃常人不能吃的苦，必然做常人不能做的事。从这个意义上说，人生吃苦就是吃补，是补意志、补知识、补才能、补灵魂。

"比陆地更宽阔的是海洋，比海洋更宽阔的是天空，比天空更宽阔的是人的胸怀。"智慧型教师，能用宽广的胸怀去迎接八面来风，去拥抱缤纷的生活。心胸狭窄、满腹猜忌，只会使人在纷繁的事务中终日紧锁眉头、郁郁寡欢，更别说对学生形成吸引力了。"智慧型教师，能笑迎挑战，坦然应对各种复杂局面。天空不可能永远风和日丽，工作也不可能事事顺心。智慧型教师，当风暴雨骤时，仍能泰然处之、坦然面对；当惊涛骇浪、险象环生时，能依然镇静自若、岿然不动。既有"三十功名尘与土，八千里路云和月"的壮志，更有"谈笑间，樯橹灰飞烟灭"的豪情。智慧型教师，能把挫折当作走向胜利的又一个起点。智慧型教师，似浩浩长江，不拒细流；如茫茫大海，接纳百川，会用真情呼唤真情，用真诚赢得真诚。

三、教书与育人的辩证统一

唐代哲学家韩愈将教师的功能定位为：师者，传道、授业、解惑也。

教师是人类灵魂的工程师，教师最重要的任务是育人。教育的根本在于"育"，"育"的本质在于"化"，"化"的主要表现为"变"，因而，教育的本质乃是指引受教育者人格塑造及心性灵魂等方面朝着更为完善的方向转变。

教书是指教师向学生传授科学知识和文化知识、训练学生的技能和技巧、培养学生的能力和智力；育人是指教师在教书过程中帮助学生树立科学、进取的人生观和价值观，使学生具有良好的思想品德。

"教书"和"育人"是相互联系、相互促进的辩证统一关系。教书是手段，育人是目的。教书的根本目的是"育人"，育人的重要途径是教书。既教书又育人，是教师在教学中应该遵循的教学规律和教学原则，是教师同一工作的两个方面，卓越教师的教学应该包含正确做事和正确做人两方面的教育内容。

教书必须育人。教书的目的、内容总是体现一定的社会要求，这是教育的社会制约性规律在教书上的反映，卓越的教师要善于在教书中育人，自觉地用正确的观点和思想去影响学生，为学生提高思想觉悟奠定科学和智力基础。学生掌握知识的过程是一个能动的过程，学生的思想状况和积极性在学习过程中起着决定性的作用。教师结合知识传授，对学生进行正确的理想和世界观的教育，就会大大激发学生学习的积极性，使教师把书教得更好。

育人必须依赖教书。教师凭借教书将思想品德教育寓于各门学科教学之中，用润物细无声的渗透方式对学生的思想观点、政治立场、道德品质等方面进行教育，通过教书、传授知识来育人。脱离教书的育人，就会空洞无力，甚至引起受教育对象的心理逆反。

教书离不开育人，育人不能没有教书，没有只教书不育人，或只育人不教书的教师。一个优秀的小学语文教师在其职业活动中，既要教授学生知识，又要培养学生成才，要把两者有机地结合起来。教师在任何时候都不能忘记，自己不单单是为教书而教书，而应是一个教育家，是人类灵魂的工程师。这个工程师是通过教学活动，在学生心灵中精心施工，让学生做一个知识、能力都很健全的人，思想、行为都很健康的人。

四、爱生与尊师的辩证统一

中华民族历来有"师道尊严"的传统，董仲舒的"天地君亲师"把师生之间规定为尊卑关系。在21世纪教育观念发生了巨大转变的条件下，必须突破师道尊严的传统思想，现代的"师"与"生"是教育系统中的一个矛盾统一体，没有"生"，也就没有"师"。

在现代的师生辩证关系中学生是主体，这是现代教育培养人才的根本功能所决定的。现代教育的根本目的是学生全面发展。当代教育家顾明远教授明确指出："要树立起学生是教育主体的观念。""师"的存在是为了"生"的更好发展，教师要以平等、合作、民主的精神，积极主动地创造条件，实现学生的主体地位，以便最大限度地促进学生全面发展。实现学生的主体地位，必须充分发挥教师的主导作用。"古之学者必有师"，学生是师生关系的主体，但学生的发展与老师的引导是分不开的。突出学生的主体地位，并不意味着教师对学生的发展失去了引导，也不是削弱教师在教学中的作用。学生在教育教学活动中的自由度越大，对教师的要求越高，越需要教师以更高级的育人艺术参与教学活动，实现其教育功能。

鲁迅说过："教育植根于爱。"著名教育专家霍懋征说："是什么力量把一个人见人烦的孩子变成一个人见人爱的孩子？是爱。爱是阳光，可以把坚冰融化；爱是春雨，能让枯萎的小草发芽；爱是神奇，可以点石成金。"爱是教育的灵魂，爱是教育成功的基因，没有爱心便不能为人师。为师之道，必须热爱学生，犹如父母之爱护子女。热爱学生的教师，也会得到学生的爱，讨厌、怨恨学生的教师，自然会受到学生的讨厌。教师应该从"师道尊严"上走下来，真正地认识到"尊师"必须以"爱生"为前提条件，"爱生"是矛盾的主要方面，教学系统的伦理性应该是"爱生尊师"。

五、教学与科研的辩证统一

卓越的小学语文教师既是教书能手又是科研能手。教学和科研是高校的两大任务。教学是高校教师的基本任务，科研是高校教师的重要任务。正如《礼记》说："善学者，师逸而功倍，又从而庸之。不善学者，师勤而功半，又从而怨之。"

以科研促教学。教师要想把书教好，必须严谨治学，知识渊博。为师者只有达到厚积薄发、游刃有余的境界，才能胜任教师职业。苏联教育家苏霍姆林斯基说："只有把自己知识的百分之一用于课堂讲授就够了的教师才是真正的教师。"从当今科技飞速发展的态势和小学教育的特点来看，小学语文教师必须站在科学发展的前沿，因为今天小学教学内容的流动性、变异性是最强的，小学语文教师不仅要具备扎实而宽厚的知识，对所教学科有透彻的了解，还要博采相关知识。科研是小学语文教师获取学科前沿知识最为直接、迅速、有效的途径。教师通过对学科的深入研究，对其他领域的广泛涉猎，成为学术的领路人，促进教学在更深、更广的领域展开。

以教学推动科研。教师要把知识教给学生，让学生能顺利地理解和把握，必定会对已熟悉的理论再思考。教学要求深入浅出，小学教育的特点在于深入，深入的教学会使科研靠近事物的本质，获得更宽、更广的思路。教学促进反思，反思不仅会对已有结论进行推敲，而且会对已有结论的前提进行质疑，推动科研的发展。

教学与科研相互促进、相辅相成。科研促进教学质量的提升，科研是小学语文教师教学质量的重要保证，教师通过科研获取了丰富的学科前沿知识，掌握了学科最新的发展动态和趋势，了解了专业发展方向与最新成果，从而能在教学中从高层次统驭和把握本专业的知识体系，与时俱进地优化课程体系、深化教学内容，及时将科研能力迁移为教学能力，将科研成果不断转化为教学成果。在做课题与写论文的过程中积累资料，在讲课时自然而然地就讲给了学生，使教学内容更充实。教学能推动科研的发展，科研能促进教学质量的提升，教学与科研相辅相成，协调发展。

会教书的教师是好教师，能做科研的教师是好教师，能把教学与科研两者和谐统一起来，既会教书又能做科研的教师才是更好的、卓越的小学语文教师。

第五节　徽派语文的网络利用

21世纪人类全面进入信息化社会。信息化社会的重要特征是网络化。今天，我们已经可以十分明确地感受到，网络正在改变着人们的工作、学习和生活方式。它向人们展示了一个崭新的、广阔的学习平台，为任何愿意获取知识的人提供了学习的权利和机会。我们要充分发挥网络特有的优势，将课外阅读与网络学习整合起来，调动小学生的阅读兴趣，提高其阅读能力，为小学生的健康成长打下坚实的"精神底子"。

《课标》规定小学生的课外阅读总量不少于145万字。随着新课程改革的不断深入，人们越来越重视学生在课余时间的阅读。苏联教育家苏霍姆林斯基说过："让学生变聪明的方法，不是补课，不是增加作业量，而是阅读、阅读、再阅读。"让学生进行大量的课外阅读，借助丰富的人类文化精品滋养学生的心灵，充实学生的头脑，无疑是使孩子终身受益的重要措施。课外阅读，是课外语文活动中最重要、最普遍、最经常的形式之一，是课堂阅读的继续与扩展，是阅读能力训练必不可少的组成部分。但综观当前小学语文课外阅读现状，形势不容乐观，突出表现为以下几方面的问题：①阅读兴趣比较单一，休闲性阅读占据学生课外阅读的大部分时间。②阅读习惯和阅读量不够理想。③课外阅读时间的比重减少，电视、游戏等活动占据了学生大量的课余时间。④阅读消费较少，经调查，小学生的诸多消费中，用于玩具、零食、娱乐的消费远远高于购买书刊的费用。⑤学生缺乏阅读课外读物的习惯，缺乏独立思考、独立阅读的能力。近年来，大多数学校实施"农远工程"，给每一个班级都配上计算机，实现了班班通。

一、满帘春水满窗山——网络环境下开展课外阅读的优势

徽派语文的教育观认为，课外阅读使语文变得更加丰盈。学习语文，"三分靠课内，七分靠课外"，学习语文"得法于课内，得益于课外"。在网络环境下开展课外阅读具有独特的优势。

第一，网络独特的视听形象易于激发学生的阅读兴趣。"兴趣是最好的老师"，兴趣是最具活力的主观状态。没有持久的兴趣和热情，生命中灵动的火苗便会暗淡许多。对于课外阅读而言，学生的兴趣尤为关键。它是激活学生课外阅读的"导火索"，是使学生乐此不疲、神采飞扬的绝佳"兴奋剂"。而网络资源形象的动画、生动的语音、绚丽的色彩，是使学生"胃口大开"饱食精神食粮的上好"调味品"。在网上阅读，孩子们就像看动画片一样开心，这比单纯的文字阅读不知要鲜活多少倍！

第二，大量的网络信息便于提供丰富的阅读素材。阅读素材的来源是否有保证，直接影响阅读的效果，网络媒体优于纸质媒体的最大特点是具有海量的信息资源，学习者可以随时通过搜索引擎、各类网站、教育资源库等工具获取所需的学习资料，并通过网络与他人交流，实现资源共享。

第三，网络特有的异地交互功能留给学生自由的阅读时空。没有时间

的保证，课外阅读便无从谈起。而每个人因为知识技能、个性心理及生活规律的不同，读书时间、读书地点的选择和安排必然存在着差别。网络就像一个万能的魔术师，能在一瞬之间把古今中外的"相似"文章呈现出来，给学生提供具体可感的语言材料，开发极其丰富的语文课程资源，切实扩大学生的课外阅读量。学生可以根据自己的实际情况，自由支配阅读的时间。这就为个性化的探究式阅读打下了很好的基础。更为方便的是，同学之间可以互发电子邮件或互相推荐一些好的读物，实现异地同步的协作化阅读。

综上所述，徽派语文的教师应从多个层面、多个角度、多条途径利用网络优势，构建网络化的小学生课外阅读模式，引导学生在课外阅读这个大花园中自由翱翔。

二、晴空一鹤排云上——网络环境下开展课外阅读的策略

徽派语文的教育观认为，在网络环境下开展课外阅读，符合现代教育思想，以学生为中心，充分发挥学生的主动性，让学生有多种机会在不同的情境下自主应用他们所学的阅读知识进行课外阅读。鉴于此，我们利用语文专题"童话世界"进行网络环境下课外阅读的探究。这个专题分为"品味童话""漫游童话""分享童话""童话作坊"四个部分，并以此为内容构建了网站"走进童话世界"。利用该网站创设高效、便捷、大容量、互动的阅读空间，对网络环境下的课外阅读进行了深入探讨。我们以《走进童话王国》一课为例谈谈网络环境下如何开展课外阅读。

第一，激发兴趣，引导阅读。网络这座"阅览室"不仅容量大、查找检索方便，而且界面生动、友好，有封面、插图以及声音、动画等多媒体格式，能够充分调动学生学习的积极性，使他们毫不厌烦地在计算机上操作，在资源库中寻找，运用实时在线阅读和下载离线阅读两种方式进行主动阅读。为此，作为学生建构知识的帮助者和引导者的教师，应当适时激发学生对阅读的兴趣，引发和保持学生正确的阅读动机。如在《走进童话王国》的教学中，我这样激发学生的阅读兴趣："今天老师给大家带来了

多位好朋友，你们认得他们是谁吗？"此时利用计算机网络，在大屏幕上展示白雪公主、美人鱼、丑小鸭等一系列学生熟悉的童话人物图片。学生马上来劲了，纷纷举手要求回答。"那你们是通过什么途径认识他们的？还想认识更多的童话人物、了解更多的既有趣又有意义的童话故事吗？"听了我的一席话，学生的积极性空前高涨，我顺势引导学生进入我们学校在"十五"课题研究期间开发的"走进童话世界"专题学习网站。该网站界面美观大方，色彩鲜艳，设计富有童趣，强烈地吸引了学生的好奇心，激起了他们的求知欲望。我根据阅读目标设计了三个问题让学生思考：①选一篇你最喜欢的童话故事来阅读，说说它主要讲了什么；②你最喜欢（讨厌）故事中的谁，说说原因；③读了这个故事你明白了什么。学生带着这三个问题在童话世界专题网站里饱享了阅读的乐趣。

第二，自主阅读，个性感受。《课标》指出："阅读是学生的个性化行为"。阅读教学应引导学生钻研文本，在主动积极的思维和情感活动中，加深理解和体验，有所感悟和思考，受到情感熏陶，获得思想启迪，享受审美乐趣。要珍视学生独特的感受、体验和理解……不应以教师的分析来代替学生的阅读实践。所谓学生个性化阅读，是学生个体从书面语言中获取信息，并与非认知因素互为影响的活动，存在着个别差异；它是学生借助文本与作者对话的心理过程，具有鲜明的个性特征；它是学生探究性、创造性感受、理解、评价、鉴赏文本的过程。由于学生的生活积淀、文化底蕴、审美情趣千差万别，因此，它是一种个性化行为。网络环境下的课外阅读，学生根据自己的条件和需要进行独立阅读，探究性、创造性地理解文本，正是个性化阅读的体现。如在《走进童话王国》的教学中，我充分利用"走进童话世界"网站中"漫游童话"板块引导学生自主阅读。"漫游童话"板块中设有细说童话、经典童话、动漫童话、友情链接四个小板块。"细说童话"详细地介绍了童话的种类；"经典童话"里收集了近百篇中外经典童话，是名副其实的童话故事海洋；"动漫童话"展示读物中精美的插图、可爱的卡通人物，以设置悬念、提供游戏、童话动画等形式吸引了学生的求知欲、好奇心；"友情链接"中链接了"中国童话乐园"等多个优秀童话网站。只要轻轻点击鼠标，学生就能在这个广阔的阅读平台里，根据老师提出的阅读目标，结合平时课堂上学到的阅读方法进行自主阅读。对于阅读中产生的感受，以及对阅读目标的思考，我鼓励学生利用"小主人论坛"发表自己的独特见解。如有三个学生在读了《灰姑娘》后发帖子。一学生认为：做人要守时、注重外貌整洁，灰姑娘十二点钟以前若不准时回去，她就无法得到王子的爱恋；另一学生发帖表示：我们要宽容对待他人，哪怕是灰姑娘的后娘，她也不是坏人，只是她还不能够像爱自己的孩子一样去爱其他孩子；还有一个学生表示：我们要多交朋友，灰姑娘依靠仙女、狗和老鼠的帮助，才获得了幸福……在这个过程里，学生将自己的阅读体验、个性解读、思想取向沉淀为文字，在网络里生成新的意义，从不同角度看问题，学会用自己的头脑思考，倾听不同的声音，见识各种各样的观点。

第三，自选方法，个性作业。网络环境下的课外阅读，学生既希望读有所得，又期望所得的收获明显，得到老师、家长和同学们的认可与赞许，从而满足自己的成就感。针对学生的这一心理特点，我们在"分享童话"这个功能板块上为学生创设了一个"个性作业"。根据学生的不同需要设立了"读后感""读书记录卡""童话故事续编""童话作坊""好词好句品味园""心灵对话"等个性化栏目，学生可以根据自己的喜好在不同的栏目中留下自己的独特阅读体验。如在《走进童话王国》的教学中，学生完成网上阅读后，积极地进入"个性作业"创作了自己的作品。有的同学利用画板把故事的内容画成了生动有趣的连环画，每幅画下还配上了简短的故事梗概；有的同学带上配有录音功能的耳机，录下了自己绘声绘色讲述的童话故事；有的同学动情地写（文字输入）下了自己的读后感；有的同学根据童话故事内容进行创新改编；有的同学参加网上的"阅读知识擂台赛"看看自己的实力；有的同学在"心灵对话"中深情地与童话人物对话……这是学生阅读后自发完成的"作业"，从这里可以看出，网络环境下的课外阅读可以为学生提供展示他们的阅读成果的舞台，让学生在充分展示自己才华的同时树立自信，培养阅读兴趣。

第四，共享成果，延伸深化。这一环节是利用网络特有的交互、调阅等功能，在个体、小组、师生、人机之间进行交流，共享学生从不同侧面进行自主阅读所获得的学习成果，让学生可以看到从不同角度进行探索的不同结果，并引导学生进行分析、对比与感受，达到思维、智慧和成果共享的目的。如在《走进童话王国》的教学中，当学生完成了自己的"个性作业"后，我让学生分小组浏览，相互进行客观评价，既要肯定别人的优点，又善意地给对方提出建议，大家都在吸取别人的优点中共同进步。为了进一步鼓励学生主动、广泛地阅读，我让学生在自己的博客内向大家推荐其他优秀的童话网站、优秀的童话书等；课后自由组成小组，把这次的童话阅读之旅的收获制成电脑手抄小报，并由此引导他们阅读更多类型的故事、名著，甚至教育学生关心国家大事，指导他们尝试在网上阅读《少年报》，学着阅读《人民日报》，更鼓励学生课后与家长一起进行亲子阅读。让学生在广泛而自主的阅读中汲取生命养料，做人类精神世界的美食家。

三、心似百花开未得——网络环境实践下课外阅读的反思

实践证明，在网络环境下开展课外阅读，学生获取的知识不再只局限于课本中的内容和老师的讲授。课外阅读网络化，学生的阅读能力不断提高，阅读的容量无限增加，有利于开阔学生的视野。网络技术的交互性的运用，每个学生都参与独立思考与学习，由原来的被动接受改为独立思考，在获取知识的同时，培养了独立思考的习惯和创新能力。

第一，利用网络技术共享"阅读"资源。学生的自主阅读离不开信息资源的支持。在庞大的信息资源库中，阅读资源应如何获取，从哪里获取，以及如何有效地加以利用等问题，是需要教师提供帮助和指导的。教师要根据《课标》提供的阅读内容和教学要求，收集一些适合学习的网站，帮助学生进行校内阅读或课外阅读。学生在利用因特网进行阅读时，也会有不少问题，如资源有时候很庞杂，需要进一步过滤以满足学习的需求；有些内容不适合小学生看；等等。为了让学生更加高效、便捷地阅读，在充分利用因特网的同时，可以在学校网站里设立一个"'网上阅读'功能平台"，把从因特网上收集到的丰富的阅读材料以及购买的电子

图书软件，放到这个平台上，学生可以方便地使用。整个平台基于学校网站，并与外网连接，给学生一个崭新而明晰的阅读空间，只要进入学校网站，都可以轻松快乐地阅读到适合自己的内容。

第二，"阅读"资源选择，要有一个培养过程。《课标》对不同学龄段学生的阅读内容、阅读量及预期的阅读能力提出了不同的要求。在"网上阅读"中，教师要通过网络从简到繁、由易到难、循序渐进地为学生提供信息资源，逐步培养他们选择资源的能力，使每个阶段的学生都能理解资源内容，合理地利用资源，获得相应的提高。除了向学生提供因特网上的相应网站之外，教师还可以在学校网站已经建立的"'网上阅读'功能平台"上开设"低年级阅读栏""中年级阅读栏""高年级阅读栏"模块，把大量符合各年龄段孩子的，他们喜闻乐见的内容分区安装，提供给学生备选，创建一个无形而巨大的网上阅览室，为学生的自主阅读循序渐进地提供丰富的资源。

综上所述，在网络环境下开展课外阅读，计算机像笔、纸、书本一样，成了学生主动学习的一种工具。网络的使用让学生在阅读中始终保持兴奋、愉悦、渴求上进的心理状态，我们在注重发展课外阅读能力的目标上，使科学与人文有机整合，我们留出充分的时间和空间，让学生亲身体验语言文字，在直觉与灵感之间感受语文的鲜活形象。在促使语文教学改革的同时，学生通过在学中读、在读中学，形成了自我阅读、自读自悟、自我扩展、自我发展的新的学习领域，也循序渐进地提高了他们的思维能力和写作能力。

参考文献

[1]安桂清.课例研究:信念、行动与保障[J].全球教育展望,2007(3):42-47.

[2]蔡清田.教育行动研究[M].南京:南京师范大学出版社,2005.

[3]陈厚德.有效教学[M].北京:教育科学出版社,2000.

[4]陈列,黄珂.案例研究:教师个人知识管理的有效途径[J].现代教育论丛,2008(5):78-82.

[5]董菊初.名师成功论[M].北京:科学出版社,2003.

[6]耿帅.课例研究:备受教师关注的教育科研形式[J].潍坊教育学院学报,2009,22(2):96-98.

[7]国家教育委员会国家教育发展研究中心.未来教育面临的困惑与挑战:面向21世纪教育国际研讨会论文集[M].北京:人民教育出版社,1991.

[8]华东师大教育科学学院教育科学资料中心.新技术革命与教育[M].上海:华东师范大学出版社,1984.

[9]黄甫全.现代课程与教学论学程[M].北京:人民教育出版社,2006.

[10]教育部基础教育司,教育部师范教育司.校本教研与教师专业发展[M].北京:高等教育出版社,2004.

[11]李子建,丁道勇.课例研究及其对我国校本教研的启发[J].全球教育展望,2009(4):29-34,39.

[12]连榕.新手—熟手—专家型教师心理特征的比较[J].心理学报,2004(1):44-52.

[13]刘淼.作文心理学[M].北京:高等教育出版社,2001.

[14]娄娟兰.在阅读教学中培养学生的创造性思维[J].教师博览,2015

（5）：47-48.

[15]卢家楣.学习心理与教学[M].上海:上海教育出版社,1999.

[16]卢敏玲,庞永欣,植佩敏.课堂学习研究:如何照顾学生个别差异[M].李树英,郭永贤,译.北京:教育科学出版社,2006.

[17]牟杰.课例研究的教师专业发展作用之意蕴[D].南京:南京师范大学出版社,2008.

[18]祁寿华.西方写作理论、教学与实践[M].上海:上海外语教育出版社,2000.

[19]任登中.校本培训研究与实践[M].重庆:西南师范大学出版社,2007.

[20]桑青松,江芳,王贤进.学习策略的原理与实践[M].合肥:安徽教育出版社,2006.

[21]邵光华,董涛.观课与教师专业成长[J].中小学教师培训,2004(3):6-8.

[22]王鉴.课堂研究引论[J].教育研究,2003,24(6):79-84.

[23]杨德广,王一鸣.世界教育兴邦与教育改革[M].上海:同济大学出版社,1990.

[24]叶继奋.双重叙事与"复调"主题:《祝福》主题的舒事学阐释[J].语文教学通讯(高中版),2007(2):28-29.

[25]叶澜.教育研究方法论初探[M].上海:上海教育出版社,1999.

[26]余文森,洪明.校本研究九大要点[M].福建:福建教育出版社,2007.

[27]余文森.校本教学研究的实践形式[J].教育研究,2005,26(12):25-31.

[28]袁浩.袁浩小学生习作教学心理研究与实践[M].济南:山东教育出版社,1997.

[29]张家军,靳玉乐.论案例教学的本质与特点[J].中国教育学刊,2004(1):48-50,62.

[30]张淑瑶.在阅读教学中培养学生的创造性思维[J].宁波大学学报(教育科学版),2005(4):148-149.

[31]赵中建.教育的使命:面向二十一世纪的教育宣言和行动纲领[M].

北京:科学出版社,1996.

[32]中华人民共和国教育部.义务教育语文课程标准(2011年版)[M].北京:北京师范大学出版社,2012.

[33]中央教育科学研究所.叶圣陶语文教育论集[M].北京:教育科学出版社,1980.

[34]朱幕菊.改进和加强教学研究工作深入推进新课程实验[J].人民教育,2003(5):24-25.

后 记

　　徽派语文的教学智慧是广大教师教学智慧的结晶。徽派语文，百年弦歌不辍，薪火相传，谱写华章；徽派语文，几代栉风沐雨，春华秋实，铸就灿烂。徽派语文，美在见证历史升华历史；徽派语文，美在源于生活高于生活；徽派语文，美在使人快乐使人悲伤。徽派语文，如桑前之所，泉后之宅，高朋座满，雅客常来；徽派语文，如同窗旧交，忘机少艾，垂虹胸襟，捉月气概。徽派语文，超越"我注六经"，发展"六经注我"，追求内心恬淡和宁静，研究思想自由与致远，寻觅万物和谐之体验。徽派语文，倡自然阅读，崇尚母语本源；兴自由习作，践行儿童本位；重自主体验，追求实效本真；引自能探究，注重学科本色。

　　本书的第一章、第二章由张治勇教授撰写，第三章、第四章由牛莉老师撰写，第五章由武宏钧老师撰写。在本书的撰写过程中，得到了省教科院吴福雷先生的大力支持，得到了阜阳师范大学副校长汪芳启教授的倾心指导，在此一并表示感谢。

张治勇

2019年8月